岁月无声　下自成蹊

——课程群探索研究与实践

顾　问　钱梦龙　吴沪生
主　编　须立新
副主编　戴　臻　杨月琴　吕卫民
编　委　须立新　戴　臻　杨月琴
　　　　奚佐渭　吕卫民　过　芸
　　　　王　静

东南大学出版社
SOUTHEAST UNIVERSITY PRESS
·南京·

图书在版编目(CIP)数据

岁月无声　下自成蹊:课程群探索研究与实践 / 须立新主编. —南京:东南大学出版社,2014.4
ISBN 978-7-5641-4809-6

Ⅰ.①岁… Ⅱ.①须… Ⅲ.①中学语文课-教学研究 ②英语课-教学研究-中学 Ⅳ.①G633.302 ②G633.412

中国版本图书馆 CIP 数据核字(2014)055701 号

岁月无声　下自成蹊——课程群探索研究与实践

出版发行	东南大学出版社
出版人	江建中
社　　址	南京市四牌楼 2 号(邮编:210096)
网　　址	http://www.seupress.com
责任编辑	孙松茜(E—mail:ssq19972002@aliyun.com)
经　　销	全国各地新华书店
印　　刷	南京玉河印刷厂
开　　本	700mm×1000mm　1/16
印　　张	13.75
字　　数	277 千字
版　　次	2014 年 4 月第 1 版
印　　次	2014 年 4 月第 1 次印刷
书　　号	ISBN 978-7-5641-4809-6
定　　价	39.80 元

(本社图书若有印装质量问题,请直接与营销部联系。电话:025-83791830)

序

钱梦龙

　　2008年桃李园实验学校开始承担"提升语言学科教学有效性的课程群建设研究"的国家课题,迄今已五年多,春种秋收,现在终于到了收获的季节。乘本书出版之机,回顾一下当时确定这个课题的初衷和五年来完成课题的历程,也许对本课题的价值会有一种新的认识。犹如登山者登上山顶,饱览了眼底壮丽的风光以后,有一种"不虚此行"的欣喜。

　　记得桃李园实验学校创办之初,同人们就有一种共识:当前一般学校普遍重视英语和数理学科的教学,语文学科正在逐渐沦为一门边缘学科。这种状况对学生的发展非常不利,因为语文教学以培养学生的语言能力为目的,学生要能够熟练地进行阅读、写作、思考、与人交际,都离不开语言这个工具,"语言是思维的直接现实",语言的发展水平标志着思维的发展水平,因此,学生具有相当的语言能力,不仅对学生当前的学习而且对他们的终身发展都有着不容忽视的意义。基于这一认识,我们提出了"全面发展,语英见长"的方针。

　　其后,我们在实践过程中又逐步认识到了这个"八字方针"的不足。因为所谓"全面发展,语英见长"仅仅强调了这两门学科的重要性,仅仅停留在两者教学分量的加重上,还不能作为统一的"课程"纳入学校的整体课程管理之中,同时也忽视了语言学习内容与学生生活的内在联系,忽视了对语言学习多渠道、全方位特点的深入思考。于是,就逐渐形成了把语文和英语作为一个课程群的基本设想。两者同为语言学科,但又同中有异,以英语为代表的西方语言,一开始便学习字母拼音,学习语法,区分名词动词形容词等词类,学习以动词为中心主谓宾定补状相互组合时的形态变化;而我们的汉语是一种完全不同于印欧语系的非形态语言,它不像英语那样必须依靠严格的形态变化显示句子的语法关系。汉语是一种"人治"语言,不是"法治"语言,遣词造句主要依靠语感和对词语的语境意义的把握。汉语和英语既同中有异,又异中有同,如果把它们作为统一的语言课程,便于学生树立统一的语言观,在学习过程中自己发现、比较两者的同异,这无论对学习母语还是对学习英语都是很有帮助的。

　　同时,根据语言学科实践性交际性强、语言学习无处不在的特点,我们又感到仅仅依靠课堂教学是远远不够的,必须建立一种多渠道、全方位的教学形态,于是便有了建设"课程群"的设想。所谓课程群,就是把具有相关性或一定目的的不同课程编排到一起,组成一个"群",系统地进行学习和训练。语言学科课程群的建设通过融合和规划母语和英语课程的群体性信息,同时把课内的语言学习和课外的语言学习组合成一个有机的整体,从而在有效的时间内、以最低的成本使学生获得最大化的学科知识和实践能力。五年来的实验证明,语言学科课程群的建设不仅丰富了学生的语言实践,沟通了课内外的语言学习,也使语文和英语的课堂教学发生了明显的变化:学生学习语言的兴趣浓厚了,学习的主动性提高了,课堂生动活泼了,"学生为主体"的理念得到了比较充分的体现。我多次参加本课题的阶段性验收,旁听过好多场学生的辩论会、演讲比赛、中学生大讲堂,每一次都留下了深刻的印象。学生议论风生滔滔不绝的口才、严密敏捷的思维、机智得体的应对,都使我对这些十四五岁的孩子不能不刮目相看。我想不到,孩子们的头脑中竟蕴藏着这样巨大的语言潜能,它一旦被开发、激活,居然会迸射出如此耀眼的火花!

现在,"提升语言学科教学有效性的课程群建设研究"已经结题,但"结题"并不意味着探索的"结束"。教学改革是无止境的,探索也必然没有穷期;登上了一个山头,意味着前面还有更多更高的山头等待着我们去攀登。

桃李园人是不会停下脚步的。

目　录

提升语言学科教学有效性的课程群建设研究总报告 …………… 须立新　吕卫民　1

践行课改理念，提升教学品质 …………………………………………… 杨月琴　39

初中低年级绘本阅读初探 ………………………………………………… 过　芸　44

诗话例说 …………………………………………………………………… 徐兆根　57

试论中学语文教学中的阅读训练 ………………………………………… 陆　萍　62

初中六七年级辩论活动方案初探 ………………………………………… 徐洪朵　67

论影响书法欣赏的几重因素 ……………………………………………… 马昭文　73

诵读·美 …………………………………………………………………… 黄莉莉　79

初中作文仿写教学研究 …………………………………………………… 王金荣　84

语文自主学习式预习方法探究 …………………………………………… 朱莉莉　90

浅谈随笔在阅读教学中的运用 …………………………………………… 黄　娟　97

英语"快速阅读"初探 …………………………………………………… 王　静　101

浅谈多媒体技术在英语教学中的应用 …………………………………… 何海燕　107

因材施教，追求个性化教学 ……………………………………………… 朱晓燕　113

浅谈交际法在日常教学的活动设计 ……………………………………… 徐伟梁　118

提高初中学生英语书面表达能力的策略 ………………………………… 王璆玫　125

情境教学在初中英语课堂中的应用和方案实例 ………………………… 汪雯雯　131

了解西方习俗，增进交际能力 …………………………………………… 徐笑颖　138

美国俚语在英语教材中的渗透研究 ……………………………………… 龚　烨　144

初中预备年级英语词缀记忆法教学初探 ……………………… 齐婷婷 149

提高英语预习效能的几种对策 …………………………………… 陆黎芳 154

方法引路　关注问题 ……………………………………………… 徐　艳 159

谈初中物理教学中用物理语言解决实际问题能力的培养 ……… 陈　红 165

浅谈历史学科初中生语言表达能力培养的策略 ………………… 顾华军 170

培养中学生数学语言学习能力的尝试 …………………………… 朱秀峰 176

中学数学语言思维培养初探 ……………………………………… 张玉熙 180

中学音乐教学手段之合唱 …………………………………… 徐　敏　蔡　超 185

初中学生化学语言能力的培养 ……………………………… 陈美玉　朱增艳 191

模拟历史演讲，培养语言能力 …………………………………… 杭海明 197

感受诗意之美 ……………………………………………………… 褚建伟 203

在耐力跑运动教学中培养青少年健全人格 ……………………… 孙　凤 206

汉字教学与语文学习 ……………………………………………… 龚玉婷 210

提升语言学科教学有效性的课程群建设研究总报告

须立新　吕卫民

【序言：让每一位学生拥有一片芬芳】 上海民办桃李园实验学校，位于嘉定中心城区北大街。南望有古老的法华塔和闻名遐迩的孔庙，向东则与现代化的历史博物馆相毗邻，西去是上海大学，靠北是桃李园即将竣工的庭院式新校区，与11号轻轨遥相呼应。学校现有中小学共47个教学班，在校生1915名，教职工135人，为九年一贯制全国优质民办实验学校。依托嘉定浓郁的文化氛围和历史积淀，自建校以来，桃李园全体教职工辛勤耕耘，不断探索特色教育，冀望让每一位学生拥有一片芬芳。

基于新一轮课改向基础教育提出的基础型、拓展型、探究型的课程管理要求，本课题如何保证国家课程的执行力，满足学生对课程需求的选择性与适应性，充分体现学校办学特色？如何减轻学生课业负担，提升教学的有效性？面对单一教材与学生多元化、个性化需求的矛盾师生如何共同发展？本课题将围绕这些问题展开研究。

【摘要】 提升语言学科教学有效性的课程群建设研究的关键，是揭示提升语言学科教学有效性的课程群建设研究的支持功能及其实现机制。基于新课改提出的基础型、探究型、拓展型的课程管理要求，在保证国家课程的执行力、满足学生对课程的多元选择、充分体现学校办学特色、减轻学生课业负担、提升教学有效性、促进教师与学生共同发展方面，本课题展开了扎实的研究。

针对教育现实的考量，认识课程群建设的必要性与任务和基于校情调查发现的4个困难与挑战，深刻反思课程改革中，教师压力、课程资源和科研能力带来的困难以及基于理性的思考发现了对立统一的辩证关系：特色与素养：课程群建设的价值定位问题；课堂与课程：课程资源的统筹与整合问题；学校与文化：基于课程环境的构建问题。课题组吸收国内相关大学课程群建设的成功经验，深入揭示课程群建设的实现机制与基本工作思路。

课程群建设的实现机制是：顶层设计，提升课程管理领导力；搭建平台，推动团队行动研究；挖掘潜能，切实转变教师角色；分步实施，推进课堂教学转型；重点突破，编写校本教材及活动方案；加大投入，保障课程群建设的推进;适时评审,确保课程建设的科学性。建设语言学科课程群,创建特色学校研究的基本工作思路是:确立"三位一体"的校本教研管理视角;以生态学的观点揭示课程群建设的支持功能及其实现机制;以学校和学生的未来发展作为研究的基本立足点;以课程群建设的现实状况作为研究的实践根基;综合运用多种研究方法,开展课程群建设研究。

【关键词】 课程群;核心课程;外围课程;有效性;特色学校;校本教材

内容结构图

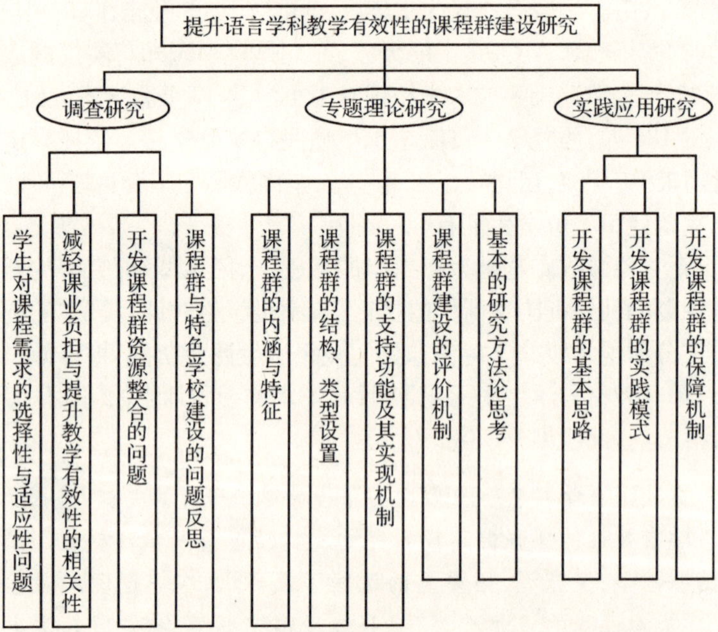

图1 提升语言学科教学有效性的课程群建设研究内容结构图

提升语言学科教学有效性的课程群建设研究
- 调查研究
  - 学生对课程需求的选择性与适应性问题
  - 减轻课业负担与提升教学有效性的相关性
  - 开发课程群资源整合的问题
  - 课程群与特色学校建设的问题反思
- 专题理论研究
  - 课程群的内涵与特征
  - 课程群的结构、类型设置
  - 课程群的支持功能及其实现机制
  - 课程群建设的评价机制
  - 基本的研究方法论思考
- 实践应用研究
  - 开发课程群的基本思路
  - 开发课程群的实践模式
  - 开发课程群的保障机制

一、研究问题

(一) 研究目的

作为国际大都市的上海,教育资源丰厚,市场竞争激烈,桃李园如何充分利用民办教育办学体制上的优势,满足多样化的社会教育需求以及学校如何实行错位竞争、错位发展,形成鲜明的办学特色,是摆在桃李园人面前的一道考题。2008年桃李园承担了国家课题"提升语言学科教学有效性的课程群建设研究",课题的研究为创建特色学校奠定了基础。

本课题依据《上海市普通中小学课程方案》的基本要求,综合运用教育学、教育管理学、课程教学论、语言学、教育统计学等相关学科的认识成果,采用文献法、实验法、问卷调查法、个案研究法、比较研究法等多种研究方法,探究以课程改革推动特色学校建设的新思路。

(二) 研究内容

本课题集中于 4 个方面问题的探讨:① 课程群建设满足学生发展对课程的选择性和适应性。② 课程群与减轻学生负担、提升教学有效性的相关性。③ 课程群的基本类型及课程设置问题。④ 课程群与促进特色学校建设的基本模式。

(三) 研究意义

作为一项课程资源和实践的研究,本课题研究的意义在于:

1. 利于学生未来的发展

初中阶段的学生普遍感到课程单调、课业负担重、学习压力大,尤其是语言学科的课程,老师和学生耗费大量的时间和精力,应付考试,语言的综合素养被忽视。加之,整个初中阶段学习语文和外语,面对一位教师、一本教材、围绕一个考试目的刻板的学习方式,已经不能满足学生多样化、个性化的课程选择需求,更不能使学生在知识与技能、过程与方法、情感态度与价值观等方面协调发展。

本课题选择了一全新的视角,大胆构建课程群,让学生在整合与开发的基础型、拓展型、探究型的课程中,掌握基本知识、基本技能和方法,发现自我,陶冶情操,学会合作与分享,学会探究与表达,提高综合素养,为一生的发展奠基。

2. 利于教师的专业成长

课程群的建设,赋予教师课程开发的权利与责任,学校视课程开发、课程实践为教学的重要环节。教师在课程开发的过程中会有创新与计划的变革,其"目标取向"会向着以学生为本的方面发展。事实证明,在课程开发中,课程实施是提升有效性的关键,只有在真实的课堂中,落实课程计划,课程开发才有价值和意义。也正是在这一系列的探究、实践的过程中,教师的专业发展才有了基点。课程开发利于教师的专业成长,促进其自觉主动发展、合作共同发展。学校以考核团队的方式对课题小组进行绩效考核,以缓解教师的职业倦怠和恐惧心理,使身心健康发展,在课题研究和教学实践中获得成就感和幸福感。

3. 利于形成学校特色

课程群建设,为探索学校特色发展提供了新思路新模式。作为全国优质民办学校,市二期课改的实验基地,桃李园坚持"培养人格健全,基础扎实,思维活跃,体魄强健,具有持续发展能力的高素质的初中毕业生"的办学宗旨,围绕"均衡发展,双语见长"的理念,将学校特色融入到课程改革之中,形成以语言学科为着力点,同时成为激发其他学科创造性教育实践的活性因素。

(四) 研究假设

(1) 教学的有效性在很大程度上依赖于课程结构和课程内容的组合状况,即课程结构和课程内容的优化组合能够在一定程度上提升教学的有效性。这种整合不是重新的编排和随意的组合,其校内的和校外的学习资源与环境,社会调查与直接体验都构成学习过程的有机组成部分,是教师和学生都非常关注的问题。

(2) 教师在课程开发与实践中的过程中,不再是在一种孤军奋战的状态,因为课题研究小组不断发起合作性的研究活动,逐渐打破教师自备自讲的行为。其次,教师会更多地设身处地站在学生的角度考虑问题,与学生一道调查、体验、实践和尝试,使教师的课程赋权行为增能的机会最大化。这种合作性的课程开发研究行为,使教师专业素养提升成为可能。

(3) 相关与整合是课程群的两个基本属性,其在不折不扣地执行国家课程、围绕课程目标开发校本课程的同时,使课程计划纳入已经定型的课程体系,使学校有了创新的机制。一是基础型、拓展型、探究型课程的合理兼顾;二是师资、时间、课时总量等资源的合理调配与优化能很好地协同;三是课程的兼容性、包容性、生成性能很好地整合。

(4) 课程群的开发与建设,属于学校自主办学的顶层设计,对提升学校影响力、形成办学特色有着积极的正面效应。

(五) 核心概念

1. 语言学科

本课题中的语言学科指初中语文和外语学科。从这两门学科的课程目标和教学上看,均包含基础知识、建构知识和人文知识等几方面的内容,其在教法、学法上有共性特征。从结构主义语言学角度讲,二者在许多方面具有同一性、一致性、相互渗透、相互贯通、相互连接或合作的关系。

2. 课程群

课程群就是为完善同一施教对象的发展结构,而将本专业或跨专业培养方案中若干门在知识、方法、问题等方面有逻辑联系的课程加以整合而成的课程体系,相关性与整合性是其最基本的特征[1]。"课程群应是在内容上密切相关、相承、渗透、互补性的几门系列课程组合而成的有机整体并配备相应的教学素质,按大纲课程框架进行课程建设,进而获得整体优势,打造学科优势。"[2]本课题认为,课程群是将中学语文和英语两门在内容上密切相关、相承、渗透,互补性很强的课程加以整合而成的课程体系。本课题依《上海市普通中小学课程方案》构建的基础性、整体性和选择性的课程结构体系。课程群"重视课程的基础性、设置体现共同基础要求的基础性课程和不同基础要求的拓展课程。精简共性的基础,增加可选择的不同基础,注重能力,方法和态度的基础,合理设计各种课程类型和各学习领域的比重,落实基础学力。"[3]课程方案,赋予了学校对国家和地方课程在许可权范围内进行补充、发展、提升的职责与权利,为学校特色课程体系的构建搭建了平台,为学生多元体验和自主的发展提供了可能性。本课题课程群包括"核心课程""外围课程"和"综合实践课程"。

（1）核心课程:核心课程除了语文和英语学科间综合并构成一个"核心"之外,各科又自然地形成一个1+X结构,即一本多维1+X课程结构。其"1"为核心课程,即国家课程,也是必修课程;"X"为外围课程,即校本课程,为选修课程。语文和英语学科"1"按照国家规定的教材、课时,保质保量地开设,而"X"为学校创生的外围课程及综合实践课程。

（2）外围课程:外围课程指核心课程以外的课程,为现有教材中涉及的知识点形成多元的创生课程。这类课程以学生的差异为出发点,满足学生的多元选择和个性化需求。

（3）综合实践课程:这类课程以学生自主语言实践活动为主,追求知识迁移,在探究、体验、实践的活动中培养学生的创新精神与实践能力。其课程形态呈现出综合、开放、弹性、合作的特点。活动形式可以是个体活动,也可以是小组活动或班级活动。

3. 有效性教学

所谓"教学",是指教师引起、维持或促进学生的所有学习行为。所谓"有效",是指通过教师在一段时间的教学之后,学生所获得的具体进步或发展。有效性教学是为了提高教师的工作效益,强化过程评价和目标管理的一种现代教学理念,它的核心是关注学生的发展,关注教学的效益[4]。

从教学效益角度而言,有效性教学是指教师遵循教学活动的客观规律,以尽可能少的资源投入(时间、人力、物力等)获得尽可能好的教学效果,从而实现特定的教学目标,满足社会和个人的教育价值需求,而组织实施的教学过程与教学方式。需要指出的是,有效性教学的实质乃是合规律性、合目的性与合规范性的统一,而合规律性是所有课堂教学有效性的前提。因此,本课题着重从课程群建设的角度来展开语言学科教学有效性的研究。

教与学的低效是指传统的语言学科的学习投入大、负担重、练习多、效率低,大量的语言学习都在阅读分析、记忆上,以知识传授为目的的应试学习,重试卷、轻体验、着眼于"考试的有效",而非考虑到的长远的有效和让学生终身受益,教与学都显得无效和低效的学习方式。

课程群的开发与建设,将课程内容倾向与学生的生活体验与兴趣,将现代社会事件和科学技术等因素当作课程资源,通过对教材、教学、过程、评价等方面研究,引导学生主动参与、亲身实践、独立思考、合作探究,提高教学的有效性。课程群力图提出有效策略,使评价的重心侧重于指向学习过程,从而促使其和谐发展。

有效课程的基本特征:

（1）学习效果:拓展课程为激发学生学习兴趣,合作、探究、体验、分享式地参与各种语言体验搭建了平台。

(2) 教学效果:课程设计,以学生为主体,围绕提高语言综合素养进行目标教学。教师在课程研究活动中合作互助,以团队的方式开发课程,资源共享。

(3) 教学效率:课程开发中融于成本意识,课程设计强调投入最省的精力和时间,取得最大化的学习收益。

其公式如下:教学效率=(有效教学时间／实际教学时间)×100%;简言之,教学效率=(教学产出(教学效果)／教学投入)。

(4) 课程魅力:能否开发吸引学生有兴趣地主动选择个性化的课程学习是关键。有效地提升学生语言能力的课程,不仅是从语言学科的考试成绩上来看,更重要的是看该课程是否能为其未来自主探究,助其综合素养的提升打下基础。

4. 特色学校

《中国教育改革和发展纲要》指出:"中小学要走上提高国民素质的轨道,面向全体学生,面向提高学生的思想品德、文化科学、劳动技能和身体心理素质,促进学生生动活泼的发展,学校办出各自的特色。"

特色学校顾名思义,就是有特色的学校。"特色学校是学校在保证完成义务教育阶段基本要求的前提下,另外增设了新的课程或是加大了某些课程教育的内容量;在教育教学活动安排上,提高了某些教育标准;在某些教育教学设施与设备的购置上超过了中小学的一般要求,使学校在某些教育方面,形成了特有的优势。"[5]

二、研究背景和文献综述

(一) 研究背景

提升语言学科教学有效性的课程群建设研究课题的提出,是桃李园在教育实践过程中发现问题后,引起思考,逐步形成的。长期以来,在初中阶段语言学科(语文和英语)的教学受到功利主义的支配,无论是"教"还是"学",都以应试为目标,过于注重书本知识,忽视了课程内容与学生生活以及现代社会和科技发展的必然联系,忽视了对人文素养的普遍关注,缺乏对语言学科的教学规律和学生学习特点的深入思考。学生大部分时间都是沉浸在"填空""分析""背诵""简答"式的机械性死记硬背的学习当中,学生的探究、合作、体验的学习方式几乎消失殆尽。烦琐、刻板、低效重复的习题操练,并未解决学生听、说、读、写的基本问题,并未提高搜集处理信息、分析和解决问题以及交流与合作的能力,反而使学生的负担愈益加重,由此产生了大量低效乃至无效的教学程式。

在国家课程改革背景和上海市二期课改的要求下,如何从理论上深入揭示语文和英语教学过程中"教师有效地教"、"学生有效地学"的内在规律,进而形成有效教学的基本模式和策略,实现学生学习方式的根本改变是本课题的重要任务。

本课题组就研究背景进行了如下提炼与思考:

一是如何减轻学生的课业负担。让学生摆脱大量的题海战术,摆脱死记硬背和机械训练,让课程回归语言知识的把握和素养的提高。

二是如何转变学生的学习方式。"传统的学习方式把学习建立在人的客体性、受动性和依赖性的基础之上,忽略了人的主动性、能动性和独立性。转变学生的学习方式,就要转变这种单一的、他主的与被动的学习方式,倡导和发展多样化的学习方式,特别是倡导自主、探究与合作的学习方式。"[6]

三是开发什么样的课程体系。让学生有充实的精神生活,让课程适应学生个性发展,让课程资源充满选择性和挑战性。

基于以上考虑,本课题力图通过调查研究、专题理论研究、实证研究和案例分析,集中研究课程群的基本模式、主要特征、适用范围、操作程序及其有效性教学。

桃李园转制之后,连续多年相继开发了一系列拓展型课程,其中涉及语言学科的一些课程赢得了学生的喜爱,如英语演讲、英语口语训练、论辩技巧、朗诵技巧、演讲技巧、精品古文及各类语言主题活动。这些课程深受学生喜爱,学生选课积极性很高。在此种情况下,学校深化课改,展开了"学校应开什么样的课"的讨论与研究,最后确定开发课程群,以提升教学的有效性为研究对象。

(二) 相关研究及方法论反思

1. 主要的研究进展

课程群是与单门课程相对应的一种课程建设模式,在我国已有十多年的发展历史。

1990年,北京理工大学基于"在课程建设中应当以教学计划的整体化为目标",率先提出要注重"课群"(课程群的早期称谓)的研究与建设[7]。与此相呼应,国内的南京航空航天大学、宁波大学、扬州大学等高校纷纷展开了课程群的理论探索,并形成了若干实践模式。比较而言,江苏省是目前国内课程群建设开展最广泛的省份。仅2004年,江苏省教育厅就资助了32个优秀课程群。

在国外,美国哈佛大学在1978年为大学生制定了包括文学与艺术、历史、社会与哲学分析、外国语与文化、数学与自然科学等5个公共基础课程群;日本筑波大学在1973年决定仅设"学群"、"学类",以"学群"、"学类"为组织进行学科综合教学。迄今为止,关于课程群的研究与实践主要在高等教育领域进行。关于课程群,人们主要研究了4个方面的问题:① 课程群的内涵;② 课程群建设的目的与意义;③ 课程群的结构与特征;④ 课程群建设的原则与策略。

关于课程群的内涵,李慧仙在《论高校课程群建设》一文中列述了较有影响的以下5种观点:

(1) 课程群是以现代教育思想为指导,对教学计划中具有相互影响、互动、有序、相互间可构成完整的教学内容体系的相关课程进行重新规划、设计、构建的整合性课程的有机集成。

（2）课程群是以一门以上的单门课程为基础，由三门以上的性质相关或相近的单门课程组成的一个结构合理、层次清晰、课程间相互连接、相互配合、相互照应的连环式的课程群体。

（3）课程群是指若干门彼此独立而又相互密切联系的课程。

（4）课程群应是在内容上具有密切相关、相承、渗透、互补性的几门系列课程组合而成的有机整体，并配备相应的教学素质，按大课程框架进行课程建设，进而获得整体优势，打造学科优势。

（5）课程群是指从属于某个学科、相互之间有着合理分工、能满足不同专业教学要求的系统化的课程群体。

综合上述各种观点，我们认为，"课程群应是在内容上密切相关、相承、渗透，具有互补性的几门系列课程组合而成的有机整体并配备相应的教学素质，按大纲课程框架进行课程建设，进而获得整体优势，打造学科优势。"[8]

从总体上看，人们关于课程群的研究主要局限于高等教育领域，对课程群的根本内涵、内在结构与基本属性、课程群对学校课程教学改革，特别是学生发展和教师发展所具有的基本功能及其实现机制等问题的探讨还不够深入，因而在课程群的实践中也就难以避免经验主义和形式主义的倾向和弊端。

2. 几个主要研究的问题

归纳起来，关于课程群的相关研究主要围绕以下几个问题展开：一是课程群的内涵与特征；二是课程群的结构类型设置；三是课程群的支持功能及实现机制；四是课程群建设的评价机制；五是基本的研究方法论思考。

（1）课程群的内涵与特征

如前所述，许多专家对课程群的内涵已经有了比较清晰的描述："课程群就是为完善同一施教对象的发展结构，而将本专业或跨专业培养方案中若干门在知识、方法、问题等方面有逻辑联系的课程加以整合而成的课程体系，相关性与整合性是其最基本的特征。""课程群应是在内容上密切相关，相承、渗透，互补性的几门系列课程组合而成的有机整体并配备相应的教学素质，按大纲课程框架进行课程建设，进而获得整体优势，打造学科优势。"等等。

基于课程群的内涵与特征，结合学校的办学特色，我们提出了建设语言学科课程群的规划。语言学科课程群包括语文和英语两门学科。从语言学科的角度而言，这是一种"大课程"的布局与重新规划，由传统的围绕一本教科书来授课，转而追求学习母语和英语的课程体系的整体开发，使语文和英语两门学科由单独和互相隔离转而为相互贯通、相互渗透、相互补充的课程群。课题组赋予了课程重新建构一种新的内涵：即课程群的内容的持续转化与生成是教学有效性不断提高的过程。

(2) 课程群的结构类型设置

课题组一直认为,课程群的结构类型设置,要符合《基础教育课程改革纲要(试行)》的课程改革目标:"改变课程结构过于强调学科本位、科目过多和缺乏整合的现状,整体设置九年一贯的课程门类和课时比例,并设置综合课程,以适应不同地区和学生发展的需求,体现课程结构的均衡性、综合性和选择性。"

课程群的建设首先要定位于从课程封闭走向开放的探索,既包含指令性的基础性课程,也包含校本教材灵活性更大的拓展型、探究型课程。新型的语言学科的课程结构能使学生获得更广泛的课程资源,有更多适合学生个性发展的课程,不是局限于一本指令教材的狭小范围之内。

新型的课程结构需有一定的课程框架。"课程框架可以定义为根据一套涵盖了某一学习领域的预定标准而组合起立的一组关联科目或主题。"[9]课程群的结构类型的基本要件:课程群的理论基础,课程群的学科范围和要素,课程群的基本目标、原则、内容、评价方法。

课程结构类型的基本特征:教学理论与实践紧密联系;教学设计和学习资源能融合最新成果;课程群建设充分挖掘教师课程改革的潜力。

课程群构建的基本原则:

• 科学性原则:课程群需要对语言学科的所有课程系统开发,整体构思与安排。课程群需遵循系统论原理,不是语言学科课程简单的叠加,而是形成自然的内在逻辑关系。其统筹关系涉及课程目标、课时比例、课程结构、课时安排、课程评价、课程类型等。

• 选择性原则:课程群突出"以人为本"的原则,课程的设置,充分体现学生的个性化选择。拓展类、探究类课程保证学生有选课的权利与最大化的自由。

• 发展性原则:课程群不是简单的组合、随意的添加与删减,而需在实践的基础上不断总结完善,不断统筹地工作。课堂教学、教材开发、实践活动均需呈现发展的态势。

• 均衡性原则:学校对课程结构的改革,就是打破课程之间的壁垒,优化课程体系,促使语言学科在教学内容、教学方法上发生变革。同时,也要顾及其他学科的相关性,避免顾此失彼,以促进学生身心和学科知识和谐发展。

(3) 课程群的基本结构

课程群的设计理念,是通过对语言学科重新整合与优化配置,关注语言学科的系统性和整体性,既注重人文素养的提升,又重视科学精神的培养,使各课程之间形成有机的内在逻辑联系,达到使课程内容由学科知识的构建实现学生能力培养的目的。

学校以初中语文和外语为基础,形成一本多维的"1+X"语言学科课程群。这里的"1"为国家课程,"X"为校本课程及综合实践活动。即"1"为国家课程,我们称之为

"核心课程",必修课程;"X"为校本课程和主题活动,我们称之为外围课程和综合实践活动,选修课程。

核心课程,按照国家指定的语文和英语教材,保质保量地开设。在教学内容上,教师根据学生实际进行合理的增选和重新编排;在教学方法上,以导学为主,形成良好的课堂对话机制。

外围课程,围绕核心课程涉及的知识点形成多元的创生课程。语文学科开设:朗诵技巧、演讲技巧、论辩技巧、生活作文、美文诵读、绘本阅读、魅力文字等;英语学科开设:原声剧场、趣味英语、单词巧记、口语交际、西方习俗、阅读拓展等课程。

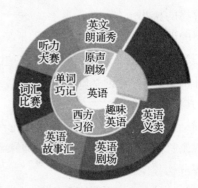

图2　语文课程群饼状图　　图3　英语课程群饼状图

综合实践课程,属于语言学科的学习延伸。其拓展和体验探究活动,引导学生在各种实践中,运用已经掌握的语言知识,直接地感悟自己的语言综合素养,培养自己的合作意识、参与意识、竞争意识和责任感,并在自我探索中发现自己的潜力与优势。

六年级:以"经典朗诵欣赏会"、"古诗文大赛"、"词汇记忆比赛"、"双语合唱团"为综合实践活动。

七年级:以"中学生大讲堂"、"未来职业畅想演讲"、"人类与环境演讲""英文朗诵比赛"、"英语课本剧"为综合实践活动。

八年级:"论辩竞赛""生活作文竞赛""英语义卖"、"英语故事大王竞赛";"听力能力比赛"等为综合实践活动。

综合实践课程与学校学生社团紧密相关。从语言学习的角度,学校先后成立了"双语合唱团""桃李园文学社""萤火虫读书会""桃李园演讲团""桃李园论辩队""青青诵诗班""古诗文研究小组"以及"木偶兴趣社""绘本制作社"等学生喜闻乐见的综合体验社团。围绕语言学科的开发建设,学校先后聘请绘本作家彭懿,儿童文学作家秦文君,《红楼梦》研究专家、台湾科普阅读教授王懋雯,上海师范大学文学院院长詹丹以及国家级木偶剧演员、挪威歌唱家等专家学者,来校与学生面对面、零距离接触,为学生带来了丰富的精神盛宴。

综合实践课程的开发,改变了学生的学习方式,也拓展了学生的学习空间,丰富了学生的学习内容。

如2012年举行的"中学生大讲堂"主题是:"苹果之思"。学生演讲的内容分别为:"慢生活:幸福生活""从无声世界到有声世界""我的音乐天地""心中的偶像""诗意生活身边""与我一起看动漫"。2013年演讲主题是:"我的中国梦"。学生演讲的内容分别为"天蓝蓝与PM2.5""钢琴——一个美妙的世界""中国人的足球梦幻""我是一个潜艇迷""欣赏韩寒的理由""大美西藏"及"中国戏剧与非物质文化遗产"等。再如,2010年中学生论辩活动的主题是"学习成绩(不)决定我们的未来发展";2011年论辩主题是"我长大了吗?"正方所持观点:"我们长大了",反方观点:"我们还没长大"。另外,我校每年参加市区中学生"古诗文大赛""作文大赛"都取得了优异的成绩。综合实践的种种活动,为提高学生的语言综合素养作出了积极的有效探索。

(4) 语言学科课程群课程设置与课时安排

表1 六至七年级课程计划表

课程、科目			六年级	七年级	说明
基础型课程	语　文		4+1	4+1	增学科答疑1节
	数　学		4+1	4+1	增学科答疑1节
	英　语		4+1	4+1	增学科答疑1节
	思想品德		1	1	
	科学、生命科学		2	2	
	地　理		2	2	
	历　史			2	
	音　乐		1	1	
	美　术		1	1	
	体育与健身		3	3	
	劳动技术		1		
	信息科技			2	
	周课时数		26	29	
拓展型课程	学科类活动类	英语外围课程	0.5(单词巧记)	0.5(西方习俗)	限选(教师走班)
		英语外围课程	1(英语阅读)	(原声剧场)	限选(教师走班)
		语文外围课程	1(朗诵技巧)	1(演讲技巧)	限选(教师走班)
		语言外围课程	1(论辩技巧)	1(魅力文字)	自选(学生走班)
		人文类课程群	0.5(绘本阅读)	生活作文	限选(教师走班)
		个性化课程群	1	1	自选(学生走班)
		班团队活动(校园文化活动)	1	1	限选+自选
		体育活动			安排在课外
	周课时数		6	4.5	
探究课程	综合实践活动		2	2	自选
广播操、眼保健操			每天35分钟		
周课时总量			34	35.5	每课时按40分钟计

说明:本课表为六至七实验年级课程表

表2 2012学年(第一学期)课程群外围课程表

年级	课题	教师/班级
六年级语文	美文诵读	陆 萍(按5678班循环) 黄莉莉(按1234班循环)
六年级语文	绘本阅读	过 芸(按2341班循环) 马昭文(按6785班循环)
六年级英语	单词巧记	徐伟梁(按7856班循环) 齐婷婷(按3412班循环)
六年级英语	原声剧场	毛亚芳(按4123班循环) 陆黎芳(按8567班循环)
七年级语文	论辩技能 演讲技能	徐洪朵(按5678班循环) 窦爱君(按1234班循环)
七年级语文	魅力文字	高春峰(按2341班循环) 龚玉婷(按6785班循环)
七年级英语	西方习俗	陈庆凤(按3412班循环) 毛亚芳(按7856班循环)
七年级英语	趣味英语	费红章(按4123班循环) 张 红(按8567班循环)

注：外围课安排：六年级：每周五下午第一节；七年级：每周四下午第一节

表3 上海市桃李园实验学校一日活动作息时间安排表

上午
7:50　　　　　　　　准备铃
8:00—8:40　　　　　第一节
8:40—9:05　　　　　广播操及班级清洁时段
9:05—9:45　　　　　第二节
9:55—10:40　　　　 第三节(含眼保健操)
10:50—11:30　　　　第四节
11:10—12:00　　　　午餐
12:00—13:10　　　　午休 红领巾广播时段
下午
13:10(周五12:55)　　准备铃
13:15—13:55　　　　第五节(周五13:00—13:40)
14:05—14:50　　　　第六节(周五13:50—14:35)(含眼保健操)
15:00—15:40　　　　第七节(周五14:45—15:25)课程群自选课程时段
15:50—16:30　　　　第八节 自修
16:30　　　　　　　 放学

(5) 提升语言学科教学有效性的课程群建设研究的支持功能及实现机制

《基础教育课程改革纲要(试行)》指出："改变课程管理过于集中的状况,实行国家、地方、学校三级课程管理,增强课程对地方、学校及学生的适应性。"这一目标确立了学校参与课程改革的主体地位,也是给课程群开发与建设提供了极大的生存空间。

课程群的支持功能及实现机制,课题组从四个方面进行落实:一是顶层设计,提升课程管理领导力;二是搭建平台,推动团队行动研究;三是挖掘潜能,切实转变教师角色;四是分步实施,推进课堂教学转型;五是重点突破,编写校本教材及活动方案;六是加大投入,保障课程群建设的推进;七是适时评审,确保课程建设的科学性。

一是顶层设计,提升课程管理领导力。作为一所民办学校,随着办学体制、教育环境和教育对象发生变化,学校的办学思想必须改变。由应试教育向现代教育转变,由一般教育向特色教育转变,由封闭教育向开放办学转变。唯有转变办学思想才能树立良好的生本意识、服务意识、竞争意识和创新意识。应试教育是一种选拔式的教育,以考分定优劣,以升学率高低论英雄。过分地注重知识的传授,就是对育人的轻视。现代教育观则关注学生的精神成长,关注学生的尊严和未来的发展。尊重学生的差异化、个性化,把每个学生看成有发展潜能的人,每个学生都能成为最好的他自己。

为实现这种机制的转变,学校领导开展"课程领导力行动研究",坚持集体研讨,制订方案,重置计划,用一种全新的视角看待国家课题所带来的教育改革的机遇,树立课题组研究人员的信心,同时将课程群建设所带来的效益辐射到其他学科,鼓励非语言学科教师以新视角、新方法、新姿态提升学生语言综合素养,形成合力,促进特色。学校采取"顶层设计、分步实施、资源整合、跟踪研讨、稳步推进"的方式进行,整体规划,项目到组,课程到人,分工明确,形成了良好的氛围。领导的务实精神,提高了大家的积极性,使课程改革成为现实。

在变革与发展中,桃李园坚信:实现可持续发展,满足社会、家庭、学生的不同需求,必须走特色办学之路,即由一般教育向特色教育转变。建设课程群是学校教育教学改革的基本任务,也是学校发展的必经之路。实践证明,以语言学科为龙头,提升学生的综合素养作为学校的办学特色,得到了社会、家长、学生的广泛认可,也取得了骄人的办学业绩。

二是搭建平台,推动团队行动研究。为创建学习型组织,学校先后聘请中央教科所、市教委教研室、市民办教育学会、区教师进修学院的专家、学者、教授等指导课题组的研究工作。市教委教研室主任徐淀芳参加课程群展示活动并作课程群建设主题报告;市教委教研员谭轶斌为核心课程把脉,深入课堂听课,并对课题组的推进工作提出指导性意见;中央教科所研究员李松林为课题组开设中外课程群研究理论讲座;市教科院教授朱怡华及局领导张德海等对课程群工作多次进行阶段性诊断与指导,并观摩课程群综合实践活动。

学校让"导师团"(专家顾问、学科带头人、骨干教师参加)与全体语言学科的教师组成团队行动研究学习型组织。卡尔霍恩认为,教师的行动研究具有积极的特征,他认为,行动研究可以增强教师的自信,让教师获得赋权的感觉,可以让学校—教职工更多地共享权利,可以让实验者更愿意进行试验,和增加了教师对研究过程的理解等等。课题组选定六、七年级作为试点对象,清晰了课程群的基本理论、课程设置、资源配置、课程目标、选课机制、信息反馈之后,重点是推动课题的研究与实践。基于对行动研究的理解,课程群团队行动研讨是建立在一种合作的基础上,定期听课、跟踪反馈,收集信息,总体评价与更新。每个成员在这个团队中都有一种被赋权的自主感。参与行动研究的教师大胆认领课程、学习理论、研究项目,挑战自我。自课题立项以来,课题组全体成员坚持听课、评课议课。每学年开展两轮外围课程的跟踪研讨,仅2012学年,课题组先后听课评课180多人次。听课评课议课200多人次。观摩"中学生大讲堂"、"英语演讲竞赛"、"朗诵比赛"、"主题论辩"等综合实践活动达2000多人次。跟踪评课议课观课已成为桃李园特色学校建设行动研究的重要组成部分。

　　三是挖掘潜能,切实转变教师角色。转变教师角色,就是首先要使教师成为新课程的研究者、开发者和实践者。教师的角色转变是课程群实施的关键。课题组一直认为,教师要从知识的传授者,变成学生学习的指导者、促进者、互动者。相对于开发新课程来讲,"教师自己就应该是一个研究者,这意味着,教师在教学过程中,要以研究者的心态,置身于教学情境之中,以研究者的眼光审视和分析教学理论与教学实践中的各种问题。对自身的行为进行反思,对出现的问题进行研究,对积累的经验进行总结,使其形成规律性的认识。"[10]

　　从开题到结题实验期间,参与课程群行动研究的教师达到66人之多,语言学科的全体教师都参与了课题实验。开发课程群离不开方方面面的课程资源整合,如网络资源、社会资源和教师内部的可开发资源。只有课程有效,课题的实验才可更接近目标。课题组认识到,学生的学习生活,不是仅仅局限于校园、课堂和书本,而应该和社会、社区的实践有着千丝万缕的联系。学校开始将社会资源引入课堂,又将学校活动带入社会,使语言科目的学习更生动、更接近生活体验。

　　课题组努力使教师成为课程的建设者和开发者。在前期的课题实验中,语言学科集教师智慧开发出了二十二门外围课程。如:"美文朗读""精品古文""诗词例话""文学描写""修辞运用""绘本阅读""武侠小说欣赏""现代文阅读技巧""生活作文""演讲技巧""论辩技巧""五写方法"及"单词巧记""趣味英语""英语阅读技巧""英语作文""英语语法""西方节日""听力技巧""西方礼仪""城市景观""实用英语"等。课题中期汇报后,经过专家的论证和实验的效果,课题组最终将外围课程锁定在八门课程。

　　学校在更为广泛的范围里开发出了综合实践课程:

　　利用教师资源开发的课程:双语合唱、中英文课本剧、文学经典研读、科普作品研读、中学生大讲堂、专题论辩、古诗文大赛、生活作文比赛等。

　　利用社会资源开发的课程:美文诵读比赛、文学名著导读、绘本阅读欣赏讲座、高雅艺术进校园、单词记忆大赛、英语口语比赛、社交礼仪风采展等。

利用社区环境开发综合实践课程：英语义卖、城市变化调查、嘉定文化社会调查、合唱团进社区等活动。

利用综合资源成立学生社团：萤火虫杂志社、读书会、绘本创造室、播音艺术团、木偶剧社、辩论队、演讲团。

这些都是根据课程群的基本理念开发出的新课程，对培养目标起到了结构性的支撑作用，研究的实践过程中，整个课程体系不断重新定位，不断丰富使之合理化和科学化。

核心课程则以专题研究的方式推进教师的研究性学习与实践。

表4　语言学科核心课程研究项目一览表

研究负责人	项目	学科
陈庆凤	英语"任务型"课堂教学模式的实践研究	英语
徐伟梁	英语口语交际训练研究	英语
徐　艳	英语阅读教学的研究	英语
毛亚芳	以学定教，注重练习教学尝试	英语
汪雯雯	英语课堂情景教学研究	英语
钱晓燕	随笔与语言能力的提升	语文
过　芸	语文自读有效性策略研究	语文
陆　萍	语文教学中阅读训练指导	语文
徐红朵	语文教材新诗教学研究	语文
马昭文	个性化阅读的研究与实践	语文
王金荣	作文仿写教学研究实践	语文

四是分步实施，推进课堂教学转型。课堂教学转型旨在追求在课堂教与学风格方面的变化，以提高课堂效率，让学生在体悟中学习。传统的课堂教学，往往老师独占讲堂，师讲生听成了习惯，课程群强调以教师为主导，学生为主体，对课前、课堂、课后既有明确指导，又给予教师以创新的空间。

课前，推行"要点导学"。教师先给学生发放"要点导学"文件。列出学习目标、知识点和必知必会的内容，引导学生快速地把握章节或单元的学习重点，以利自学。核心课程教师编写出了六七年级"要点导学"。

课堂，推行"自学导读"。教师由主讲变主导，学生由主听变自主学习、合作探究。课堂师生对话与互动，小组互辩与激疑，实践与体验成为主流。课题组在全国语文特级教师钱梦龙先生的指导下，一直坚持课堂推行"自学导读"法。"钱梦龙语文工作室"成为学校语文教师"自学导读"的研究基地。

课堂是建设课程群的主战场，对于核心课程和外围课程，所有参加实验的老师必须写出详细教案和课程综述。课程综述包括：课程背景、课程目标、课程内容、课程实施步骤、课程优势、学习方法、主要问题、课程评价、教学反思等九大内容。课堂转型要求把教师和学生都作为课程的有机组成部分及相互作用的主体，使其自成一个有机的"生态系统"。课题组强调：教师是课程的主要设计者，并在施教的实践中随特定的情境发挥创造性，学生有权对学习内容和体验以及课程价值提出质疑和要求解答，师生双方共同深入到课程群的建设开发和研究之中。鉴于综合实践活动学生的选择性比较大，竞赛性的项目，一般采取了"自由申报""教师推荐"的方式参与集体培训、表演和比赛活动。

课后，推行"要点导练"。所谓要点"导练"，就是指导学生根据知识点进行梳理，有选择性地练习和答疑，简化课后练习作业，提高教与学的效率。尤其要指出的是，作业通常被视为"课堂教学的补充延伸"，传统的作业方式大多是死记硬背、呆板抄袭，重复演练，缺少有价值思维的创新内容，容易忽视人文精神和实践能力的培养，大量无效的作业严重抑制了学生探索未知世界的兴趣，也制约了学生的个性发展。学校把减轻学生过重的课业负担作为一个重要的考核指标。课题组鼓励教师设计开放性作业、实践性作业和科学思维训练型的作业，让作业成为丰富学生生活、展示个性和自我、开阔眼界视野、热爱科学世界、追求美好未来的积极导向。教师在追求课程教学目标的过程中，针对学生的差异性，探索科学的人性化的作业设计方案，给学生发挥的余地和想象的自由空间，使课程的有效性行动研究真正落到实处。让教学目标蕴含于练习设计之中，使学生在练习中循序渐进地巩固知识。

在课堂转型的过程中，观课、评课、议课是非常重要的环节。为此，课题组设计了不同于以往的课堂评价标准，旨在引导教师关注课堂、关注全体、关注综合素养的提升。

2012年，课题组举行"聚焦课堂、推进课改、关注有效"的区展示活动，区教育进修学院的科研、信息技术、语言学科研究员及戬浜中学、马陆中学、外国语实验学校、少体校、安亭中学等20余位教师观摩了课程群外围课程。

英语教师孙伟青开的是"原声剧场"。课前学生预读"要点导学"。课堂以美国电影《音乐之声》为线索贯穿整个教学活动，优美的音乐、有趣的情节、幽默的对话、变形的座位、响亮的道具、激励的简笔画、集体对唱、小组表演及老师的丰富表情都深深地吸引着学生。课后，布置学生反复观看电影，模仿对话等实践性作业。

课后，区教育进修学院研究员对课程作了精彩的点评。分别从教育情景、师生互动、提问技巧、课件制作、板书风格及外围课程和核心课程之间的关系作了比较详尽的分析并提出了建设性的建议。

表5 语言学科课程群外围课课堂教学观课表

听课人：　　　　　　　　　　　　　　　　　　　　　时间：

课题：		指教者：	班级：	
序号		项目	内容	评价
1		环顾教室	教室是否有新的变化 教师的准备工作及精神状态	
2		观察教师如何吸引学生的注意力	课堂上学生的参与度 1. 显性反应 2. 隐性反应	
3		观察师生的课堂共建	勾画学生活动和教师的行动图	
4		观察记录学生如何提质疑	学生的思路、角度	
5		分析课堂的构成	导课方式 基本教学策略 知识呈现的方式 指导练习方式 学生活动方式	
6		观察教师如何提问	提问教室的一侧 提问男生、女生 提问教室的前排、后排 提问覆盖率 开放式提问 封闭式提问	
7		教师使用的材料和教具	教师如何使用材料和教具及必要性	
8		观察教师和学生的肢体语言	礼仪、行为举止、谈吐	
9		观察课堂上的氛围	教师是如何使用幽默的	
10		观察一个学生两分钟	看该学生课堂上的表现细节	
11		观察课堂练习	学生是如何操练学习内容的 练习与学习内容是否相关	
12		学习效果如何	课堂活动表现及学习考试	
评课	亮点			
评课	建议			

　　五是重点突破，编写校本教材及活动方案。课程群是个研究开发及实践的过程。在不断传承提高课程品质方面，课题组通过调查、访谈、数据分析、咨询专家、集体研究，最终确定了语文和英语各四门限选课程。对于课程群的教材，采取点面结合、集体研究方案、分头执笔的方式，编写了八门课程的教材，其中四门课程的教材付梓出版。除此之外，还讨论编写了大量综合实践活动方案、教案、课件及收集了大量的视屏资料。校本教材的开发与编写是课程群建设的重要组成部分，也是非常艰巨的科研工作，是课题组研究人员智慧的结晶。

　　课程群·新读本系列丛书是课题组"课程群"研究人员在三年教学试验的基础上编写的一套校本教材。包括：《朗诵与演讲》《单词巧记与西方习俗》及师生佳作汇编《青枝绿叶》。教材的编写力求简洁、新颖、实用及与国家指定的相关教材配套，成为提升学生语言素养的拓展文本。

在市区两级教育专家的指导与建议下,该教材大胆地吸收了师生习作作为教材的指导案例和研习作品。丛书编写采取分册方式进行,由东南大学出版社出版发行。

课题组分工编写,集体审定。总顾问:钱梦龙;英文顾问:吴沪生;主编:须立新。《青枝绿叶》由须立新负责"博悟""旅行""故事"部分编写;戴臻负责"文学""绿叶""绘本"部分编写;杨月琴负责"英文"部分编写。《朗诵与演讲》由吕卫民编写"朗诵技巧"部分;窦爱君编写"演讲技巧"部分;《单词巧记与西方习俗》由徐伟梁编写"单词巧记"部分;陈庆凤编写"西方习俗"部分。

《朗诵技巧》《单词巧记》适用于六年级;《西方习俗》《演讲技巧》适用于七年级;《青枝绿叶》适用于初中各年级。本套教材得到了市区两级专家学者评审团的好评,也受到了学生的欢迎和家长的好评。

除此之外,其他外围课程及综合实践活动,都以自编教材、教案、活动方案等形式出现。例如,"萤火虫"读书会是一个学生社团,也是课题组开发的一个综合实践课程。一个人的精神发育史就是他的阅读史,无论是为了缓解应试的种种压力,还是为了语言表达、人际沟通、写作水平、心灵成长和终身发展,阅读都呈现出了前所未有的紧迫感。

"萤火虫读书会"的基本方案是:"分组研讨,集体共享,以研带读,以读带写"。"萤火虫读书会"由六七年级同学自愿报名申请参加,先后已有180多位同学参加了读书研讨活动。课题组采取分类研究的方式,将阅读分为:童话、神话、寓言、科幻、科普、诗歌、戏剧、传记、卡通、绘本、动漫、散文、漫画、传说、戏剧十五个分会。各分会秉承"读好书,做有根的人"的基本宗旨,对阅读方法、语言表达、写作技能、作家故事、作品分析、历史观点、创作趣事等等展开小组专题研究,同时,学校延聘小说家、童话作家、文学评论家及热爱阅读深有心得的各位家长来校指导。读书会的成员不仅读,还大胆尝试写作,先后有小说、童话、寓言、散文、调查报告、游记、戏剧、诗歌、课本剧、随笔等作品发表在全国报纸杂志《语文报》《中文自修》《当代中学生》《作文通讯》及学校主办的《桃李园月报》和《桃李园月报·文学副刊》上。

六是加大投入,保障课程群建设的推进。学校课程群项目领导小组,负责总体规划与各项工作的协调,从各个层面保障资金、人员及时间的落实到位。国家课题立项后,学校呈报董事会,董事会相继拨出40万元资金支持项目建设。课题组对承担课程群建设的研究人员给予研究经费补贴,投资10多万元出版课程群校本教材、外聘教师指导综合实践活动及学校语言研究学社的硬件建设。如语言学社录音棚建设、语言学社播音室建设、绘本图书工作室建设及出版校园学生刊物《萤火虫》杂志等等。

在加大投入力度,重视监管的效度。学校坚持对课程的领导力度,实行随堂调研制、工作协调制、课堂评议制、家长问卷制、资料过程管理制,均实行长效管理。无论是核心课、外围课、综合实践课,既是研究的课题,也纳入常规管理范畴。坚持不走过场,不搞形式主义，务实不务虚，扎扎实实搞课改，认认真真搞研究。让课程群建设有独立的空间，又让其对全局工作起到领头羊的作用。课程群的集备、教学问卷调查、学生座谈、核心课的"同课异构"教学、考试成绩分析等等事无巨细，课题组研究人员精诚团结，共同努力。

加大投入力度，注重考核评价。课题组每学期两次对团队和个人研究工作进行评价考核，并与研究者的年终业绩考核直接挂钩。每学期教师要提交课题研究报告、研究论文与相关的分析数据。三年来语言学科教师的相关研究论文30多篇分别在全国核心刊物、上海市及区教育教学的核心刊物上发表。

七是适时评审，确保课程建设的科学性。适时对课程进行评审，考察课程目标是否符合学校的办学宗旨；课程设置是否满足学生语言综合素养的提升；课程资源是否有效地获取与利用；课程内容的设计是否达到了预期效果；课堂教学是否关注了全体与差异性等。

课题组就课程群建设总体方案多次邀请市区专家参与论证评审。课题组形成的《课程群建设行动研究方案》得到了市教委教研室、市教科院的高度评价。2010年，市教委课程改革委员会将《桃李园六、七年级课程计划》编入《基于上海实践探索·学校课程计划研究与编制》一书，全国发行。

随着课程行动方案的逐步实施，课题组按学期对所审定的课程逐一进行评审。基本程序是：首先，课程负责人对所承担的课程进行充分描述。这种描述，侧重于学生对课程的兴趣、接受程度、参与度和教师对课堂的组织情况。如资源的利用、教学方法的创新和对学生的的评价方式等。最后，课题组教师对其课程依据"观课标准"进行综合评价。

课程评审，不仅限于专家学者和研究教师。课题组将家长和学生同样视为课程建设的主体之一。学校创造各种机会让家长介入到学校课程建设中来：
- 家委会管理小组研究评审课程计划
- 家长是学校综合实践活动的指导者和观摩者
- 校级家长会校长详细介绍课程
- 家长访谈与调查表分析

家长也是教师，课程群建设得到了家长的大力支持。家长拥有丰富的技能和多样才华，为了丰富我们的课程，家长参与学校的艺术节的表演、观摩和担任评委工作；参与外围课程的开发。如"朗诵艺术团"的指导工作就由家长承担。

课程开发与建设，学生的参与是重要元素，学生不仅是课程的接受者，也应该是课程的建设者。课程群只有得到了学生的认同之后，才能显示其真正的"人本"意义，其包含了对学校办学思想、办学目标的认同，也符号学校的"以学定教"的理念。学生对课程的评价主要通过访谈和对老师的任课情况进行每学期的两次问卷调查。学生会根据自己的真实感受,对课程、课堂教学和一系列的综合实践活动作出客观的评价。教师、家长和学生参与课程的评价,体现了一种理性的民主决策过程。

在评价的机制上,学校课程群建设连续三年采取循序渐进的方式,课程设置从"多门课程"开发到"精品课程"定位;语言学习从局限于语言学科到所有学科课堂语言学习与体验;学习形式从文本阅读到各项综合实践活动的拓展。

3. 几点基本的认识成果

基于上述分析,课题组提炼并概括出已有相关研究及课程群建设研究实践中所形成的几点基本认识。

(1)"课程群"是指为促进学生的语言综合素养,将语文和英语两门学科加以整合而成的课程体系。其在实现基础课程、拓展课程、探究课程方面形成了良好的优化与整合,为培养学生的语言综合素养提供了课程框架。

(2)课程群建设是一种资源再开发和有效利用。其涉及校内课程资源和校外课程资源的有效开发与利用。校内课程资源包括课程设置的自主权,硬件与教师赋权增能。校外课程资源包括学校以外的家长、社区的人力资源及文化资源的再开发。

(3)课程群建设需要"合作性团队"和"合作性学校"。"当他们通过各种视角去构建问题框架和制定可行途径"时,学校就是合作性的和包容性——他们利用合作性而不是控制力——利用愿景的构建和行动来激励和鼓舞他人。

(4)课程群评价机制的介入,为学校科学地评价教师提供了最佳时机。随着教育改革的深入发展,对教师工作的考核与评价一直是建立在考试成绩、考试分数的单一性评价的基础上的。通过一轮校本课程的开发与实践,使学校对教师的评价有了新的认识和策略。如有效的教师管理机制、教师工作评价的有效内容及识别不合格的教师和培养更多的优秀教师的方法策略。

(5)课程群的推进与实施,使桃李园实验学校在本市本地区有了良好的社会影响。

• 2010年,上海市基础教育处、上海市教委教研室和嘉定区教育局联合主办"桃李园课程群探索实践现场交流会"。

• 2011年,《桃李园实验学校课程群六、七年级课程计划》编入上海市《学校课程计划研究与编制——基于上海的实践探索》一书。

• 2011年由上海市教委教研室和嘉定区教育局联合主办"课程改革暨有效性教学的课程群建设专家论坛"活动。

• 2012年《嘉定教育》专刊介绍桃李园实验学校"建设课程群,创建特色学校"的教育教学成果。

• 2013年由上海市民办中小学教育协会主办"建设语言学科课程群,创建特色学校研究与实践探索实践交流会"。

• 2014年《中文自修》介绍桃李园实验学校"课程群"语文综合学习专题。
• 2014年《作文向导》介绍桃李园实验学校综合实践活动——"萤火虫"读书会专题。

（6）课程群的研究性报告、论文及校本教材的出版使课程群有了持续发展的后劲。

• 课程群校本教材《朗诵与演讲》、《单词巧记与西方习俗》和《青枝绿叶》已由东南大学出版社出版。
• 课程群研究专题《图画书的蝴蝶效应》发表在核心期刊《语文教学与研究》上。《图画书教学：播散语文综合实践活动的创新种子》编入上海市教研室《改进语文课堂》一书。
• 课程群科研专著《岁月无声　下自成蹊》将由东南大学出版社出版。
• 课程群研究专题论文将发表在2014年5月及6月《教学与管理》核心期刊上。

（7）教育教学成果成绩斐然。自课程群建设以来，桃李园历年中考取得了优异的成绩。仅以2013年中考为例：2013年，桃李园实验学校340名初三毕业生参加中考，141人考入市重点高中，其中零志愿67人（四大名校17人），嘉定一中74人，市重点高中录取率为41.5%；134人考入区重点高中，区重点以上录取人数275人，录取率为80.9%；50人考入普通高中，高中录取人数共325人，录取率为95.6%。另外，桃李园相继获得全国优秀民办学校、全国特色建设先进学校、上海社会组织规范化建设评估5A社会组织等荣誉称号。

4. 建设课程群，提升语言学科教学有效性的相关评价

课程群的建设通过融合和规划英语和语文两门核心课程的共同信息，在有效的时间内，以最低的成本使学生获得最大化理论和实践知识，以提高学生的听、说、读、写、译等各方面的能力。通过改革的实践和探索，强化课程群的地位，丰富其理论、教学内容和教学手段，使课程群体系更加完善，带动整体教学水平进一步提高。首先预设影响初中生英语学习的因素和英语学习成绩之间的关联图，采用AMOS 17.0软件对单一潜变量模型、两因素（学习过程和学习效能）直交模型和两因素斜交模型三种模型进行验证和优化。用SPSS 17.0软件分析采用课程群的方法对初中生英语学习效果的提升，并推广到语文教学中，比较同一教学方法和学习方法在英语和语文教学中的效果。

（1）采用AMOS软件构建语言学习过程与学习效能关联的模型

AMOS 17.0软件是进行结构方程模型（Structural Equation Modeling, SEM）分析的重要软件之一。它通过考查调节变量的效应来深入地检验理论模型的稳定性，该方法既适合检验理论模型在调节变量不同水平上的拟合程度，也适合于检验跟踪数据与理论模型的拟合问题。

自20世纪八九十年代以来，AMOS软件逐步在语言学研究中运用开来。比如Gardner等人在1983年曾使用这一技术研究二语学习动机。我国语言学研究人员在90年代也使用过此种方法进行各自的研究。文秋芳等以中国高校英语专业本科生为被试，建立了学习者因素和英语学习成绩之间的路径图[11]。由于以初中生英语学习者为被试的相关报道较为少见，本文着重探讨了影响课程群对初中生的影响。学习过程中的记忆策略、学习兴趣、参与程度和合作态度是最常用的观测要素，对学习效果的影响举足轻重。本文中另一潜在变量——学习效果以学习者的表达能力、测试成绩和积分为其观测变量（见表6）。

表6 调查问卷的结构

潜在变量	观测变量	问卷题项	分值
学习过程	学习兴趣	1	20
	记忆策略	2	20
	参与程度	3	20
	合作态度	4	20
学习效能	表达能力	5	20
	测试成绩	6	20
	积分	7	20

本文运用验证性因素分析（CFA）的方法，采用AMOS 17.0软件进行最大似然估计分析，对360名被试数据进行三种理论模型构想进行验证。模型分析分为4大步骤：① 模型建构，包括指定变量间的相互关系，限制因子负荷或因子相关关系等参数的数值；② 模型拟合，指在有了一个新模型后，就要设法求出模型的解，其中主要是模型参数的估计；③ 模型评价，在评价一个模型时，需要检视各参数值是否在合理的范围内和参数与预设模型的关系是否合理，还要检视多个不同类型的整体拟合指数；④ 模型修正，对每一模型检查标准误差、修正指数以及各种拟合指数，据此修改模型。根据理论假设，对图4、图5和图6中的理论模型进行验证分析。根据模型的拟合情况不断进行修正，直到建立一个拟合良好的模型，三个模型拟合度的各项检验指标见表7。

根据AMOS软件对结构方程模型的要求，检验一个模型是否合理需要参照如下的拟合指数，如CFI（比较拟合指数）、GFI（拟合优度指数）、IFI、NFI、RFI和RMSEA（平方根残差值）。其中，若CFI、IFI、GFI的取值落在0～1之间并大于0.85则可认为该模型拟合较好；RMSEA是近似误差均方根，也是重要的参考指数，当RMSEA低于0.1时表示拟合较好，低于0.05时表示拟合得非常好。根据AMOS软件要求，因素负荷值介于0.5～0.95之间，表示模型的基本适配度良好。本研究理论模型中，模型1和模型3的CFI、IFI、GFI值都大于0.85，RMSEA值小于0.1，说明该模型是适宜的、可接受的模型。综合分析各项拟合指标，对模型进行比较后，我们认为在这些模型中，模型3是最佳的模型，修正后的各项拟合指标均达到统计要求。

表7 M_1 模型(单一潜变量模型)、M_2 模型(两因素直交模型)、M_3 模型(两因素斜交模型)的检验指标

Model	χ^2	df	P	χ^2/df	RMSEA	CFI	GFI	IFI	AIC	模型比较
M_1	11.987	13	0.529	0.922	0.001	0.986	0.967	0.993	41.987	好
M_2	139.054	14	0.000	9.932	0.451	0.601	0.761	0.610	167.054	差
M_3	12.369	14	0.577	0.883	0.000	0.995	0.929	1.005	40.369	最好

注：模型适配较好时 $P>0.05$，(通常受样本量的影响，也可以忽略 P 值)；$\chi^2/df<4$ 模型较为理想；RMSEA 的理想值为小于 0.05；AIC 越小越好(包括负值)；CFI 和 IFI 值大多介于 0 与 1 之间，越接近 1 表示模型适配度越佳，越小表示模型契合度越差。

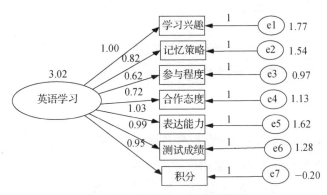

图4 M_1 模型(单一潜变量模型)

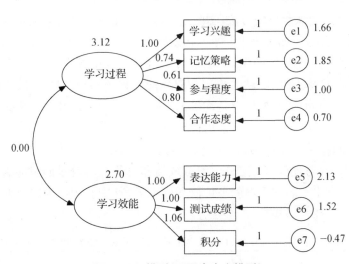

图5 M_2 模型(两因素直交模型)

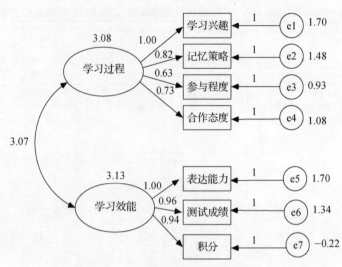

图 6 M_3 因素(两因素斜交模型)

(2) 采用 SPSS 17.0 软件对采用该方法提升英语学习的有效性进行统计

被试为桃李园实验学校 2013 学年六年级四个班级(601、602、603 和 604)的 180 名学生。把被试的问卷调查结果输入计算机,用 SPSS 17.0 软件进行统计分析。其中 601 班和 603 班采用课程群的方法(实验组),602 班和 604 班为未采用该方法的班级(对照组)。首先分析了四个班级同学的初始情况,即 9 月 1 号对四个班级同学进行问卷调查,此时四个班级均未采用该方法。结果由表 5 可见,学习兴趣、记忆策略、表达能力、参与程度、合作态度、测试成绩和总积分均无显著差异($P>0.05$),提示采用该方法之前,实验组和对照组的情况是均等的。然后,在 601 班和 603 班采用课程群的方法进行教学,在 602 班和 604 班采用常规方法进行教学,几个月后,对四个班级的同学进行第二次问卷调查,结果见表 9。结果可见,实验组 90 位同学的学习兴趣、记忆策略、表达能力、参与程度、合作态度、测试成绩和总积分均较对照组显著提高。为了便于比较,我们求出了上述 7 项的平均值和标准差,其中实验组为(15.34±1.98),较对照组的(13.91±2.04)提高 11 个百分点。

表 8 采用该学习方法的 90 位同学(601 班和 603 班)和未用该方法的 90 位同学(602 班和 604 班)

项目	学习前(601 和 603 班)		学习前(602 和 604 班)		差异性	
	M	SD	M	SD	t	P
学习兴趣	14.94	2.41	14.68	2.63	1.53	0.13
记忆策略	11.79	1.76	11.42	1.52	2.45	0.06
表达能力	13.00	2.27	12.56	2.38	3.58	0.05
参与程度	15.12	1.73	15.37	2.02	1.02	0.10
合作态度	15.54	1.89	15.87	1.92	1.17	0.08
测试成绩	14.57	2.29	14.86	2.47	1.39	0.09
总积分	14.23	1.72	14.66	1.84	1.54	0.10

表9 采用该学习方法的90位同学(601班和603班)和未用该方法的90位同学(602班和604班)

项目	学习后(601和603班)		学习后(602和604班)		差异性	
	M	SD	M	SD	t	P
学习兴趣	15.99	2.51	14.78	2.60	7.46	0
记忆策略	13.22	1.91	11.96	1.53	7.69	0
表达能力	14.07	2.28	13.02	2.33	5.40	0
参与程度	16.06	1.39	14.49	1.93	4.22	0
合作态度	16.21	1.93	14.96	1.82	7.70	0
测试成绩	16.42	2.09	14.23	2.30	12.81	0
总积分	15.42	1.73	13.96	1.75	15.64	0
七项总评	15.34	1.98	13.91	2.04		

我们比较了对照组的90位同学(采用常规教学方法)在三个月后的学习效果提升情况,即从9月1号到12月1号。结果见表10,测试的七项(学习兴趣、记忆策略、表达能力、参与程度、合作态度、测试成绩和总积分)均有所提高($P<0.05$),提高最为显著的是表达能力,从(12.56 ± 2.37)增加到(13.22 ± 2.33),提高了5个百分点。七项总评从(14.20 ± 2.11)增加到(14.49 ± 2.04),提高了2个百分点。

另外,比较了实验组的90位同学(采用课程群的教学方法)在三个月内的学习效果提升情况,即从9月1号到12月1号。结果见表11,测试的七项(学习兴趣、记忆策略、表达能力、参与程度、合作态度、测试成绩和总积分)均有更大幅度的提高($P<0.05$),增加的幅度从4个百分点上升到13个百分点。七项总评从(14.17 ± 2.01)增加到(15.34 ± 1.98),提高了8个百分点。

上述结果表明,课程群教学方法对提升英语学习效果较常规教学效果有显著的优势。

表10 未采用该学习方法的90位同学(602班和604班)在(9月1号)和(12月1号)的对比

项目	9月1号		12月1号		前后差异		提高的百分点
	M	SD	M	SD	t	P	
学习兴趣	14.68	2.63	14.78	2.60	2.82	0.006	1
记忆策略	11.42	1.52	11.96	1.53	7.70		5
表达能力	12.56	2.37	13.22	2.33	7.34		5
参与程度	15.37	2.02	15.49	1.93	2.77	0.007	8
合作态度	15.87	1.92	15.96	1.82	2.37	0.020	6
测试成绩	14.86	2.47	15.23	2.30	5.27		2
总积分	14.66	1.84	14.96	1.75	5.87		2
七项总评	14.20	2.11	14.49	2.04			

表11 采用该学习方法的90位同学(601班和603班)在(9月1号)和(12月1号)的对比

项目	9月1号		12月1号		前后差异	提高的百分点
	M	SD	M	SD	t	
学习兴趣	14.94	2.41	15.99	2.51	10.88	7
记忆策略	11.79	1.76	13.22	1.91	12.95	12
表达能力	13.00	2.27	14.07	2.28	11.79	8
参与程度	15.12	1.73	16.06	1.39	8.73	6
合作态度	15.54	1.89	16.21	1.93	8.12	4
测试成绩	14.57	2.29	16.42	2.09	18.22	13
总积分	14.23	1.72	15.42	1.73	20.19	
七项总评	14.17	2.01	15.34	1.988	8	

(3)采用SPSS 17.0软件对采用课程群提升英语学习和语文学习的有效性进行比较

英语和语文两门课程作为课程群的核心课程,在教学方法上有很多共性,我们比较了学生最喜爱的教学方法和学生最喜爱的学习方法。对七年级的180位同学进行了问卷调查,采用SPSS 17.0对调查数据进行了统计。结果如下:由表12和图7可见,讲授法、情景法、影像法和合作法四种教学方法是语文和英语共有的教学方法,两门学科中,得分最高的均为影像法,其次是情景法,然后是合作法,讲授法得分最低。提示:语文和英语采用影像法学生最为喜爱,同一教学方法对两门课程均适用。

表12 在英语和语文学科中比较学生最喜爱的教学方法

	最喜爱的教学方法											
	讲授法		情景法		影像法		合作法		质疑法		翻译法	
	M	SD	M	SD	M	SD	M	SD	M	SD	M	SD
语文	4.02	3.31	7.44	2.82	8.10	2.68	7.30	3.08	5.45	2.96		
英语	3.44	3.07	6.92	2.82	7.70	2.84	6.70	3.16			4.90	2.79
P值	0.123		0.639		0.476		0.120					

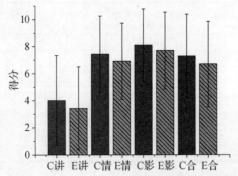

图7 语文和英语共有的教学方法受学生喜爱程度的比较

(C讲:语文讲授法;E讲:英语讲授法;C情:语文情景法;E情:英语情景法;C影:语文影像法;E影:英语影像法;C合:语文合作法;E合:英语合作法)

对于语文和英语教学,我们对学生最喜爱的学习方法进行了比较,结果见表13和

图 8。两门学科中,均是体验法得分最高,其次是探究法,最后是自读法。提示:语文和英语采用体验法学生最为喜爱,同一学习方法对两门课程均适用。

表 13　在英语和语文学科中比较学生最喜爱的学习方法

	最喜爱的学习方法													
	探究法		体验法		自读法		记忆法		对话法		角色法		发现法	
	M	SD	M	SD	M	SD	M	SD	M	SD	M	SD	M	SD
语文	6.07	3.28	8.25	2.53	4.04	3.08					8.17	2.75	5.13	3.44
英语	5.81	3.45	8.15	2.98	3.54	3.41	3.41	3.38	6.27	3.61				
P 值	0.879		0.769		0.036									

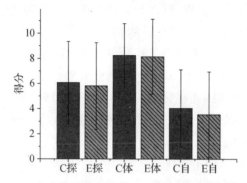

图 8　语文和英语共有的学习方法受学生喜爱程度的比较

(C 探:语文探索法;E 探:英语探索法;C 体:语文体验法;E 体:英语体验法;C 自:语文自读法;E 自:英语自读法)

(4) 小结

英语和语文作为基础教育阶段的两门核心课程,对教与学都提出了更高的要求。如何培养学生语言的综合应用能力、提高文化素养以及教师如何适时调整教学模式、研究教学规律、提高教学质量,这些都在此评价中进行了比较详细的探讨。通过构建模型、设计合理的调查问卷和对学生进行测试,发现课程群对提升学生语言学习并形成教育特色有明显效果。两门核心课程教与学存在较多共性。如在各种教学方法中,影像法不仅是学生最喜爱的语文教学方法,同时也是学生最喜爱的英语教学方法;在各种学习方法中,体验法是学生最喜爱的语文学习方法,也是学生最喜爱的英语学习方法。

5. 已有研究的几点反思

课题组在相关研究的基础上产生了许多有价值的认识成果,但在研究视野、研究方法和研究主题的把握认识上还存在某些明显的不足。

(1) 研究视野局限,研究成果缺乏整合。课程群建设目前仅限于语言学科的研究与探讨,主要探讨了语文和英语两门学科在外围课程和综合实践课程实践与体验,而核心课程迫于考试的压力,教师尚不敢完全放开手脚突破课堂教学的应试模式,仍将文本阅读侧重于理解分析与习题的练习,课堂教学传统方法占据主导地位。此外,非语言学科在提升学生的语言能力方面开放度不够,研究成果延伸视角比较狭窄。从提升学生语言综合能力角度讲,仍需借助课程论、教育哲学、教育生态学和教育管理学等相互关联的其他学科认识成果,建立更深层次的分析框架,全面地去揭示办学理念、课程目标、课程资源诸方面的功能与价值。针对这种情况,本课题研究需要解决的问题是,如何在语言学科课程群的基础上,实现更广泛的课程资源整合,以形成最优化的课程体系。

(2)研究方法存在缺陷,过于注重经验成分。由于教师惯于从实践中来,到实践中去,且对科研数据的收集、分析、整理和有效利用能力有限,使得有价值的研究一时得不到总结与推广。课程群在语言学科的相关性、整合性、共性和差异性方面的研究还处于起始阶段,各种课程资源的科学开发尚待进一步加强。部分研究人员将本学科的研究依然看作是封闭、孤立、单一的系统,研究大多处于静态的线性的分析之中,造成课程群外围课程、综合实践课程叠加的错误认识。另外,课题研究中出现较多的是习惯性经验判断。教师以习以为常的经验判断代替理性分析的情形居多,致使大多研究尚未取得更有价值的突破。

(3)主题把握不准,认识不够深入。从学生学习语言的角度讲,课程群资源涉及诸多因素和关系。"以学定教",每个孩子的差异性、个性化需求的分布极其不均。开发什么样更个性化、更人性化的课程,它们之间的相互关系怎样,我们不清楚。尤其是课程的显性效能和隐形效能如何凸显,是研究中亟待突破的难点。我们认为,造成这种情形的一个关键原因在于:长期的应试教育几乎固化了教育模式、教学方法和教师的教育思维方式。我们未能从理论与实践的双重视角,理性而准确地分析研究如何更科学地提升语言学科教学有效性这个核心问题。

三、研究的视野、内容和思路

(一)以跨学科的视野展开研究

探讨本课题以跨学科的视野展开基础理论研究,需要解决好两个问题:一是"差异"与"共性"的问题;二是"多元"与"整合"的问题。

根据课程群开发研究过程中所呈现的主要问题,本课题需要以跨学科的视野从如下几方面运用理论资源展开研究:① 课程教学论关于课程群建设的认识成果;② 教育哲学关于语言学科与生存关系的认识成果;③ 教育社会学关于校内资源与校外资源认识的成果;④ 教育心理学关于阅读写作心理的认识成果;⑤ 教育管理学关于课程资源配置及人力资源的认识成果;⑥ 教育生态学关于特色办学的认识成果。

(二)本课题的支持功能及其实现机制的聚焦点

提升语言学科教学有效性的课程群建设研究的关键,是揭示提升语言学科教学有

效性的课程群建设研究的支持功能和实现机制。为此,本课题重点研究以下几个方面的内容:

调查研究:

1. 学生对课程需求的选择性与适应性问题:基于各种调查
2. 减轻课业负担与提升教学有有效性的相关性:基于学校调查
3. 开发课程群资源整合问题的反思:基于个案分析
4. 课程群与特色学校建设的反思:基于理性的思考

专题理论研究:

1. 课程群的内涵与特征
2. 课程群的结构、类型设置
3. 课程群的支持功能及其实现机制
4. 课程群建设的评价机制
5. 基本的研究方法论思考

实践应用研究:

1. 开发课程群的基本思路
2. 开发课程群的实践模式
3. 开发课程群的保障机制

(三)寻求方法论原则和具体方法的突破

提升语言学科教学有效性的课程群建设研究,能否在理论与实践上取得某些突破,关键取决于恰当的方法论原则的确立和具体研究方法的运用。

1. 确立"三位一体"的校本教研管理视角

为了使课题组领导小组—教研组—研究人员形成"三位一体"的教研管理机制,学校成立了课题领导小组,负责组织课程群总体设计、开发、课程管理,对所有相关资源进行调配及对课程的评价与监督。教研组具体落实课程计划,以团队的方式开展集体备课,对研究组长赋权增能,明确其在课题研究中的引领作用和组织职责。学校建立校本教研的评价机制,要求教研组围绕校情、学情、教情,立足于核心课程、外围课程、综合实践课程的发展与变革实践研究。针对直接承担子课题研究的教师,学校实行激励与督导并举,将其科研态度、科研水平、科研成果,直接与业绩考评和职业发展挂钩。校本教研的管理能推动学校、教研组、个人之间的相互促进作用,能效地贯彻课程计划,确保组织、评价、激励和资源保障得到落实,从而推动教学质量的不断提高。

2. 以生态学的观点揭示提升语言学科教学有效性的课程群建设研究的支持功能及其实现机制

艾格莱斯顿认为,校本课程开发是学区内的家长、教师、学生、学校行政人员等,经由共同讨论、计划等过程,发展适合每个特定学校的儿童课程策略[12]。本课题的选定来自于创建特色学校的需要及学生与教师共同发展的需要。围绕二期课改开展课程群建设的实践与研究,正如吴刚平先生指出的:校本课程的开发是指在国家课程计划规定的范围内,以学校为课程开发的场所,以教师为课程开发的主体,依据学校的性质、特点、条件以及学生的需要,旨在满足学生的独特性和个体差异性,发展学生的个性特长的课程开发模式[13]。

课程群作为一种校本课程的开发,是建立在学校整体生态系统下的一种变革,这种变革有着坚实的教育实践基础,具有极强的生命力。从研究主体教师教学行为的改变,到学生学习方式的改变;从课程群的设定,到校本课程的整合与不断更新改变,从课程群教材的编写、研究、实践到再研究再修改,再实践,递生出了一种良性循环的教育生态链。

本课题分别从特色学校建设、学生发展需要、减轻课业负担、教师课程意识等多重视角下,去分析揭示课程群建设的深层问题及其问题的解决途径。

3. 以学校和学生的未来发展作为研究的基本立足点

无论是特色学校建设,还是二期课程改革,都是"以学生为本"而存在。建设课程群,说到底就是关注学生的发展问题。从终极的价值意义上讲,学校的一切工作,管理、资源、组织、变革、激励、评价、课程、计划等等无一不是为了学生的未来的生存与发展。因此,坚持以科学方法论为指导原则,以学校和学生的个性化与发展作为本课题研究的基本立足点。

4. 以课程群建设的现实状况作为研究的实践根基

实践表明:提升语言学科教学有效性的课程群建设研究不仅是必要的,而且是切实可行的。但我们必须以社会发展、教育发展和课程建设的生态系统的现实境遇作为思考这一问题的基础。这一现实的境遇就是:教育形式的变革虽然在快速发展,社会对人才的评价机制、学校的择人标准、家长对教育的功利性期待虽然很现实,但我们有突破、有成果,也连续多年取得了本地区最好的中考成绩。桃李园实验学校从转制至今,一直坚持课程课改,力争让每个进入桃李园的学生都有长足的发展,学校在课程设置、课程资源配置、课程计划等方面都取得了可喜的进步,也积累了很多宝贵的经验。我们将坚持以现代教育价值观为导向,扎牢课题研究的实践根基。

5. 综合运用多种研究方法

(1) 文献法:主要围绕"建设语言学科课程群,创建特色学校研究"和"国内外关于课程群建设研究的经验及启示",把握国内外研究现状及基本认识成果,同时对本课题研究的总的方法论问题进行思考,进而确立本课题研究的视野、主题与方法。

(2) 调查研究法:课题组在课程实验的不同阶段对学生、家长、教师开展问卷调查研究。调查的主要内容涉及课程设置、课程内容、教学方法、学习学习效率及核心课程、外围课程和综合实践课程三者的相关性。

(3) 比较研究法：对实验组与控制组进行比较分析，在比较分析中，分析提高教学有效性的可能性。

(4) 数据分析法：对六至七年级进行抽样数据分析，运用描述性分析、线性回归分析和方差分析，统计学生学习语文和英语两门学科最感兴趣的课型和教学方法，为课程实验提供数据依据。

(5) 个案研究法：选取外围课以"绘本阅读""单词巧记"及核心课"语文自读法"和综合实践"中学生大讲堂"为个案重点分析提升语言学科教学有效性课程群的问题，总结和建设课程群，创建特色学校研究的基本思路、实践模式与保障机制。

(四) 遵循总的研究思路和技术路线

本课题研究的基本思路和技术路线如图9所示。

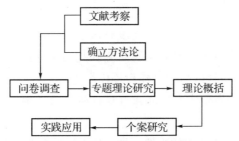

图9 提升语言学科教学有效性的课程群建设研究技术路线图

本课题研究的工作进程具体如下：

第一阶段：研究准备阶段（2008年8月）。通过文献考察和课题论证，确立研究的视野、主题及方法，聘请专家学者对课题提出具体实施的指导性意见；结合《新课程标准》选定课程群设置科目和开课人选，组织编写课程群校本教材和教案并进行初步评审。

第二阶段：课题实验阶段（2008年8月至2010年9月）。全面推出课程群的三种基本课程：核心课程、外围课程、综合实践课程，使知识与技能、过程与方法、情感态度与价值观的三维目标，有机地融入到课程之中。运用教学与教育过程评价体系进行不定期的测评与分析，形成基于事实的科学的课程结构。于此期间，课题组承担了"上海市桃李园实验学校语言学科课程群建设探索实践现场交流会"。

第三阶段：专题理论深入研究阶段（2010年9月至2011年9月）。基于学校研究实际，后将课题延迟两年申报结题，并报全国规划办和市教育科研规划办备案。在此期间，课题组主要开展有关新课程标准理论的学习与研究，编写课程群校本教材，专家对课程教材进行评审。

第四阶段：课程整合研究阶段（2011年9月至2012年10月）。这一阶段是学校全面深化课程改革，对核心课程、外围课程、综合实践课程进行了全面的梳理与整合。

强调了核心课程的课堂转型"以学定教"的机制,将初定的外围课程的十几门课程整合为语文四门、英语四门和多种综合实践活动,并重新设定了课程限选与自选办法、课时安排、人员调整。

第五阶段:研究总结阶段(2013年11月至2013年12月)。撰写研究报告,接受鉴定,推广应用研究成果。

四、分析和结论

(一)提升语言学科教学有效性的课程群建设研究面临的任务、困难与问题

诚如课题组聘请的专家上海市教研室主任徐淀芳指出的:全国新课程的实施过程中有三个瓶颈。一是学校课程计划还未达到新课程所希望的程度,学校对课程计划的设计能力有限;二是考试科目因加课现象严重,往往在加时间上下功夫,课程群如何协调时间关系;三是教学有效性地评价目前没有恒定的标准,课程的评价策略应是研究的重点之一。同时,他希望桃李园的课题研究扎扎实实地做,不走过场、不搞花架子,期望课题为全市课程计划制订与学科建设提供经验。

1. 提升语言学科教学有效性的课程群建设研究的必要性与任务:基于教育现实的考量

课程群建设的立项是偶然中的必然产物。从大的社会背景上来讲,一方面是基于民办学校在市场经济条件下,谋发展、谋特色的长远的战略考虑;另一方面,桃李园的第一任校长钱梦龙先生很早就提出的"全面发展,双语见长"的办学理念;三是多年来,学校为提升学生的语言综合素养,开发了大量的拓展课程并一直坚持实践,积累深厚。课程群建设顺应了当前课程改革和上海课程改革的要求,将研究的落脚点放在学生身上。

实践证明,提升语言学科教学有效性的课程群建设研究需要从三个维度加以把握:

(1)内容。课程设置须符合三个特性:有效性、规律性、目的性。应遵循语言学科的规律性与培养什么样的人相联系,看得到效果、效率和效益(三效)。课程开发要充分体现核心课—外围课—综合实践活动的相关性与整合性。

(2)过程。课程群建设是一项系统工程。在这一过程中课程的设置、计划、教学方式、资源分配及如何实施都需详细规划出路线图。课题研究的过程中,会带来一系列困难、麻烦和新问题,同时也会带来挑战和惊喜。

(3)层次。课程群建设涉及三个不同的层次:一是传承与改变,二是整合与优化,三是突破与创新。显然,每个层次意味着存在不同的需求与任务。课程群的建设不是简单的组合与拼凑,是对传统课程的否定、扬弃、重整、优化与创新。

2. 提升语言学科教学有效性的课程群建设研究的困难与挑战:基于校情的调查

(1)应试压力,影响课程改革力度

尽管国家大力提倡素质教育,但应试教育观念根深蒂固,难以在短期内消除。教

师的应试教育压力在一所民办学校是显而易见的。这种把考试分数看作是评价学生、评价教师及评价办学水平的所谓质量生命线,让教师对考试分数一刻也不敢疏忽。一旦考试出现意外,整所学校和教师的地位都会出现多米诺骨牌效应。这一情形导致了教师将全部精力聚焦于考试分数和大量题海训练。因此,教师在课程变化、教学策略及课堂教学组织形式上,依然跟着惯性走的情形居多,不敢冒更大的改革风险。大部分家长毫不避讳地强调:进民办学校要的就是成绩,理解学校的课改,但孩子不能被作为课改的实验品。因此,对于承担国家课题的一所民办学校来讲,大刀阔斧的课改需要更多的勇气并付出更多的努力。

(2) 课程变化,隐性效能评价困难

课程效能对学生的影响是个复杂的过程,不仅要测量显性效能,还要测量隐形效能。需要收集的数据涉及方方面面。要收集影响学生学习的课程信息、非课程信息。如知识背景、学习动态、非智力因素、生理及身体的差异等等。虽说语言学科有比较明晰的教学目标,学生听、说、读、写几方面技能的显性评价及衡量指标还比较客观。但是,只对学生作显性评价,并不能反映课程对学生的全部影响。加之,学生的差异性造成了课程隐性效能评价的困难:一是研究人员科研水平受限,二是随着学生身心的发展和课程的不断变化,使得纵向研究的数据收集与统计成为很大的难题。因此,在实施过程中不能只局限于显性评价,应放在整个初中的培养目标中来思考课程群的有效性、科学性和整体性。

(3) 资源受限,需要社会大力支持

课程群课程开发人力资源受到了相应的制约。一是语言学科校本课程和综合实践活动涉及面广、跨度大、形式要求多样,教师的专业能力受到制约。如综合实践活动"中学生校园英语播音""中学生校园汉语广播"需要既是英语和汉语专业的指导老师,又要懂播音学并口语纯正的专业指导老师开设专题探究课程。再如,"绘本阅读""上海方言"是深受学生喜爱的课程。作为有探究意义的课程"英文绘本阅读""上海方言与普通话的比较"专业指导教师难聘。会英文的不一定研究绘本阅读,会方言的不一定研究比较文化。好在嘉定文化积淀丰厚,上海大学处于主城区,有比较好的社会资源。再则,学校课时总量有限,要想在更大程度上挤压再多一点课时、再增加一门课程都比较困难。由于学校新校再建,场地一直有限,现有场地一直是"一室多用"。我们将课题顺延两年的目的之一,就是希望开发出更适合学生的课程,在实验与比较中获得更好实验成果。

(4) 学科交叉,共性课程开发难度大

课程群的综合实践课程包含着丰富的资源,作为学校的特色而言,不仅仅是局限于语言学科,其他学科同样包含着丰富的语言内容和形式,应该整体设计,使学生有更多实践、体验、学习语言的空间。利用其他学科的资源开发出相应的项目、子课题或者活动,对教师来讲是一个极大地挑战。目前交叉学科开发出的共性综合实践活动有:"中英文义卖活动""双语合唱团"等。在此基础上,根据专家课程评审的意见,学校应该多层次地开发语言课程资源,如校园文化环境资源、家庭语言教育资源、网络语言文化资源等等,让共性课程资源不断创生,并成为提升学生语言综合素养的增长点。

3. 提升语言学科教学有效性的课程群建设研究面临的问题:基于个案的分析

课程群已经形成了一定形态的课程体系,如何形成覆盖整个初中四年的特色课程,并形成合理的发展梯度或发展阶段,成为本课题面临的现实问题。课题组通过对六七年级外围课和综合实践活动的个案分析,从中归纳出课程群建设中所存在的5大问题。

(1) 统整、优化与协调:教材开发能力不够

基于核心课程、外围课程和综合实践活动三者的关系,重点是落实基础性、拓展性、探究性课程。以外围课为例,部分课程并没有体现"自编自选"的特点,依然是从指定教材内部来抽绎材料,应试目的明显,外围课的拓展功能被弱化,且有可能还会加重学生的学习负担。此外,在教师申报子课题时,外围课程不是从学生需要的角度出发,而是根据个人爱好开设新的外围课,明显游离于学生语言能力的培养。因此,在实验的几年中,课题组以严肃认真的态度对待每一个新开发出来的新课程:跟踪听课、研究实验、集体评审。核心课程、外围课程及综合实践活动相互之间的拓展关系、探究关系的统整、优化与协调的任务依然非常艰巨。总体来讲,初中四年比较系统的语言学科的课程群,尚待进一步开发、实验和研究。

(2) 合作、探究与对话:课堂转型力度不大

限于课时总量的关系,每门课程外围课的课时总量偏少,造成课程浅显化、简单化,而未达到课程设计的目的。教师因为习惯于传统的授课方式,对拓展与探究的认知不足,课堂转型力度不大。核心课堂"你讲我听"居多,学生活动不敢大胆放开,课堂教学组织的形式偏于程式化。课题组强调:外围课程和综合实践活动,不一定要在短时间里完成非常系统知识的学习,其旨在引导学生体悟语言的学习是多角度、多情景、多侧面、有多种方法的,重在激趣、激活,引起思考和引导学生自己去学习、发现和探索。另外,课时与内容的冲突、考试与实验的抵触、减负与拓展的矛盾,都给课堂转型带来了阻力。

(3) 新技术与资源开发:多媒体技术应用偏少

用现代化教育技术改革传统的教学模式是教育的发展趋势,也容易调动学生的学习兴趣。多媒体技术、网络技术的广泛使用,如投影、幻灯、录像为外围课程的课堂情景教学提供了改革的契机,注入了新的元素和活力。新的教学手段,可以将文字、图像、声音融为一体,给学生更直接的冲击力。在多媒体的支持下,学生会以轻松愉快的心理积极投入课程学习。课程群课程总体上来讲教师都积极地运用多媒体技术,但是,属于自己开发影音资料和flash动漫课件很少,其原因在于:一是民办教师的工作

量偏重；二是多媒体技术不娴熟；三是学校正在搬迁新校址，很多设备亟待更新。从现代教育手段来看，新技术与资源的再开发，是摆在教师面前的又一新课题。

4. 提升语言学科教学有效性的课程群建设研究问题反思：基于理性的思考

"本次教学改革是在课程改革的背景下进行的，是对课程改革的呼应。所以，教学与课程的关系是本次改革首先要摆正和处理好的一对关系。在这对关系中，课程是矛盾的主要方面，课程观是主要因素，课程观决定教学观，并因此决定教学改革的深度、广度。"[14]桃李园正是抓住了课程改革的重心：建设语言学科课程群，创建特色学校，并向前挪动了一大步。

在应试教育与真正素质教育的博弈中，一所民办学校从学生未来发展出发，力争形成教育特色，推进课程群建设实践与研究，十年磨一剑，欣喜与茫然、困难与挑战并存。我们又从中有了哪些教育反思？更加坚定了哪些教育信念？站在实践与研究的坚实基础之上，我们相信，以生为本，按教育规律办事，中国的教育就会生机勃勃，就会赢得社会的认同与支持。

（1）特色与素养：课程群建设的价值定位

作为民办教育的桃李园，建设课程群，创建特色学校，是遵循教育规律，主动适应社会，寻求生存与发展之道。办学特色的形成过程是对办学目标科学定位的实践过程。这是立足校情，适应教育环境和教育形势，发挥学校优势，满足社会、家长和学生多元需求和价值期待，保持学校在本地区具有较强的竞争能力的前提。

语言素养，指一个人的语言修养。一个学生的语言修养不仅仅是定位于从课堂习得的听、说、读、写的基本技能，还应涵盖阅读欣赏、口语与书面表达、社会交际、文化传承与创新、人文思想与道德水准等等。办学特色与办学优势是一种相互促进、相互推动的关系。当办学特色与师资优势相得益彰时，就使提升学生的语言综合素养的价值追求形成准确的价值定位。

随着社会变革步伐加快，教育改革形势的跟进及处于国际化大都市的上海与世界的联系越来越紧，学生语言综合素养的提升已成为办学特色的动力源。

（2）课堂与课程：课程资源的统筹与整合

美国教育家彼得·克莱恩说："学习的三大要素是接触、综合分析、实际参与。"传统的课堂教学，学生处于被动的学习状态，纪律成为保证质量的前提。而随着课程群的开发实践，根据数据分析，学生更渴望对课程有更大的选择度，对教师有自己的选择权，在课堂有更大的自由空间。他们喜欢参与、合作、体验、探索，甚至不喜欢囿于课堂和校园，期待有更多的机会走出校外，走向网络，走向社会。学生的这种热望对教师的教学行为产生了极大的冲击。

学生的多元渴望是向教育工作者发出的最强烈的课改信息。如何统筹、整合课程的校内资源、校外资源、网络资源和社会资源已经成为摆在每个教师面前的一道考题。

(3) 学校与文化：基于课程环境的构建

"教师、学生、教材、环境作为课程四要素构成了课程的生态系统，环境是其中活跃性很强的系统子因子，它既是课程组织系统的一份子，与其他要素交互作用，又可独立于教师、学生、教材之外成为干扰课程'子系统'的熵值的要素。"[15]田慧生也在《教学环境论》中指出："所谓环境，主要是指我们所研究的主题周围的一切情况和条件。对于人类来说，环境是指人生活于其中并能影响人的一切外部条件的综合。"从这一点出发，课程环境呈现出了更多样态。学生语言素养的提升，不唯课程内容所包含的知识点，"学校传授给学生的知识、技能、技巧、思想、观点、信念、言语、行为习惯的总和。"[16]一所学校呈现给学生的外部环境，校园文化，主题活动都对学生的语言综合素养起到潜移默化的作用。一株树、一丛草、一片草地、一次集会、一个国旗下讲话等等都浸润着学校精神，也会起到潜移默化的作用。

此外，教师本身的文化修养、职业道德、情感态度及敬业精神都可能成为学生学习和影响学生的一部分。如教师在指导学生朗诵、演讲或论辩时，其本身所散发出的气质魅力、思辨能力、表达技巧都会深深地印刻在学生的脑海里，并成为模仿对象。因此，课程群建设中课程环境的构建应该是其中重要的组成部分。

(三) 提升语言学科教学有效性的课程群建设研究的启示

研究实践证明，语言学科的课程结构比较单一，学习内容也比较单一程式化，课程之间相互不关联，结合国内高校课程群建设的经验，在课程群开发与建设中，课题组获得如下启示：

1. 融合现代教育理念，明确课程建设层次

一所民办学校的生存与发展，务必要从课程改革的宏观层面来考虑特色问题。学校特色要依据社会需求、学生需求和学校发展来确定。围绕二期课改课程群建设，使学校涉及了三个不同的层次：一是统筹与整合，二是优化与优势，三是变革与创新。课程群的建设通过核心课程、外围课程、综合实践活动对语言学科进行了中观的统筹安排与布局。而对课程结构、内容体系、教学方法、教学资源、评价方法进行研究，又落实到了微观层面。微观层面是对资源的优化和优势资源潜力的深度挖掘。通过对语言学科的重新规划、设计和建构，使英语学科和语文学科成为了相互关联、相互渗透，目标一致，方向明确的课程群，使提升学生语言综合素养，形成学校特色成为现实。

2. 调动各种教育资源，开启创生课程思路

课程群的构建，所形成的课程体系，优化教育资源、合理组织教学，在提升学生语言能力方面呈现了明显的特色和优势。一是语言学科课程体系的课程体系层次感增强，重实践、重体验、重探究，摆脱了一本教材、一张试卷、一个老师单门授课的模式，让学生在更丰富的课程群中牢固地掌握知识。二是课程群的建设有利于优化教学内容，语文和英语学科相互交叉，相融、相关、互补，彼此发生纵向和横向的联系。学校根据

需要不断生成的核心课专题、外围课、综合实践活动便于学生举一反三、融会贯通。三是课程群利于灵活地整合各种资源,不断生成更具特色的新课程。要满足课程开发的不断创新,就要有充足的教育资源,桃李园在课题实践中,充分发挥校内资源优势,主动外联社会其他补充资源,缓解了教学资源的局限,为保证新课程开发提供源源不断的资源打开了新的思路。

3. 坚持团队合作研究,唤醒教师课改意识

在课程群建设过程中,我们发现,很多教师迫于工作压力,或惯于按部就班地从事所分配的教学工作,无暇作更多的教学研究,或以校本教材编写代替课程建设,有重实践轻理论研究的脱节现象。只重实践轻理论的研究,是一种浅层次的非本质的研究,或者说根本就谈不上研究。为此,课题组坚持以团队合作的方式分阶段地开展专题研究、跟踪研究。这种阶段性的课题研讨活动极大地调动了教师的想象力和"反省思维"。我们认为,课程群的建设,不仅仅在于教学内容、教学方法的改变,更重要的是课程理念的变化。如何培养人、培养什么样的人是课程认知的反映,有了积极的课程变革的认知,并将其付诸教育教学实践,积极的课程意识才会被唤醒。教师的课程意识真正被唤醒,就会带来巨大的创造力,带来教育效益,也是形成特色学校最强的新生力量。

4. 尊重语言学习规律,减轻学生课业负担

课程群的建设不仅要符合教育的一般规律,还要遵循语言学习的特殊规律。《上海市中小学语文课程标准》指出:"语文课程要关注学生在有计划,有目的的课程活动中的'学得',也要关注学生在各种语言实践活动中的'习得',要将语文课程活动和其他课程活动,将课堂学习和课堂以外的语言实践有机地结合在一起,构建开放的,适应时代发展的课程体系;要充分发挥现代信息技术的作用,为学生营造主动,自主,生动活泼地学习语文的环境;要引导学生在多渠道的学习活动中,加强人际交流,提高语言感受,运用能力和思想认识水平。"

同样,上海二期课改英语学科教学改革的目标,也强调必须大大拓宽信息渠道、扩大学习空间。一切视、听材料(当然包括课本)都是学习源;一切可以学得和习得外语的时空,都可以视为"课堂"。必要的英语环境、气氛,丰富多彩的外语活动,乃至双语实验的推行,这一切都是"大课本"、"大课堂"建设的必要手段和必然途径。

拓宽学生语言学习的渠道,构建开放的,适应时代发展的课程群正是本着上述思想。当语言学习的途径大大拓展之后,作业策略也大大改变,学生课业负担随之缓解。

五、建议

(1)应试压力影响了课程改革的力度,一方面要借助国家教育体制改革的契机,建立学校现代化管理体系,形成科学的教育教学评价机制;另一方面,要为教师提供更宽松的工作环境,切实提高教学效率,让教师的科研智慧得到充分地认可与展示。

（2）继续探索评价课程效能的策略与方法。根据学情,针对可统计数据,做好定量与定性分析,为进一步的实证研究提供有价值的判断。课堂组注意到这一点,但讨论还不够。

（3）深入研究,如何广度的开发课程群的相关资源,从课程设计、教学时空、师资匹配、经济支持诸方面内挖潜力,外寻资源,满足学生多元课程的需求。

（4）创建特色学校,增强文化积淀,提升学校、教师、学生的文化品位。大胆突破语言学科的局限,引导学生在各个学科的学习过程中,吸取精华,充实底蕴,陶冶情操,提升文化品位。课题组还要对这个问题进一步研究。

（5）力推课堂转型,切实以"学生为主体,教师为主导",引导教与学的课堂对话机制、合作机制与探究机制。把学习主动权、问题发现权和问题解答权交给学生。课题组会一直坚持努力解决这一问题。

（6）课题组在研究过程中形成的某些研究认识成果未能及时地呈送给相关部门,降低了本课题研究对实践的指导意义和参考价值。

参考文献

[1] 李慧仙.论高校课程群建设.江苏高教,2006(6).
[2] 范守信.试析高校课程群建设.琼州大学学报,2003(03).
[3] 《上海市普通中小学课程方案》.
[4] 崔允漷.有效教学:理念与策略(上).人民教育,2001(06).
[5] 邢真.学校特色不等于特色学校.中小学管理,1999(1).
[6] 钟启泉.《基础教育课程改革纲要(试行)》解读.江苏教育,2002(01).
[7] 王嘉才,等.课群及其质量检查评估指标体系的研究.高等教育研究,1999,增刊.
[8] 范守信.试析高校课程群建设.琼州大学学报,2003(03).
[9] [澳]科林·马什.理解课程的关键概念(第3版).北京:教育科学出版社,2009.
[10] 崔相录,曾天山.新课改热点、难点专题研究(第1卷).济南:山东科技出版社,2007.
[11] Wen, Q. F. & R. K. Johnson. L2 learner variables and English achievement: A study of tertiary-level English majors in China. Applied Linguistics, 1997, 18 (1):27-48.
[12] 崔允漷.校本课程开发:理论与实践.北京:北京教育出版社,2000:46-47.
[13] 吴刚平.校本课程开发.成都:四川教育出版社,2002:40.
[14] 崔相录,曾天山.新课改热点·难点专题研究.济南:山东科技出版社,2007.
[15] 安玫.课程环境与课程组织的进化.湖南第一师范学院学报,2011(03).
[16] 顾明远.教育大辞典.上海:上海教育出版社,1992.

践行课改理念,提升教学品质
——初中英语教学探索

杨月琴

【摘要】 当前对于英语教学来说,如何实施课程改革,使课堂焕发出生命活力,如何改变机械性的课堂教学,而体现学生的自主、探究和合作学习,如何帮助学生掌握学习的途径和技巧,提升教学品质,是每位任课教师需要思考解决的问题。

【关键词】 培养兴趣;学习习惯;创设语境;引导自学

新世纪初中英语教材以时尚鲜明的主题、丰富的词汇量以及鲜艳的插图为吸引点,以培养学生的听说能力为重点,以发展学生综合语言运用能力为目的,对我们提出了很多新要求,如"倡导学生主动参与、乐于探究、勤于动手",要求"教师在教学过程中应与学生积极互动、共同发展,要处理好传授知识和培养能力的关系,注重培养学生的独立性和自主性,引导学生质疑、调查、探究,在实践中学习,促进学生在教师指导下主动地、富有个性地学习"。简言之,就是要变革学生的学习方式和教师的教学方式。对于英语教学来说,如何实施课程改革,使课堂焕发出生命的活力,如何改变机械性的课堂教学,而体现学生的自主、探究和合作学习,如何帮助学生掌握学习的途径和技巧,提升教学品质,是每位任课教师需要思考解决的问题。鉴于英语学科的课程特性,我们可以在以下几个方面做尝试与探索。

一、培养兴趣,将教材内容与实际生活相糅合

爱因斯坦的"兴趣是最好的老师"非常适合现代的教学取向。学生的学习积极性往往以兴趣为基础。调查研究发现,大凡英语比较好的同学往往都对英语感兴趣。部分同学对英语不感兴趣,但他们又十分了解当前社会和经济发展对人才的要求,掌握英语是十分必要的事情,亟须掌握和不愿意学习是一个巨大的冲突。

能不能慢慢培养学生的兴趣?如何培养?培养学生的兴趣需要构建全新的课堂英语学习模式,激起学生的学习动机。

我们的学生是以小学牛津教材的词汇量和学习方式进入六年级新世纪教材学习的,大量的信息和丰富的词汇量与学生具有的学习英语的实际能力存在缺口,因此我们教师首先要做的就是适度降低学习要求、难度,注意不同版本教材的衔接,消除学生

的恐惧感,避免一开始就难倒一大批学生,扼杀学生的学习兴趣和愿望。同时在教材处理上,尽量将教材内容与实际生活糅合。新世纪教材每一个单元都围绕一个鲜明的主题展开,这些主题时尚、贴近生活,很容易激起学生的兴趣,也很容易为他们接受。例如在上有关度假的课时,我们可以首先让学生们谈自己知道的节假日名称,随后谈谈自己的度假经历,再谈自己最喜欢的一次假日,最后再引入课文学习。在教授其他的有关书和故事、饮食与健康、生肖、运动与娱乐、梦想、未来工作、校运动会、艺术节等课文时,我们都可以让学生以熟悉的话题开始,使他们有话可说、有事可谈,这样就不会有生搬硬套的感觉。

二、养成良好的英语学习习惯

所谓习惯就是一个人行为方式的自动化,是不需要思考和意志努力的行为方式,如不依照它行动,就会感到别扭,不舒服;依照它行动,不仅活动效率高,耗费的精力和能力少,而且还觉得顺当、愉快。当然习惯不是天生的,是"小时为天性,习惯成自然",一个好的习惯养成后,能使人终身受益;反之,则使人受罪,改之吃力。因此,对于刚进校的同学,我们对他们应晓之以理,让他们懂得在英语学习中该养成什么样的习惯,并督促他们养成这些习惯。

1. 每天进行朗读的习惯

语言不是寂静的字符,而是有声的艺术,学习英语就是要进行朗读。朗读背诵是"听说读写"中的一个重要方面。"书读百遍,其义自见"即道出了朗读与理解的关系。朗读是培养语感的唯一手段,通过朗读还可以提高学生的口头表达能力。早晨、英语课上、在家里、做作业时的间隙等都是朗读的良好时机。同时朗读时要力求准确、抑扬顿挫、声情并茂,切不可有口无心。我们一定要重视学生朗读能力的培养,采用多种办法督促学生朗读习惯的养成。通常一年以后,大部分学生都能流利地朗读课文及较长的文章,学生的口语表达能力也能达到一定层次。完美的语音语调和良好的语感需要细水长流的日积月累,需要长期不懈的模仿和练习,朗读是最好的途径。

2. 养成勤记的习惯

俗话说"好记性不如烂笔头"。这就充分地道出了勤记的重要性。在英语学习中同样要学会勤记笔记。上课时教师要指导学生养成记笔记的习惯,指导他们记下一些语言点、语法点,以便课后复习,若有不懂,可及时询问。课外让他们记一些谚语、名句和朗读材料中的常用生词,这样日积月累,就会丰富他们的知识,扩大他们的词汇量。也可指导他们记日记或周记,以便提高他们的写作能力。

3. 使用工具书的习惯

每个学生都应备一本语法书、一本双解词典(如《现代牛津双解词典》),便于在学习中随时查阅。一定要让学生改掉稍有不懂就问老师或同学和不良习惯,力求通过自己的努力,查证自己的疑惑,若在此基础上,再由老师来指导,就能加深自己的记忆;要改变饭来张口或只满足于似懂非懂、一知半解的不良习惯。通过查阅工具书,学生不仅可以养成良好的习惯还可以扩大自己的知识面,可谓一举两得。

4. 课外阅读的习惯

囿于课内,就英语这门工具性基础学科来说就显得极其狭窄,没有输入,就没有输出,没有大量的阅读,就不可能有扎实的知识。因此,课外阅读非常重要。我们应在日常教学中重视引导学生在词典、语法书等的帮助下,课外阅读适宜的英文版报纸杂志和书籍。这样可以使他们开阔视野,丰富想象,了解最新的信息,接受新鲜思想,拓展丰富的词汇、语法、英语特有的表达法、习惯法、社会文化背景知识等等,这样就大大增加了大脑仓库储备。有了充足的输入,才不会感到知识贫乏。当然,除此之外,还有许多良好的习惯,如规范的书写习惯、勤于思考的习惯等。只有学生全面养成良好的学习习惯,学习的主动性、积极性调动起来,教师的教学主导作用才能得到充分发挥。

三、运用多种形式的教学手段,创设语境

众所周知,语言的学习与运用是需要环境的,课堂教学全英语化是我们教师提供给学生良好语言学习环境的重要措施,我们必须将枯燥的抽象的内容寓于一个十分有趣的、引人探求的情境之中,使英语课堂教学形象化、趣味化、交际化。我们在英语课上,可以用近义词、反义词、创设情境对话、定义等各种方法教授新单词,用词组替换、转变句型等方式解释课文,用演示、表演、模拟等途径讲解练习,并通过游戏、竞赛、辩论、小组讨论、两人对话、作调查、表演短剧、欣赏音乐歌曲等多种形式组织教学,让学生用动作表演情境,用语言描述情境,用音乐(歌曲)伴随情境,用图画烘托情境,用多媒体制作模拟情境,用表演体会情境,把教学任务分解成一个个小目标,化整为零,循序渐进,并在此基础上,以听说读写不同形式的训练为载体,以师生间的融洽与默契为媒介,让课堂教学既有丰富的内容又有多样的形式,提高教学的实效,切实推进课堂转型。

四、引导自学,授予学习技巧

1. 精心设计预习作业

预习作业不是可有可无的,它是提高课堂教学质量的必要保证。

(1) 预习新单词

课前听磁带预习新单词,要求学生第一节课就能朗读新词汇,这一看似小小的要求却非常重要而且需要学生花时间准备。正如弹琴的孩子,如果没有刻苦的练习,就不会弹出优美的乐章。也正是反复诵读,熟悉新词汇,才使学生能更好地进行下一步的学习,了解和理解教材,高效听课。

(2) 了解新课文

为了让学生自觉地熟悉课文、预习课文,精心设计预习作业是必不可少的。例如在学习有关文化和风俗的内容时,我们可以让学生做一个有关中西方文化差异的调查;教授埃及金字塔前,可以让学生寻找古代七大奇迹的踪迹;学习有关语言学习这个单元,可以让学生完成一篇为什么要学好英语的报告,再完成一份调查。这些作业没有办法抄袭,不仅能让学生认真看书,还使学生学会上网查资料,而且深化升华了教学内容,拓宽了知识面,教会了他们多思考、多创新。

2. 温习、巩固和整理知识

知识的温习、巩固如同预习一样重要。每一课结束之后,我们应该设计相关的巩固性练习,帮助学生回忆这一课的主要内容,教会他们整理出重点词汇、句型和语法知识,完善课堂笔记,以便日后进行不断的温故知新。

五、融洽的师生感情是良好英语教学的保障

教育最重要的任务是促进人的发展,如果我们的教育以糟糕的师生关系为结局,那么无论学生们取得怎样优异的学业成绩,我们的教育都不能说是成功的。学生在学习过程中,既进行认知性的学习,同时也进行情感的学习和交流。教师在教学过程中,要充分认识到良好师生关系的巨大作用,认识到教育是师生共同成长的过程,要逐步剔除教育的功利化倾向,将教育回归到人的发展,让学生们在学习过程中体会成功的感受,喜欢老师、喜欢学,这样才能达到事半功倍的效果。因此,作为英语老师在这一方面应积极做到以下几点:

(1) 热爱自己的学生,关注不同学生的差异性,理解包容学生成长过程中可能犯的过失并给予指正和帮助,视学生为自己的朋友,经常性地跟学生交换自己的看法,了解他们的思想动态,尽可能多的和学生待在一起消除师生间的隔阂,不时关心他们的学习和生活,使学生感觉到老师的和蔼可亲和真诚,愿意和老师做朋友,有事愿意来找老师商量,喜欢老师。

(2) 经常性地给予学生表扬与鼓励。老师的表扬或批评往往会对学生造成很大的影响,在学生的内心起着重要的作用。因此,学生在英语学习方面稍有进步时,就要及时地、公开地给予表扬,让他们感到成功的喜悦,让他们树立一种成功的心理定势,使他们感觉到老师在关心着他们,从而融洽师生关系,提高他们的学习兴趣。当学生有缺点、错误的时候,要客观公正地评价,应给予适当的暗示或进行个别交谈,让他们认识到自己存在的缺点或错误,自觉地在老师的督促下加以改正,切忌在公开场合加以训斥,这样会影响师生情感。

(3) 力求提高自身的素养和学识水平,使自己成为学生所尊敬的老师。老师要具备渊博的知识、良好的职业修养、崇高的品质并能创造鲜活的课堂,才会让学生喜欢,

进而让学生喜欢老师所教的课。

  总之,面对不断推进的课程改革形势,我们教师必须运用新理念探索新模式,以教为乐,勤于思考,乐于创新,以学生发展为本,优化课堂教学模式,以提高课堂教学效率和质量为重任,努力探究课堂转型中的品质追求,做一个能紧跟时代发展的称职的英语教师。

参考文献

[1] 刘宏武. 个性化教育与学生自我发展. 北京:中央民族大学出版社,2004.
[2] 许恩美. 新英语教学法. 长春:吉林科学技术出版社,2004.
[3] 胡文仲,高一虹. 外语教学与文化. 长沙:湖南教育出版社,1997.

初中低年级绘本阅读初探

——为让孩子能够抓住幸福而补课

过 芸

【摘要】 绘本是用图画与文字共同叙述一个完整的故事,是图文合奏,是透过图画与文字这两种媒介在两个不同的层面上交织、互动来讲述故事的一门艺术。绘本阅读教学在于引导学生在阅读过程中的观察发现。要求有一双慧眼,看出文中的"眼"——作者刻意为之的地方,去观察每一幅画面的色彩、形象内容,尤其是人物的表情和隐藏的细节,观察画中人物的表情,揣摩其心理;发现隐藏在图画中的作者刻意而为的图像;理解作者创作意图,发挥想象,丰富情节。以引起发现、想象、思考、探索以及表达的兴趣。

【关键词】 绘本;色彩;形象;意图;发现;思考;探究

一、不必证明的现状

能抑扬顿挫声情并茂朗诵一篇文章却不知文章讲了什么;能用"引出正文"、"点明中心"之类的术语"分析"课文却完全不去体会作者用那些词、那些句子是有着怎样的良苦用心和匠心;"拜托老师说说我的孩子,他一回家就千方百计要看电视(玩电脑),为了看电视(玩电脑),简直可以六亲不认……"还有学习、生活中的粗心大意、缺乏想象力;貌似多动症的无法集中精力完成一个任务的现象;多么有趣的书也当作作业去读,阅读对现在绝大多数学生毫无乐趣可言;孩子在电视机前一个小时、两个小时地坐着,电视机不住地对孩子说话,仿佛是电视机在教育孩子似的。这就是所谓"不是我们看电视,而是电视看我们"的时代……所有这些不止是语文教学遇到的问题,它指向一个重要的原因——幼儿时期阅读的缺失。许多为人父母或教书育人的人总一厢情愿地认为只要识字,日后不断努力,自然就会读书。为了不让孩子输在起跑线上,还未识字时,父母就要求孩子背唐诗、名言;上学了,刚开始识字,就要"读书"、"分析课文",加之应试教育催生的大量教辅书上无穷无尽的作业,使得孩子几乎没有真正意义上的阅读。而阅读对一个人一生的意义无异于呼吸对于生命的意义,这也是毋庸证明的。而作为阅读的启蒙工具的绘本,也让教育者越来越多、越来越深地感受到它不可或缺与无可替代的作用。

二、绘本的作用

日本"绘本之父"——松居直先生有这样一些关于绘本的重要论断：儿童的读书生活从幼儿期开始，要使儿童了解书的世界的魅力，最好首先从绘本入手；读书不是读字，而是理解书的内容；绘本对幼儿没有任何"用途"，不是拿来学习东西的，而是用来感受快乐的；对于所有孩子来说，绘本不是用来读的书，它是请别人读、而他们用耳朵接受语言的书；如果家长不从孩子的幼年时期起便开始培养他们观察事物的能力，那么孩子长大之后，其语言和绘画能力就很难提升。如果自己都无法弄清楚自己的感觉和想法，表达起来就一定暧昧不清，让对方感到不知所云。这种准确表达事物的能力，是从小不断累积而来的；专家一致公认：日本战后教育的成功完全归功于绘本。松居直还认为，读一本书，是从里边发现更丰富的世界，还是只能吸取一点儿东西，全凭读者的想象力。而想象力的一个重要的起点，便在于绘本。等进了小学以后才考虑读书问题就太迟了，在幼儿期就要培养孩子丰富的想象力。这是影响读书能力的关键，而这关键因素，就在好的绘本中。也有专家曾说，世界上所有国家的儿童阅读要走绘本阅读这条路，中国当然也不例外。好的绘本用趣味盎然的方式，呈现孩子喜欢的事物，让孩子可以清楚地看见，并且深深地被感动。如果孩子看到一本内容精彩，而且描绘了他们想看、想听、想体验的事物的绘本，一定会感受到极大的喜悦。制作绘本的人、买绘本的人和念绘本给孩子听的人，如果确实体认到这一点，就能与孩子心灵相通，获得孩子的信赖并拥有与孩子在情感上的共鸣。也有专家认为绘本有如下几大功用：

（1）培养孩子观察事物的能力。绘本与传统书籍不同的地方在于：绘本的文字可能只是配角，甚至可以完全不存在。主要以视觉元素来呈现的这个特点，让识字与生活经验有限的幼儿，可经由观察绘本里具体而接近真实事物的图像，做间接的体验。这些观察书中图像与对应真实生活的练习游戏，除了让一岁孩子有机会了解实物与名称之间的对照关系，协助他认识各种形形色色的事物，也能让两、三岁的孩子练习专注力，进一步找出书中对象图像彼此的关系。

（2）促进孩子语文能力的发展。根据研究者长期的观察与测量发现：孩子的词汇量，和母亲每天跟他说话的量有着密切关系；而以绘本为素材为孩子说故事，就是一种最佳的方式。因为，当我们为孩子说故事的同时，就是在帮他累积词汇经验；此外，孩子还会透过动作、表情、凝视、音调……来诠释每句话的情境。有些家长可能会担心自己不是多话的人，更别提成为说故事高手。其实，以绘本说故事是很自由的，即使没有语法，没有直接语意的线索，孩子也可以在亲子共读中，借由观看书中的图像、动作、看说者的表情，寻得各种学习语文的元素，进一步了解语言与文字的关系，为日后学习文字做准备。

（3）启发孩子的想象力与美感。绘本不同于卡通或漫画的地方，主要在于绘本的画与画之间的衔接,并不同于卡通或漫画那么紧凑、连续、完整,而是留下一大片的空间,让孩子可以在其中悠游自在地想象。因此,当我们带着孩子一同欣赏绘本里丰富生动的视觉图像与活泼有趣的剧情发展时,不但可以趁机启发孩子的美感,而且也能透过开放自由的亲子导引问答,培养孩子在故事情节中,尽情发挥独有的想象与创作能力。

(4)增进孩子表达情绪的能力。当父母在跟孩子分享故事的同时,并不只有内容的传达,书中的情绪、个人的情绪,也同时会获得释放。尤其,透过亲子共读的互动,更能让孩子感受到父母亲对他的关爱,帮助他慢慢地发展出了解和表达自己情绪的能力。当孩子知道如何掌握与抒发情绪,通常就会拥有健康的态度与较为和谐的人际相处关系。

三、面临的问题

然而几乎所有的专家也一致认为,绘本的阅读应该是0岁就开始的。小学开始已是太晚了,更别说已经是初中生了。而我们的孩子却实实在在地缺了这一课,这对他们的一生会有什么影响,我不能知道。我能知道的是这缺失的一课,必然会使得他们的人生有着无法弥补的缺憾,这是肯定的。加之,现代社会进入网络读图时代,能够仔细地观察画面、敏感地捕捉信息并迅捷地筛选、组合有效信息,已是一个信息化时代人所必须具备的能力。所以,在我们的学生普遍地在升入初中前未接触未阅读过真正意义上的绘本的情况下,初中低年级在不影响应试任务的前提下,将绘本阅读作为语文学科的外围课程,是有着重要的现实意义的。

而松居直先生还认为绘本必须是父母"握着孩子的手一起读的书"。他认为五六岁的孩子自己看绘本,大都是盯着文字一个一个地念。也就是说,他们不是在看书,而是在读字。在这种状况下,他们不太可能了解书中的故事,更别说乐在其中。从常识来判断,大人念给孩子听和孩子自己看,哪一种比较容易懂,也比较有趣呢?如果孩子不能快乐地享受,绘本的内容就不会留在他们的记忆中,也就无法带给孩子精神上的成长。因此,提早让孩子自己看绘本,在教育上并没有好处。孩子的人生经验还很有限,自己看绘本很难了解故事的内容,充其量只是跟着文字读而已。相反,大人拥有较丰富的人生体验和读书经验,在阅读时能充分体会作者的心情和思想,并通过文字想象故事所描绘的世界,甚至对某些内容产生共鸣,深受感动。能这么深入解读绘本的人,如果满怀爱心地念书给孩子听,必定能将文字转化成生动、温暖的话语,并让这些话语传入孩子的耳中和心中。换句话说,读的人把自身的内涵与绘本结为一体,将书中的真谛和自己的感受传达给孩子。这种言语的体验和心灵的沟通,是幼儿自己看书时无法体验的。因此由大人读绘本给孩子听,对孩子的心理和智能的成长都非常重要,而且读的人对书的了解愈深、共鸣愈强烈,听的人(孩子)愈能深入书中,丰富自己的经验。这对丰富亲子的生活,建立心灵互通的人际关系,也有相当积极的意义。如果因为孩子能自己看了(其实只是认识书里的文字),母亲就不再读给他听,不但可惜,而且对孩子的成长也是一种损失,所以在孩子上小学以前,甚至进入小学以后,父母都应该继续念绘本或童话给他们听。因此,即使孩子已经能够自己看,父母最好还是照样念给他们听。而这点,也已经随着孩子年龄的增长错失了。

四、初中低年级绘本阅读教学策略

然而,德国当代最优秀的幻想文学作家米切尔·恩德曾说:"我的童话,不仅是写给孩子们看的,也同样是写给大人们看的,换句话说,我的作品,适合所有八至八十岁童心未泯的人阅读。"在他看来,"没有所谓为了孩子而存在的一种特别的文学,孩子们原则上丝毫也不关心的主题,或是孩子完全不理解的主题,是根本不存在的。问题是你如何用心、用头脑来叙述那个主题。"我相信,绘本的阅读在初中补课是有点迟了,但并非没有可能,阅读者已不再是一张白纸而是有了一定知识经验的小学毕业生,当亲子阅读成为课堂阅读的形式,绘本阅读课必然要调整绘本阅读的形式和要求。

(1)保护阅读乐趣。就是"无压力阅读",对于绘本的阅读来说,应该就是无压力的、快乐的。只有在这样的前提下,绘本的阅读才会是分享的、体验的。所以说我们的绘本阅读教学的课堂上应该多一点分享,少一点要求;多一点欣赏,少一点问题;多一点乐趣,少一点枯燥;多一点体验,少一点传授。只有这样,我们的绘本教学才能让孩子越来越喜欢,而不是讨厌。松居直先生也说:当您读完一本小说,正沉浸在难以言喻的满足之中时,突然某位亲密的友人打电话来,要您一五一十地说出这本书的读后感,您会作何感想?您或许碍于人情,或许刚好想找一个人倾吐自己的感动,于是很爽快地回答对方的问题,但是如果同样的情况一再出现,您肯定会不耐烦。到最后,只要一想到看完书又要接受一连串的炮轰,您可能就完全感受不到读书的乐趣了。许多母亲都像这位亲密的友人,她们热心地讲绘本给孩子听,但是讲完以后,忍不住要问孩子一堆问题:这本书好不好看?哪里最有趣?你最喜欢哪一幅插画?故事在讲什么?老公公遇到了什么事?老婆婆叫什么名字?大野狼刚开始做了什么事?然后呢?最后大野狼怎么了?故事里一共有几只羊、几只猪?大野狼和猪加起来一共有几只?小红帽为什么会被可怕的大野狼吃掉?而我听过的几堂小学故事课也是这样,强调要让学生"带着问题读书",然后"环环相扣"地提出一系列的问题引导(引诱)孩子回答教师想要的答案,以完成教学任务达到思想教育的目标。这与绘本阅读的宗旨是大相径庭的。我们要做的就是带领孩子进入绘本所描述的情境中去,让孩子拥有一些新的体验,而不是以提问题的方式来督促孩子学会里面的内容。我们说,绘本的引导不是让孩子去学会什么,而是让孩子去感受什么、体验什么。如果儿童在这样的体验中不断地认知自身和周围的世界关系,进而对自身进行有意义的思考,那么他们就能够通过阅读绘本在情商智商等方面有所进步,这绝非是识字、认数等等功利的阅读目的所能及的。

（2）以激发、培养学生的观察力、想象力和口头表达能力为知识与能力目标，老师对学生在阅读、理解时所做的一切引导、点拨，都围绕这些语文能力进行训练。

无论是文字还是图画，初中学生都看得懂。问题是是否发现、体会、琢磨、理解文字、画面中作者、画家的精心设计、良苦用心和精妙匠心。在讲谈中，肯定学生已有的认知，提出更深刻的理解，让学生在听老师深情讲谈中，从不屑、不以为然到吸引、到饶有兴味到两眼闪闪发光，这也考验着教师的教学智慧。如阅读《鼠小弟的小背心》（日·中江嘉男 文，日·上野纪子 图，赵静，文纪子 译）时，我说："大家都能看出这只是一本教小小孩比大小的书，你们会觉得小看大家了，对吗？也许还会说，教育我们不要自私，有好东西要与大家分享，这些道理我们懂。然而这个故事却并没有这么简单呀，如果是为了教育大家有好东西要与人分享，那么鼠小弟的小背心却在分享中毁坏了，这可是妈妈织的，他伤心得眼泪直掉，拖着成了两条红线的小背心回去了。那么是不是说，好东西是不能分享的，分享了是要受损失的，还是自私点好呢？"此时学生开始有反应，振作了。我继续说："这两位日本作家，只创作了一系列的鼠小弟故事的绘本，都是这么简单的，可是在寸土寸金的日本，却拥有一座山，因为全世界的孩子都喜欢，他们得到了很多的版税。如果只是一个教孩子要自私的故事，能有这么大的成就吗？"这时，学生的兴趣完全吸引过来了。我说："这两位天才的智慧的作家、画家他们的天才、智慧就体现在这里，"我把书合起来，指着封底说，"这里还藏着一幅画，它只有内页的八分之一大小，画的是撑坏了鼠小弟小背心的大象正用他的又长又大的鼻子挑起变成了两条红线的小背心做成了一个小秋千，鼠小弟正坐在上面快乐地荡着，那红红的轻柔的曲线仿佛是他快乐大笑的音符，一个破坏的故事，就这样成了一个创造快乐的故事，这就是天才。"呀，这样呀。那么看看《鼠小弟，鼠小妹》，看看《死了一百万次的猫》，看看《小房子》……享受这发现和思考的快乐吧。

除了内容，教师要引导学生关注书中更多的信息，如色彩、形象、构图等等，去欣赏作者的用心和匠心。

（3）以学生用头脑风暴的形式进行观察发现、想象扩展、思考感悟、表达整理为过程与方法目标。绘本主要在画，所以要用欣赏画的方法"赏"，要静下心来，"澄怀味象"（去掉杂念，心境澄明地品味物象）善于捕捉画面的"眼"——作者精心做文章的地方，表现作者用心、匠心和慧心的地方；善于捕捉一瞬间的整体感受。而它又是"书"，所以又要用看书的方法去想象、理解。画是用色彩、形象、光影……绘出的书，而书是用文字描绘的画，所以绘本能在很大程度上激发孩子的观察、想象能力。如读《打瞌睡的房子》，引导学生关注画面的"眼"——色彩的变化。一开始，卧室的墙壁、水罐都是一种粉色却又是灰蒙蒙的色调，昏暗的窗外大雨如注，在窗玻璃上划出一波一波的曲线。但从下一页开始卧室的光线发生了变化，慢慢地变蓝、变亮，还出现了影子。十几页过后，等到老奶奶从半空中落下来的时候，我们发现雨停了，窗外一片碧绿，卧室里照进了明黄色的阳光。色彩带给阅读者的情绪是画家贯穿始终的。那么,是谁让这个昏昏瞌睡的房子醒来的呢?因为这个房子里有一个不瞌睡的小不点儿,从开始就在房子里呀,只是一点一点在换地方,而我们却很难发现它。当最终孩子意识到这一点时,他必然会再翻回去看上一遍,琢磨几下,并在将这些发现与琢磨大声地说出来,去激发别人的灵感火花,再大声地说出来……如此,学生就能从大量的阅读中获得更多的绘本阅读兴趣与能力。

（4）以培养学生热爱阅读进而通过长期的热爱塑造一个有着乐观的生活态度、求实的科学态度、宽容的人生态度的新时代公民作为情感态度价值观的终极目标。在这样的阅读中,把自己全身心地交给它,便绝对地、自然地被这些优秀的绘本中精美、精致的、充满作者匠心灵气的色彩、形象、文字、气味……（甚至情节都退居第二、第三线了）而吸引而欲罢不能而如痴如醉,涵养出敏感、细腻、丰富、善于发现、富于想象……的个性特质,从而换了一双看世界看人间的眼睛、一颗体验人生的心灵,甚至思维方式甚至思想信念甚至人生观价值观,因为很难想象,这样熏陶之下的孩子长大后会与暴力、毒品、犯罪……联系在一起。孩子的气质就是一个城市的一个国家的一个时代的气质呀。惠特曼曾在一首叫《有个天天向前走的孩子》中说:

有个天天向前走的孩子,
他只要观看某一个东西,他就变成了那个东西,
在当天或当天某个时候那个对象就成为他的一部分,
或者继续许多年或一个个世纪连绵不已。

早开的丁香曾成为这个孩子的一部分,
青草和红的白的牵牛花,红的白的三叶草,鹟鸟的歌声,
以及三月的羔羊和母猪的一窝淡红色的小崽,母马的小驹,母牛的黄犊,
还有仓前场地或者池边淤泥旁一窝啁啾的鸟雏,
还有那些巧妙地浮游在下面的鱼,和那美丽而奇怪的液体,
还有那些头部扁平而好看的水生植物——所有这些都变为他的
成分,在某个部位。
……

我们给孩子们这些,他们才不会去用开水浇蚂蚁、用石头砸蝴蝶……绘本阅读是学生成长中必不可少的课,正如数学课程用理性的数字、美术课程用色彩、形象、历史课程用事实……教给学生知识、教育学生成长一样,它是通过色彩、形象、文字、气味……语言、思想、文化……熏陶、涵养孩子精神气质的课,是任何哪一门现有的课程都无法完全替代的。作为我校课程群语言学科的一个组成部分,它有着存在的充分充足的理由。

五、绘本阅读教学实践

（一）关于课时设计

"绘本阅读"作为我校课程群外围课之一，从学生六年级进校开始，以走班课的形式在全年级开设，每周一节，使用同一个教案。一个周期后进行下一个教案。每节课尽量安排一个重点，针对一个语文能力，课与课之间尽量形成反复上升的关系，有较为清晰的递进轨迹。在这类课上，所有的绘本都是例子，用于引出一种语文知识或能力，遇到有更合适的，可随时调整、调换，力求以丰富多彩的内容时时吸引学生，以新的形式让学生有新的语文学习空间和体验，达到提高语文素养的目的。

第一课时重在介绍绘本的定义及构成。

用彭懿先生的话来说，绘本是用图画与文字共同叙述一个完整的故事，是图文合奏，是透过图画与文字这两种媒介在两个不同的层面上交织、互动来讲述故事的一门艺术。

经典的绘本都有一个精心设计的版式，封面、扉页、正文及封底构成一个完整的整体，文字与图画相互依存，依靠翻页推进情节。

绘本常见的结构主要有放射式结构和旋复式结构。放射式结构即以中心为放射中心点，围绕中心点以重复的句型从多方面、多角度设想各种"可能"的情节来强化、丰富这个中心，如《如果我是一阵风》、《小猪闹闹》；旋复式结构则是用重复的句型表现一个不断递进的情节，直推出一个结果来，如《晴朗的一天》、《我的那份在哪里》等。

介绍时分别展示最有特点的绘本图片，以引起阅读的兴趣。

第二课时重点在于引导阅读过程中的观察发现，引起探索的兴趣。要求有一双慧眼，看出文中的"眼"——作者刻意为之的地方，如色彩、线条、光影……以及它们的变化；人物的神态、动作；反复的语句、句型及有暗示作用的图像等等。以《伊丽莎白》、《爷爷总有办法》、《鼠小弟，鼠小妹》、《打瞌睡的房子》、《生气的亚瑟》等绘本的阅读，引导学生观察每一幅画面的色彩、形象内容，尤其是人物的表情和隐藏的细节，观察画中人物的表情，揣摩其心理；发现隐藏在图画中的作者刻意而为的图像。《当乃平遇上乃萍》的作者安东尼·布朗说："我喜欢在图画里加入一些小东西。读者看第一遍时，容易忽略这些细节，可是再看一遍时，就会有新的发现，这可以使一本书值得读者再三阅读。"

第三课时重点在于引导学生理解作者创作意图，发挥想象，丰富情节，引起想象的兴趣。首先能够寻找出文中的"眼"，然后让学生以"头脑风暴"的形式，根据一定的结构为故事创造更多的"可能"。如《死了一百万次的猫》，当书中的猫当过国王的、水手的、魔术师的、小偷的、老太太和小姑娘的最爱后，再为它设想，它还可能是谁的？厨师？建筑师？小男孩？……会发生什么故事？引起想象和思考的兴趣。无论和谁在一起，它当然会说"我才不在乎什么××呢。"也便理解了作者塑造的这个只有别人爱它,可它却从不会爱上任何人的神气的猫。当然,它总是会死的,并且它的死也总是与主人的职业或性格有点关系的,当学生注意到这点,他们想象补捉出来的情节便是符合中心的,并且叙述语言也能仿照原文的语气、节奏和句型。

第四课时重点是在综合以上三节课学习的方法技巧,通过观察发现、理解想象,根据"放射式"结构特点,能合乎情节、合乎作者意图、合乎逻辑和语言规律地想象补充情节,并口头表达出来,激发学生的想象与口头表达能力,引起表达的兴趣。较熟练地掌握绘本的"放射式情节推进"结构,捕捉画面中人物的神情,用恰当的语言描述,并想象人物的心理,找到放射点,从更多的角度去设想情节,丰富内容。并以此结构构思故事。能有意识地根据想象的三个层次:是什么(干什么)——为什么——怎么样来表达内容,运用恰当的语气词和句式表达当时的感受,尽量用同义词、重复的句型。

(二)关于教学目标量表

教学中,教师尽可能将教学内容中的知识点和能力点细化、量化,便于当即判断学生的反应是否达到目的,以便于教师及时掌握学生学习状况并随时作出调整,确定或改进下一步的教学内容与教学方式方法。内容上可以分成"教表"和"学表"两部分;形式上应该简洁明了,随手记录,一目了然。

初步设想:

《绘本阅读能力教学目标量表(一)》(教表)

姓名	得分	观察辨别	理解体会	想象联想	筛选提炼	组织表达	审美价值	其他
学生A								
学生B								
学生C								

说明:根据语文新课程标准要求语文课不求系统,随文学习适度有用的知识的要求,围绕几项主要的语文能力素养构成此表,每项可分三个等级,一等一分,二等二分,三等三分,教师在教学过程中根据教学内容随时作出判断给出等第分数。如阅读《莎莉,离水远点》一书时,我会提出问题:"这本书的每一左页和右页有不同吗?"这是锻炼学生观察力的,因为这本书的所有左页都是素描而所有右页都是彩绘。然后紧接的问题是:"不同在哪儿?"这是考验学生对色彩的辨别力和多角度观察能力的,左页都只有父母而右页只有莎莉,难度较大了;再接着是更难的:"作者为什么要这样画?"培养学生理解体会作者意图的能力:在孩子的眼里,海是丰富多彩的,想象是无穷无尽的,而在大人眼中,海,是有危险的,要离远点,枯燥无味的。每项都根据反应的速度或回答的质量给学生打不同的分。又如,阅读《死了一百万次的猫》,可以问:"它还可能是谁的猫?最后会怎样?"领会了前面作者运用的反复手法的同学,不仅锻炼学生想象力,还锻炼学生筛选、提炼出作者运用的手法并据此组织语文运用作者同样的手法句式表达出来,针对的是想象、联想、筛选、提炼、组织、表达的能力。再如,阅读《隧道》,妹妹

为什么要在又黑又黏又恐怖的隧道里爬去找那么讨厌她老把她抛在一边自己玩还千方百计吓唬她的哥哥？从能让学生从变成石头的哥哥、幻想成狰狞怪兽的森林和被妹妹的泪水湿润出色彩、用拥抱赋予了温度的哥哥等等形象中，看出学生的审美观、价值观。其他一项则作为评价学生自主质疑和创新思维能力之用。每个问题教师在设计时便可基本确定它所属的评分项及可能出现的情况。

《绘本阅读能力教学目标量表（二）》（学表）

	分项	细节	意图	角度	发言	观点	其他
得分	问题一						
	问题二						
练笔：							

说明：表（二）用于学生在上课时对于学习内容的理解掌握的自评或互评。也分为三个档次：自己思考出的；受老师或同学启发后想出的；听明白解释了。每项一分，自己在表上打分，体验自己的各方面能力。如《生气的亚瑟》中，让学生观察每一页有两个主角，除了亚瑟，是谁呢？能发现作者在每一页的气急败坏的亚瑟附近都画了一只猫，而且每一次都在做着不同的事，寻找到这个细节就锻炼了学生的观察、辨别能力；又如《狼婆婆》中，问，为什么三姐妹站在小山坡上与妈妈挥手送别时，作者要分三页画？理解作者的意图锻炼的是理解力；角度项则是锻炼想象力，能否换个角度扩展内容；发言则是锻炼口头表达，观点项是判断学生的审美价值观，能否有自己的正确的观点。每个问题自己发言或别人发言时都能给自己作个评价；老师也可以统一要求全体同学在这表上为正在发言的同学打个分；留出较大的空间，让学生把课堂上老师布置的思考或发言的内容在课上或课下写出来。

参考文献

文中引用部分均出自松居直著《幸福的种子》、《我的绘本论》两书。

附：绘本阅读教学设计案例

图画书阅读课第三课时教学设计

一、教学目的

1. 了解图画书基本结构模式：旋复式情节推进结构和放射式情节推进结构。
2. 了解两种结构的特点及作用，激发想象的兴趣。

二、教学重点、难点

限于学生阅读经历，可能在补充内容时思路会过于狭窄，想象不够丰富，必须经过多方启发方可。

三、教学过程

(1) 了解旋复式结构。看《我的那份在哪里》：

从色彩到构图到语言到画面都美得让人晕眩,美得无与伦比。特别是"白雪在哪里?融化在阳光里;阳光在哪里?蕴藏在麦子里"美得顺理成章、浑然天成。请同学们也想一想——阳光在哪里?在火红的花瓣里;花瓣在哪里?在白玉的花瓶里;花瓶在哪里?在姑娘的桌子上;姑娘在哪里?在卖面包的小铺里……

这种结构,就像螺旋一样,一边转一边在上升,有一个方向。总是几乎完全一样的话(句子)连接画面,不断递进,一直到结果出现。像接龙一样,能让你打开想象之门,让自己沉浸在无穷的幻想之中,尽情享受它给人的美妙感觉。

(2)了解放射式结构。看图画书《点》:它是先有了一个结果,以这个结果为中心点,围绕它从多个角度,不同方面来表现这个结果。

讲解时做发散思维训练。如将"点"分类,可分为大、小;色彩类、虚实类……

如:《死了一百万次的猫》:有一只活了一百万次的猫,它死了一百万次,也活了一百万次。但猫一直不喜欢任何人。

有一次,猫是国王的猫,国王很喜欢猫,做了一个美丽的篮子,把猫放在里面。每次国王要打仗都把猫带在身边。不过猫很不快乐,有一次在打仗时,猫被箭打死了,国王抱着猫,哭得好伤心、好伤心,但是猫没有哭,猫不喜欢国王。

有一次,猫是渔夫的猫,渔夫很喜欢猫,每次渔夫出海捕鱼,都会带着猫,不过猫很不快乐,有一次在打鱼时,猫掉进海里,渔夫赶紧拿网子把猫捞起来,不过猫已经死了。渔夫抱着它哭得好伤心、好伤心,但是猫并没有哭,猫不喜欢渔夫。

有一次,猫是马戏团的猫。马戏团的魔术师喜欢表演一样魔术,就是把猫放在箱子里,把箱子和猫一起切开,然后再把箱子合起来,而猫又变回一只活蹦乱跳的猫,不过猫很不快乐。有一次魔术师在表演这一个魔术时,不小心将猫真的切成了两半,猫死了。魔术师抱着切成了两半的猫,哭得好伤心、好伤心,不过猫并没有哭,猫不喜欢马戏团。

(3) 语言练习。知道猫有一个"不得好死"的结果,围绕这个结果设想它还可能是谁的猫,和那个主人在一起,猫什么样,必须说出与主人身份相符的死因,并且"他非常喜欢这只猫,每天带着它到一起到×××去,不过猫很不快乐。有一次,×××带着猫做×××,结果不小心,猫死了。×××抱着成了×××的猫,哭得好伤心、好伤心,不过猫并没有哭,猫不喜欢×××。"结果相同,句式相同,内容不同。(训练学生想象能力,在想象的基础上能理解原文的结构,并较快地组织语言,比较顺畅地按原文的模式表达出来)

学生轮流说,有一次猫是厨师的猫。厨师总是带着猫去买菜做饭,还总给它做鲜美的鱼,不过猫很不快乐。有一次厨师在抱着猫做炸鸡翅的时候不小心把猫落在了油锅里,猫死了,厨师抱着炸成肉饼的猫,哭得好伤心、好伤心,不过猫并没有哭,猫不喜欢厨师。

……

(4) 一百万次的可能性,让学生充分展开想象的翅膀去体会猫为什么不快乐,为什么不在乎死。用"因为_____,它不快乐"加在每一次想象中。如它是厨师的猫时:"因为厨师从不问问我喜欢什么,把我带来带去,一点自由都没有,所以我不快乐;死了也不在乎,反正我有一百万条命呢。"

(5) 理解本书寓意。有一次,猫不是任何人的猫,猫是一只野猫,猫很快乐,每天猫有吃不完的鱼,每天都有母猫送鱼来给它吃。它的身旁总是围了一群美丽的母猫,不过猫并不喜欢它们。猫每次都是骄傲地说:"我可是一只活过一百万次的猫喔!"

有一天,猫遇到了一只白猫,白猫看都不看猫一眼,猫很生气地走到白猫面前对白猫说:"我可是一只活过一百万次的猫喔!"

白猫只是轻轻地"哼!"了一声,就把头转开了之后,猫每次遇到白猫,都会故意走到白猫面前说:"我可是一只活过一百万次的猫喔!"而白猫每次也都只是轻轻地"哼!"了一声,就把头转开。

猫变得很不快乐,一天,猫又遇到白猫,刚开始,猫在白猫身边独自玩耍,后来渐渐地走到白猫身边,轻轻地问了一句话:"我们在一起好吗?"而白猫也轻轻地点了点头"嗯!"了一声,猫好高兴、好高兴,它们每天都在一起,白猫生了好多小猫,猫很用心地照顾小猫们,小猫长大了,一个个离开了。

猫很骄傲,因为猫知道:小猫们是一只活过一百万次的猫的小孩!

白猫老了,猫很细心地照顾着白猫,每天猫都抱着白猫说故事给白猫听,直到睡着。

一天,白猫在猫的怀里一动也不动了,白猫死了。猫抱着白猫哭了,猫一直哭、一直哭、一直哭,直到有一天,猫不哭了,猫再也不动了,猫和白猫一起死了,猫也没有再活过来。

重点理解《死了一百万次的猫》蕴含的寓意:学生看完全书,必然会是静默的,每一个孩子都是能看懂的,把自己的体会说出来,老师进行再深一层次的剖析,认真阐述关于生与死、爱与奉献、有意义的人生与行尸走肉、有限与无限、自由与责任、爱与被爱、相爱和自恋、爱与代价(《海的女儿》)、充满幻觉的童年与平实真切的人生、丧失自我与把握主体等问题。(不可能阐述得如此深而广,必须在学生理解并表露的基础上再深入地挖掘。)

教后反思:本课了解了旋复式和放射式两种常见的图画书结构形式,并进行了适当的"仿说"练习,既训练了学生的口头表达能力、组织语言的能力,更训练了学生的想象力、即兴发挥的能力。割舍了诗歌《童话》、《我是一个任性的孩子》可作为其他课的专项练习,这样集中介绍了两种结构,对《死了一百万次的猫》的寓意,能有尽量多的理解和思考。

诗 话 例 说

徐兆根

【摘要】 初一学生对唐诗宋词有一定的积累,介绍一些诗话、词话,能培养他们的欣赏能力。这种能力的培养,主要是从课内延伸到课外。原诗原词是语文书上的,但欣赏的角度和技巧则是传统的,诗话式的。这一方面有利于他们将诗话(包括词话)的内容吸收到原有的知识结构中,对核心课产生正面影响;另一方面也有助于培养学生对诗词的兴趣、对文学的热爱。

【关键词】 初一学生;诗话词话;赏析;兴趣培养

我们学校的课程群,选题有时是任课老师自定。《诗话例说》是我自己定的,我对它充满热情,前期备课非常投入,晨读诗话,晚阅词话,耗费了半个暑假,不亦乐乎。

初一学生的知识结构并不完整,特别是应试教学遍地开花、无一幸免的今日,他们的知识来源大概也就是教科书上的那部分。书本的封闭性和社会的功利性一旦相遇,就会结为姻家,做成亲戚,它们会无形中给学生划定一个圈圈,圈圈内是应试的,要掌握;圈圈外自然是该摒弃的了。这就像孙悟空给唐僧、猪八戒划下圈圈一样,不可越雷池一步;跳出圈外,后果就严重了。所以,这些学生虽然知道小说《红楼梦》和它的作者,但未必知道有红学家。不问可知,他们知道唐诗、宋词,但未必知道诗话词话,因为教科书里没有出现,不在应试范围内。学生的知识面狭窄,是预料中的了[1]。

或曰:当今信息爆炸,各种知识纷至沓来,学校方面知识的围墙早已形同虚设,他们处于全空间学习环境中,网络、报纸、杂志……都是学生知识来源的渠道。余曰:然而不然。在自然状态下,学生会从这些渠道学习有用的知识吗?他们阅读的是知识垃圾,吸收的是知识快餐。正确利用知识渠道,定需师长之指导[2]。

基于对时下应试教学的感冒,我义无反顾地支持课程群的建设。它有助于学生建构自己的知识结构,拓展知识面,使自己变得有知识有文化;而非有知识没文化,甚至无知识更无文化。这不是功德无量么?

作为与核心课有一定关联的外围课,涉及的诗词应该是学生熟悉的,至少是不陌生、有点感觉的,这样,他们才会将诗话(包括词话)的内容吸收到原有的知识结构中,达到新的平衡,这才对核心课产生正面影响[3];也即外围课是对核心课的支持,并且是从课内拓展到课外,带有一定的探究性质。换言之,外围课是在教师的引导下,师生合作,共同努力,打破教科书的封闭性,暂时摆脱应试的氛围,开辟一方新的知识天空。

即便这门课结束了,学生还会兴致盎然地探究下去。

下面是诗话例说(教案)摘要。

课程背景:

古诗,是中华文化史宝库中一颗璀璨的明珠,是我国古代灿烂文苑中的一朵奇葩。语文课程标准(实验稿)在课程目标中指出:"诵读古代诗词,有意识地在积累、感悟和运用中,提高自己的欣赏品位和审美情趣。"我们不应该忘记,有上千年历史的诗话在这方面的意义和价值。

课程目标:

"诗话例说"是我校课程群外围课,属七年级课程。关于这门课程的目标,有以下几点:

1. 本课程旨在培养学生对古诗的喜爱以及对诗话的了解,让学生知道可以通过阅读相关诗话来欣赏古诗,从而引导他们自主阅读古诗和古诗话。这是拓展知识结构的一种途径,也即课程群外围课的一个目的和归结点。

2. 教学中,凡是诗话所涉及的古诗,最好是学生学过的,或者熟悉的古诗,以减少学生的陌生感和难度,使学生自然走近乃至走进诗话,从而培养一些对诗话有亲近感和喜欢诗话的学生。

教学内容节选:

《四溟诗话·卷一》【明·谢榛】

杜牧之《清明》诗曰:"借问酒家何处有,牧童遥指杏花村。"此作宛然入画,但气格不高。或易之曰:"酒家何处是,江上杏花村。"此有盛唐调。予拨之曰:"日斜人策马,酒肆杏花西。"不用问答,情景自见。

这首诗妇孺皆知,流传甚广,好评如潮,但它的来历大为可疑。本来在任何一种版本的《樊川诗集》都未录这首诗,别的书里也没有发现它的踪影,到了南宋刘克庄编的《后村千家诗》才首次出现,并署上杜牧的大名[4]。刘克庄比杜牧要小380岁,说是杜牧的作品,有什么依据吗?好像没有。后来的谢枋得选《千家诗》,又从刘克庄的书中抄录了这首诗。要知道谢枋得的《千家诗》,作为启蒙读物,千百年来流传不衰,至今书店里还买得到。这样,借了《千家诗》的光,我们都知道了《清明》,还认为他的作者是大诗人杜牧。

在文学界,诗歌有名气不等于就是好诗。有人就嫌它啰唆,不凝练。结果七言绝句改成了五绝:"清明雨纷纷,行人欲断魂。酒家何处有?遥指杏花村。""清明"当然是"时节","行人"肯定在"路上","何处"自然是"借问";而"杏花村"谁都可以"遥指",主语不定,反而给读者更多的想象空间。五绝不是比七绝更精致吗?

上面的一则诗话,作者是大学者谢榛,他显然也不认同这首诗。

大家不妨讨论:这首诗是大诗人杜牧的作品吗?究竟是不是好诗?

《逸老堂诗话·卷下》【明·俞弁】

"梨花淡白柳深青,柳絮飞时花满城。惆怅东阑一株雪,人生看得几清明?"陆放翁谓东坡此诗,本杜牧之"砌下梨花一堆雪,明年谁此凭阑干?"余爱坡老诗,浑然天成,非模仿而为之者。放翁正所谓"洗瘢索垢者"矣。

"洗瘢索垢"是个成语,比喻想尽办法挑剔别人的缺点。这里牵涉到四个人:苏东坡、陆游、杜牧、诗话作者俞弁。苏诗《东阑梨花》语文书上"每周一诗"有,不陌生。陆游认为这是仿作,模仿了杜牧。而作者俞弁是苏东坡的忠实粉丝,认为是原创。他还指责陆游是鸡蛋里挑骨头,诗写不过苏东坡就贬低人家,有酸葡萄心理。

问题是:大诗人苏东坡会不会模仿、借鉴前辈大诗人杜牧?大诗人陆游说的有没有道理?

上面两则诗话,意在开拓学生的眼界,激发学生的兴趣,启发学生的思维,引导他们用自己的大脑去思考、去探究,不要迷信古人。

《升庵诗话·卷三》【明·杨慎】

白乐天暮江吟

"一道残阳铺水中,半江瑟瑟半江红。可怜九月初三夜,露似真珠月似弓。"诗有丰韵,言残阳铺水,半江之碧,如瑟瑟之色。半江红,日所映也,可谓工致入画。

这首诗语文书上"每周一诗"也有,都默写过。如果再细细品味它的意境,前两句确实是一幅色彩明艳的秋江图。可以想见,白居易描绘自然的本领极为高超。

《蓼园词评》【清·黄蓼园】

苕溪渔隐云:近时妇人能文词如李易安,颇有佳句,如云"绿肥红瘦",只此语甚新。

沈际飞曰:"知否"二字,叠得可味。"绿肥红绿",创获自妇人,大奇。

按一问极有情,答以"依旧",答得极淡,跌出"知否"二句来。而"绿肥红瘦",无限凄婉,却又妙在含蓄。短幅中藏无数曲折,自是圣于词者。[5]

这则词话涉及三个人,他们是从两个方面评论李清照的《如梦令》。他们都谈到了"绿肥红瘦",认为李清照自创新词,传神之至而又含蓄有意蕴。确实,历代众多的研究者都会从修辞的运用、词语的锤炼的角度评价李清照。这儿可再举几则词话:

李易安工造语,《如梦令》"绿肥红瘦"之句,天下称之。

(宋·陈郁《藏一话腴》)

结句尤为委曲工整,含蓄无穷意焉。

(明·张綖《草堂诗余别录》)

和白居易一样,李清照描绘自然的本领极也为高超。学习语文,其实就是学习语言的锤炼、推敲。如果没有了"绿肥红瘦",这首词的价值大概也就失去了一半。

这首小令,字数不多,但曲折委婉,一波三折,引人入胜。所以,《蓼园词评》会说:

按一问极有情,答以"依旧",答得极淡,跌出"知否"二句来。……短幅中藏无数曲折,自是圣于词者。

犹如一场微型独幕剧,人物个性鲜明,情节出人意料,结局令人回味。宋代王灼在《碧鸡漫志卷·第二》中评道:

(李易安)作长短句,能曲折尽人意,轻巧尖新,姿态百出。

这就是构思的巧妙,值得我们作文是揣摩、学习。

在核心课堂教学上,一般教师不会分析如此详细,学生也只是大致了解。但在外围课上,则可放手,向外拓展。语文书上,这首词对"卷帘人"的注解很"艺术":有学者认为此指侍女。难道卷帘人还另有所指?的确,有学者认为是指李清照的丈夫赵明诚。这首词肯定是李清照年轻时代的作品,因此,这首词可以这样解读:表现了才女李清照逗才娇嗔的神情,我们可以感觉到他们夫妻关系很融洽,生活很有诗意。

那么,你作为读者,倾向于哪一种理解?

《驼庵诗话》【现代·顾随】

风劲角弓鸣,将军猎渭城。草枯鹰眼疾,雪尽马蹄轻。忽过新丰市,还归细柳营。回看射雕处,千里暮云平。

中国的诗话、词话,往往三言两语,直至关节处,这个传统一直延续到现当代。上个世纪三四十年代的大学教授顾随在《驼庵诗话》中认为王维的《观猎》"壮极了":

天日晴和打猎没劲,看花游山倒好。鹰马弓箭,有风才好。

寥寥数语,评论完了。仔细品味,真是的,因为有风,并且风很"劲",此诗才写得壮观、壮美。

说点相关的题外话。除了课程群的课外,在正经的语文课上也不妨做点诗话、词话介绍,例如古人是怎样评价柳永和苏东坡的,王国维的《人间词话》中的"三个境界"说,等等。我在教苏东坡的《浣溪沙》时,告诉学生,"牛衣古柳卖黄瓜"中的"牛衣",较早的版本有作"牛衣"的,也有作"牛依"的。数十年后,曾季貍在《艇斋诗话》里说,他见到过苏东坡的原稿墨迹,是"半依"。也是宋朝的龚颐正,在《芥隐笔记》说出了和曾季貍同样的话,他也见到过真迹,就是"半依"[6]。那么,根据《浣溪沙》的内容和背景来看,"牛衣""半依"哪个更恰当、更合理? 这成了本节课的探究内容。

课程群的课开设有特定的课时,《诗话例说》就曾经属于初一的课。但向学生推介诗话、词话,就不限于某个年级了。

参考文献

[1] [2] 关于中学生课外阅读的基本情况,报纸杂志乃至网络都有相关调查报告,结论基本相似。概括起来,大致如下:阅读无目的、盲目,走马观花,只想知道"结局如何"。大多喜爱休闲性杂志。中外名著内容通常陈旧,离他们生活甚远,难以引起共鸣。很少有人阅读古典诗词。
[3] 皮亚杰. 皮亚杰教育论著选. 卢濬,译. 北京:人民教育出版社,1990.
[4] 刘衍文,刘永翔. 古典文学鉴赏论. 上海:上海教育出版社,1991.
[5] 唐圭璋. 词话丛编. 北京:中华书局,2005.
[6] 邹同庆,王宗堂. 苏轼词编年校注. 北京:中华书局,2002.

试论中学语文教学中的阅读训练

陆 萍

【摘要】 阅读是传承人类文化的重要途径,也是学生求知、开智、立德、审美的重要途径。但现如今,学生阅读的现状却不容乐观,考试的压力、电子产品、音像制品的充斥更使本已不堪的阅读现状雪上加霜。因此,培养学生的阅读兴趣,尤其在课堂上,运用各种有效的手段,如朗读表演法、拓展阅读法、课外阅读法等,可以让学生在整个中学阶段尽可能多读书,拓宽阅读的视野,养成爱读书的习惯,掌握会读书的本领,为终身读书学习奠定坚实的基础。

【关键词】 阅读;兴趣;朗读;培养

学生学习语文的过程,其实就是一个对话的过程——阅读,是借助文本和作者心灵对话;写作,是借助笔墨和自己心灵对话;上课,是借助教师和文本对话;交际,是自己和同学以及其他人的直接对话。在当今信息膨胀的时代,学生获取知识的方式有很多。但是阅读是不可替代的。看电影、电视时,你可能较少思考,更少想象,声音、图像……一切都是设定好的,你只是一个相对被动的接受者。而阅读的过程却是一个再创造的过程,语言文字可以为你提供无限的想象空间,你能够与遥隔千载的先人们进行超越时空的精神对话,你的心灵之翼可以自由自在地在另一个想象的世界里翱翔……阅读能够激发人的想象力和创造力。

英国哲学家弗兰西斯·培根有这样一句名言:"读书足以怡情,足以傅彩,足以长才。"它把书对人的影响力,对人的心灵塑造说得形象而深刻。的确,对于一个审美观、道德观、人生观都正处在形成时期的中学生,阅读的作用尤其重要。"腹有诗书气自华"、"知书达理"就是说,通过阅读可以反省自我、提升自我,从而使自己成为修养良好的人。

此外,从提高写作能力来看,阅读是根本,是前提。抱怨写作没材料的人,很大程度上是书读得少。因为阅读是吸收,是积累;写作是抒发,是表达。自古便有"不积跬步,无以至千里;不积小流,无以成江海"的警言在告诫我们要广泛阅读。毕竟一个人的直接经验相对来说较少,需要间接经验来补充、丰富、激发自己的想象力,而阅读便是间接经验。古语云:"熟读唐诗三百首,不会作诗也会吟。"这个"读"需要一定量的积累,长期地,持之以恒地,这样定能收到"读书破万卷,下笔如有神"的效果。

如何提高阅读水平,我认为首先应组织阅读教学,有效了解阅读教学的现状,并随之采取一些行之有效的方法,这是提高阅读能力的有效途径。然而,现今中学生的阅读状况却是不容乐观的。阅读量太少是很值得关注的问题之一,或许这就是由应试教育造成的,学生除了课堂上使用的那几本薄薄的教材外,极少有主动去阅读一些课外读物的。即使读,也无非是一些漫画杂志、娱乐类书刊。其次,学生阅读不够细致,读东西浮在表面,不求深入也是存在的另一问题。给他一篇文章让他读,他就从头到尾看一遍完事,很少有提出问题,更少有做些读书笔记、写些体会随感的,他们的读书是"囫囵吞枣"。真正的阅读,是与文本作者心灵的沟通与对话,是由一个生命进入另一个生命的融合重建过程。那么,如何才能有效改变目前阅读教学现状,提高学生阅读能力呢?这并非一蹴而就的事情,而是一个循序渐进的连续的过程,它甚至涉及整个学习阶段。但作为一名初中教师,我认为在学生已具备一定阅读、理解能力的基础上,若能遵循中学生阅读能力发展的规律,科学地安排、组织课堂教学,是能取得一定效果的。

  语文阅读的认识过程应是系统而完整的、由浅入深、由易而难的循序渐进的过程。它应起始于学生对课文的感知,而发展为对文章内容的"理解",目的是让学生能运用已掌握的知识自己分析解决问题。当然,要让学生切实地走向文本,关键是要让他们发现阅读的妙处,产生阅读的浓厚兴趣,这是语文教育的一个重要任务。林语堂说得很好:"所谓学习,就是喜爱。学生应该对读书发生狂喜。"(《论学问与知趣》)读书的兴趣是可以培养的,而且也应该培养。教师的责任就在于帮助学生在主动走向文本之前建立起一种良好的心理期待,使他们的内心一开始就呈现饥渴的状态。作为文学作品,它所附带负载的文化信息是很丰厚的,它们完全可以用来作为设疑激趣的资料。例如作者创作的特殊经历,他们自身的追求与梦想,发生在他们身上的一些有价值的逸事,文本故事的本事来源……甚至于对文本的一些评价鉴赏都可以事先教给学生。

  子曰:"知之者不如好之者;好之者不如乐之者。"当学生对阅读产生了兴趣,我认为,阅读教学已迈出了相当可喜的一步。当然,在具体的教学过程中对阅读的训练应灵活应用。阅读方式多种多样,但我个人认为,阅读应是一个由课内向课外延伸的过程。教师利用课堂教学,有效激发学生阅读兴趣,养成良好的阅读习惯及方法,从而让学生能在课堂40分钟以外的大量时间自主地、积极地进行有质量的阅读,这样语文教学的阅读训练,则已可达到事半功倍的效果。

  1. 朗读表演法

  朗读是阅读的最基本方法,是眼、耳、口、脑并用的创造性阅读过程。它要求学生在掌握语音、词汇、语法规则的基础上更丰富、更完美地表情达意。通过朗读,能增强语感,发展学生口语能力,并能再现情境,加深对课文的感知和理解。课文朗读表演,最能锻炼和提高学生的语言表达能力,通过对课文的声情并茂的朗读,亦能激发学生的兴趣。在朗读表演法中,应属分角色朗读最为常见,也较易被课堂教学所使用。学生通过对不同角色的细致揣摩,直观地加深了对文章内容的理解、对人物性格的把握。

记得在教授法国作家莫泊桑的短篇名作《我的叔叔于勒》一文时,对于文章的高潮部分,菲利普夫妇认出自己寄予厚望的弟弟竟沦为了一个穷困潦倒的水手时,那急剧的态度变化,最能体现菲利普夫妇的性格特点。因此,在具体的教学过程中,事先对个别同学进行指导,在教授时,让几个学生按不同角色,有感情地朗读课文。学生的热情也很高,表演者尽心尽力,他们时而害怕、时而担忧、时而愤怒,力求表演入木三分,即使是文中的"我"约瑟夫,虽只有短短的几句台词,可表演者却也认真准备,朗读时将"我"的善良、纯真以及对于勒叔叔的同情之心表现得淋漓尽致。而听者更是从同学们声情并茂的朗读表演中体会到了主人公菲利普夫妇的贪婪、冷酷、自私,体会了资本主义社会人与人之间那种赤裸裸的金钱关系。教学目的就在这声情并茂地朗读中得以体现。

当然,并非每篇文章都有丰富人物形象、曲折的情节,可以通过不同角色的扮演朗读来体会文章的内容与中心。但"书读百遍,其义自见"。有的文章的意境只有通过反复的朗读,甚至熟读成诵才能体验。有时,适度采取音乐渲染、背景烘托从而发挥学生的想象思维,让学生畅游在幻想的空间中,继而体验文章字里行间所蕴含的感情,都能使学生对文字有一个感性的认识。

新教材六年级第二学期中有台湾作家林清玄的一篇散文《百合花开》,文笔特别优美而灵秀,所蕴含的深刻哲理也特别值得人去反复回味、揣摩。但对于预备班的同学而言,如何理解?在教学中,我进行了一次小型朗诵比赛,学生兴趣激昂,积极参与,纷纷角逐班中的"百合奖"。通过朗诵比赛,学生不但自然地体会了文意,而且对林清玄的作品亦产生了兴趣,课后主动阅读、探讨,这对预备班的学生而言的确是难能可贵的。

有时,由于学生的生活阅历较浅,对所处不同年代、不同地域的课文有时会产生情感体验上的障碍,导致无法正确理解课文。跨越这些障碍的形式多种多样,教学中不必拘泥,如可大胆使用教师范读。自己的老师朗读,或许没有配套的教材录音朗读规范,但学生会感到亲切、自然。如朱自清的散文《背影》,教材不断修正,却一直将其收录其中,因其文章字句凝练,从一件极为平常的小事中却体现了父对子的舐犊深情。但对于一名初一学生来说,要理解这种含蓄而内敛的感情却并非易事。因而在教学中,我用亲切、婉转的语调进行范读,引导学生把握中心,让学生在美的享受中得到正确的情感体验。

总之,采取各种形式的朗读法,不仅提高了学生的学习兴趣,更加深了对课文内容的理解、对文章主旨的把握。

2. 扩展阅读法

扩展阅读,是指以某篇作品(或某本书)为阅读基础点,向有关方面扩展阅读方法。扩展阅读训练对于学生拓展知识视野,启发思维,增强理解的深度和广度,有着极为重要的作用。另外,由于学生毕竟知识面有限,即使教材中收入的一些文章,学生对其背景、相关内容也并非一定了解,因而在教学中也有必要作些介绍。扩展阅读法在某些节选的文字中的应用尤为重要。

新教材六年级中收录了苏联作家奥斯特洛夫斯基的《钢铁是怎样炼成的》中的节选《生命的意义》,若单从节选的文字学生很难理解文章的主题,因此,在教学中我用教师的赏析与学生介绍相结合的方法,让读过原著的同学介绍他们的阅读感受,更激发了学生对阅读原著的渴望。他们在课余时间相互传阅原著,探讨人物个性,这些很好地实现整体感知,也更好地理解了文意。扩展阅读是阅读教学由课内向课外的延伸,是学生自主阅读的尝试,让学生的阅读能深入些、广泛些。

3. **课外阅读法**

"半亩方塘一鉴开,天光云影共徘徊,问渠那得清如许?为有源头活水来。"朱熹的这首诗道出了水渠"清如许"的原因:要有永不枯竭的源泉,就应时时注入"活水"。当然,这"活水"仅仅靠课堂40分钟、靠书本是远远不够的,更需要在课余时间大量阅读。课外阅读不仅是课内阅读的补充,而且对课内阅读会起到强化和促进作用。如果说扩展阅读法是抛砖引玉,那么课外阅读则是完完全全的自主阅读了。课外阅读活动要顺利地开展,首先要尊重和珍视学生的阅读心理和阅读个性,给他们权力去选择喜爱的阅读篇目,而不是越俎代庖,随意指定,硬性摊派。有的同学多愁善感,囿于内心,他们可能会偏爱那些感伤婉约的诗词散文;有的同学则粗放坚强,性格外向,他们可能会更爱那些跃马驰骋、紧张激烈的传奇武侠;有的同学长于思考,关心社会,他们可能会侧重那些现实感强又注重思辨的杂文随笔;有的同学富于理想,抱负远大,有脚踏实地的精神,他们可能就会去注意那些能给其丰富人生启示和引路作用的名人传记……在自由自主选择阅读对象的过程中,阅读者会时时体验到发现自我的乐趣。其次,自由自主的课外阅读相对于中学生的实际情况而言,也不能离开教师的适时指点和启发。因为从本质上说,只有课内外沟通才可能真正让学生建立起阅读的完整体系,提高阅读的能力。所以在课外阅读时确立一定的目标意识是必要的。那么对于学生的课外阅读,教师应如何指导呢?曾经看到刘国正老师的一段话,读后感觉受益匪浅。他认为,教师指导课外阅读,只要作三件事:一是帮助学生选择读物,二是帮助学生理解和积累,三是培养学生的阅读兴趣和习惯。的确,书要多读,但更需要读得宽松些、自由些。教师不可能样样包办,但都可以通过适时、恰当的引导,帮助学生养成习惯,从而形成能力。开设"佳作欣赏课",让学生自行寻找不同文体的"佳作",在课上朗读,"奇文共欣赏",再谈谈为什么将这篇文章推荐给大家,"佳"在何处,鼓励个性与新见;或者设置专题,自主收集研究材料,组织开展研究性学习……所有这些做法,目的都在于既让学生多读一些有较高文化品位和审美情趣的作品,又能够得到教师的恰到好处的指导,在师生文本交互沟通中让学生成为一个"好读书、乐读书"且格调情趣高雅的人。

总之,阅读能力的培养,在我们日常教学中是不容忽视的,通过语文阅读的系统、科学的训练,最终使学生的阅读能力得到逐步的提高,正如叶圣陶先生所说:"语言文字的学习,就理解方面说,是得到一种知识;就运用方面来说,是养成一种习惯。"只有促使学生养成良好的习惯,语文教学中阅读训练才能算是功德圆满。

参考文献

[1] 北京市教育学校,等. 中学语文教学论. 西安:陕西人民教育出版社,1987.
[2] 张必隐. 阅读心理学. 北京:北京师范大学出版社,1992.
[3] 《中华活页文选(初中版)》,2001.
[4] 《中学语文教与学》. 中国人民大学书报资料中心复印报刊资料,2001年.

初中六七年级辩论活动方案初探

徐洪朵

【摘要】 在初中六七年级开展辩论活动有其心理基础,根据学生的身心发展特点,11至15岁的学生在辩论活动中有其独特的表现。而当下学校辩论活动存在不少弊端。本文结合初中辩论活动方案进行研究,归纳出活动方案设计的原则:辩论活动的多样性,注重活动过程,追求真实对话。

【关键词】 初中;六七年级;辩论;活动方案

现代社会是人们交往日益密切的社会,是信息广为交流和传播的文明社会。美国著名的教育家、演讲家戴尔·卡耐基认为:"一个人的成功百分之十五取决于自身的知识和技术,百分之八十五取决于发表自己意见的能力和激发他人热情的能力。"辩论演讲具有制造舆论、启迪思想、传播科学文化知识的作用。同时,辩论者流露出的良好的情感,对于影响听众的情感和形成听众对于现实生活的态度以及激励和促进人们的行动,都能起到极大的作用。

正因为辩论的诸多好处,学校开展辩论活动来丰富学生的情感,锻炼语言表达,传播真理。中学生正处于学习各学科基础知识的阶段,在日常教学中引导学生论辩,以丰富学生的语文知识、培养语感、锻炼语言技能、培养探究能力、陶冶情操、提升人文素养,从而提高中学生的语文素养。

一、初中六七年级辩论活动开展的心理基础

1. 初中六七年级学生身心发展的特点

初中六七年级学生,年龄在11～15岁之间,这个年龄段的孩子都会出现"从儿童期到成年期所要经历的发生在个体身上的生理变化。"[1]这就是"发身期",它是青春早期的主要生理发展表现特征。进入青春期,孩子们不仅生理上开始快速发育生长,心理上也发生了很大的变化和发展。"发身会带来外貌上的巨大变化,而且会改变青少年的自我概念及同他人的关系。不难看出,发身对于激发青春期中的同一性发展会起到非常重要的作用。""我们完全可以理解,当在发身期中青少年的外部表现出如此巨变的时候,他们会对自身内部所发生的变化产生疑问。"[2]

2. 11～15岁学生在辩论活动中的独特表现

青春期孩子的心理变化是千姿百态的,一般体现为三对"心理冲突和矛盾":

一是冲击感与压抑感的冲突。随着生殖腺的快速成熟,这一年龄段的孩子,尤其是男孩在辩论中表现为争强好胜,情绪激动,甚至难以抑制自己的情绪。而同时,一旦受到挫败,又会非常沮丧,觉得很失面子,心中愤愤不平,常常口不择言。于是,六七年级孩子在辩论过程中常常会由论事转向情绪发泄,甚至人身攻击。但他们的攻击往往又不是带有恶意的,而只是想战胜对方。这就产生了课堂上要引起辩论容易但引导控制辩论节奏、氛围较难的问题。

二是成人感与依赖感的冲突。身体外形的变化使孩子产生了成人感,他们向往成人世界,努力模仿成人,有着极强的模仿能力。但同时,他们缺乏成人拥有的社会经验和处事能力,对问题的看法难免偏激、浅陋。所以,在辩论中一遇到需要较深入较全面的思考时,往往会退缩,又"马上回到对成人依赖的行进轨道"上,课堂上表现为依赖老师或比其优秀的同学。

三是闭锁性与开放性的冲突。"发身期"时孩子逐渐封闭自己的内心,内心活动越来越丰富,但表露于外的言行却越来越少,由此逐步将自己"闭锁"在"自我世界"里。所以,让青春期的孩子开展辩论活动,正是打开他们丰富的内心世界的一把钥匙。如果辩题引起了他们的兴趣,他们十分乐意在一个相对宽松自由民主的环境中畅所欲言。一旦他们找到这样的机会,就会推心置腹,真诚感人。

二、学校常规性辩论活动存在的弊端

学校常规性的辩论活动开展时往往会受到学生的年龄、心理特点的影响,再加上辩论自身的一些要求,在课堂教学中往往会出现以下一些弊端:

1. 将辩论活动等同于辩论赛

辩论,辩,有辩论,辩驳之意。论,指议论、述说。《左传·襄公三十一年》:"郑人游于乡校,以论执政"中论就有议论、述说之意。那么,论辩合在一起是指议论辩驳。汉王充《论衡·订鬼》:"天地之性,本有此化,非道术之家所能论辩。""辩论是人的天性,有人群的地方就会有辩论。古希腊诸多明哲皆是辩论高手,中国也有不少这样的名士。辩论的意义何在?我想,首先是为不同的观点的对话提供了一个平台,更为重要的是,通过辩论可以展示睿智与风采,增进了解与友谊。"[3]学校开展论辩活动,主要是为学生的对话提供一个平台,让学生可以在这个平台上培养语感、锻炼语言技能,展示个人的智慧与风采,促进学生、师生之间的了解与友谊。

而辩论赛是辩论活动的一种形式,这种形式因为其具有相对强的可观性和可操作性,再加上之前各类大学生辩论赛电视热播的影响,很容易让人把学校的辩论活动直接等同于组织一场辩论赛。这种认识带来不少弊端,因为作为赛事,必然重视比赛结果,所以往往会"重论轻辩",赛手往往有"背"而来,学生往往成为指导老师的发声筒。这些弊端将在下面几点中阐述。

2. 课堂上重成果展示轻过程呈现

学校开展的辩论活动课堂上常常会呈现出一场精彩的辩论赛。在比赛中,学生唇枪舌剑,表现精彩,但人们很难看到辩论赛的幕后工作。指导老师的整体规划、辩手的准备工作等等一些实际的操练,作为一般的学生(即不是辩手的学生)是不了解的。到时,这些学生只能作为观众,通过观看辩论赛获得辩论的经验。这种间接得来的经验与学生直接参与其中获得的辩论体验是不同的。辩论活动主要是一个让学生开展对话的一个平台,如何让学生顺利地进行对话是关键。而大部分辩论课堂恰恰将此隐藏了起来。比如说,课堂上同样要开展一场微型辩论赛,一般教师往往会事先挑好辩手,然后给辩手时间辅导好,最后在课堂上展示给大家看。这其实就是以成果展示为主要目的的课堂。而假设教师能在课堂上引导学生即时生成一场微型辩论赛,虽然最终参赛的学生人数有限,但剩余的大部分学生都一起参与了整个过程。这样,学生就知道该如何组织一场辩论赛,而课堂就真正成为了学生对话的平台,而且是真实的对话。假如课堂上将学生参与辩论的过程都呈现出来,教师可以随时发现学生对话时的问题,可以随着课堂的现状及时做教学上的调整。所以,学校辩论活动需要"重过程轻结果"。

3. 真实对话的缺失

真实的对话是指学生自如的阐述自我对辩题的观点,而不是照搬照抄事先准备好的他人代刀的讲稿。并且学生能根据对方的发言自然作出反应,而不是排演式的。课堂上生成真实的对话,是学校辩论活动的真正生命之所在。真实对话的缺失往往是由以下原因导致的:

其一,活动中教师为主体学生为陪衬。从辩题的确定到辩论赛的讲稿,很多都由老师完成,或者学生过度依赖老师,最后演变成教师的观点通过学生来代言。这与学校设立辩论课程的宗旨是不符的。

其二,重讲授轻实践。关于辩论的常识介绍,辩论的原理、技巧是需要一定的讲授,但若过多讲授,学生开展对话的机会就变少。辩论课应通过活动设计,让学生在实践中体会、理解论辩的相关知识技能,并能将理论付诸实践。

其三,突出个别优秀者忽视大部分学生。辩论活动中最容易产生这类问题,比如参加辩论赛的学生的确会有很大的收获,但作为观众的广大学生收获就因个体差异而差别巨大。这样,学生对话的平台会越来越狭窄,渐渐地就使很多学生失去了兴趣。

三、初中辩论活动方案研究

根据初中六七年级学生身心发展的特点,综合11~15岁学生心理特点在辩论活动中的具体表现,反思学校常规性辩论活动存在的弊端,初中辩论活动方案的设计应该注意以下原则:

1. 辩论活动的多样性

辩论主体是由辩者组成的辩方,而且至少要有两个辩方才能构成,所以我们说辩论的主体是复合的[4]。辩者,指就同一事物或事理与自己持对立观点进行辩论的一方。最简单的辩论行为,至少要有两个对立的辩者参加。辩方,指由观点相同或相近的辩者组成的辩论营垒。他们的组成方式大体有两种:一种是关系紧密的联合体。比如辩论比赛,每一个辩方都是有组织、有计划的,有统一的谋略,有严密的分工。另一种是关系松散的联合体。比如一些辩者,互不了解,只因观点一致或近似,在辩论中就互相认同、支持,但他们之间并没有形成严密的组织,也没有统一的步骤,大多是各自为战,在辩论活动中,有些辩方观点会发生变化。而且,随着辩论的展开、深入,原来某一辩方的组成会发生变化、瓦解或重新组合,辩方的数目也会随之变化。

所以辩论主体的构成形态也丰富多变。有多方辩论,即围绕同一个辩题,形成三个或三个以上对立的辩方。辩论主体构成的形态相当复杂并且是多变的。有双方辩论,即指只有两个对立的辩方进行辩论。其中分为以下几种情况:众多辩者对众多辩者的辩论;一个辩者对若干辩者的辩论;一个辩者对一个辩者的辩论。

学校设计辩论活动方案时要充分注意该原则,注意到辩论的过程是一个动态变化的过程,不要单一地采取一种辩论主体的构成形态,而要富有变化。这样,就可以避免将论辩活动等同于辩论赛,也可以充分激起学生的挑战性,燃烧起他们的成人感和开放性,将心门打开,畅所欲言。

2. 注重活动过程,追求真实对话

辩论的过程本身就是一个动态变化的过程,辩论活动方案的设计一定要注重让学生参与每一环节,让学生亲自组织。辩题的设计要立体,最好由浅入深,让学生有话好说。辩论主体也要根据学生的意愿而变化,将对话的主动权交给孩子。接下来以学生亲自组织一场微型辩论会的全过程活动方案来详细说明。

活动目标:

能通过亲身体验了解一场微型辩论的流程,能积极参与辩论会。能理解对方观点,并依据对方观点巧妙进行反驳。辩论双方能依据一点针锋相对。保持竞技时良好的心理状态。

活动过程:

第一环节:分为两大阵营围绕一个命题进行正反讨论

比如让 A 方讨论"笑有什么好处?",让 B 方讨论"笑有什么坏处?",各自给 2 分钟的时间准备,然后开始让 A、B 方交替发言。该命题的选择浅显易懂,适合初中生的认知基础,让学生瞬间有话好说。最为有趣的是 B 方往往会根据 A 方的结论去反向辩驳。这一环节的设置其实在引导学生学会有针对性地去反驳,从而论证自己的观点。

A 方:笑让人更自信。B 方:太过自信就会对人嘲笑,嘲笑可是会给别人带来伤害。

A方：笑让人快乐、健康。B方：大笑不止还会掉下巴，君不见范进中举后不就是笑疯了，正可谓是"乐极生悲"。

A方：笑让人勇敢。B方：一味地"笑对困难"，不知进退，这也是理智的勇敢吗？而且从心理学上看，面对巨大心理压力不及时释放出来，经常"强颜欢笑"会产生心理疾病。

A方：笑让人更美。B方：一个人带着笑容就会更美吗？照这样的逻辑，雨果笔下的"笑面人"应该是最帅的帅哥了，可是为何书里却说因为他脸上始终有"怪笑"而变得很丑陋呢？

A方：笑是礼貌。B方：请问，笑里藏刀是真正的礼貌吗？

A方：笑改善人际关系。B方："皮笑肉不笑"，这种虚情假意的笑能让人际关系真正融洽吗？能让人与人之间更信任吗？

第二环节：同桌围绕一个命题互练，一方说好处，一方说坏处，互相辩驳。

比如"哭的好处和坏处"，给3分钟时间，让学生各抒己见，这时学生普遍兴趣高涨，同桌间讨论热烈。此环节承接上一环节，又增加了新的内容，为接下来的趣味辩论做好准备。

第三环节：趣味辩论

此时展示辩题："笑比哭好还是哭比笑好？"现场让学生自己选定正方或反方，在5分钟内自由陈述自己的观点。由于开场充分的铺垫，学生跃跃欲试，教师要注意多鼓励，调节好现场的气氛。5分钟后让学生选出最佳辩手，然后老师请最佳辩手上台，告诉他们待会各自要现场组织一只辩论队。

接着请学生观看2007国际群英大学生辩论会关于本辩题的辩论视频。本视频的辩论流程是简化的，基本上是正方一辩开篇立论→反方一辩开篇立论→双方自由辩论→反方四辩总结陈词→正方四辩总结陈词。

看完视频确定辩论的流程，思考辩论的原则、辩论的目的，分析回味刚才视频中自由辩论精彩的回合。小结：

辩论基本流程——开篇立论→自由辩论→总结陈词

辩论原则——尊重他人为先，多用"您""对方辩手"等礼貌用语和礼貌手势

辩论目的——追求真理

这个趣味辩论其实是让同学思考，"笑""哭"代表了怎样的生活态度，思考如何让自己获得真正的幸福。

第四环节：现场组成辩论队开辩并点评

学生当场组成两只辩论队，辩论"是否赞成送老人进养老院"。两位最佳辩手确定好正反方后各自找三位同学组成一支辩论队，分好工，就座。其余同学每人一张白纸，记录下自己的观点，可以将自己的纸条投送给自己支持的辩论队。辩论结束，同学点评。

此活动方案辩题的设计由浅入深，从一开始的"笑的好处与坏处"到"哭的好处与

坏处"都是为辩题"笑比哭好还是哭比笑好"做铺垫。这组辩题生活化,拿到就能说个一二,贴合初中六七年级学生的心理和认知能力。而这组辩题也为"是否赞成送老人进养老院"做好铺垫。同样,后一辩题很生活化,很多初中生有生活基础。

  本活动方案中,辩论的主体是在变化的,有众多辩者对众多辩者的辩论,也有一个辩者对若干辩者的辩论,还有一个辩者对一个辩者的辩论。辩方的组成也很有意思,在最后一个环节,辩方既有八位关系紧密的联合体(即现场组成的两只辩论队),又有人数众多的关系松散的联合体(即辩论队以外的同学)。尤其是后者,教师发白纸给他们,让他们根据自己的选择写下自己的观点,还可以把自己的纸条传递给自己支持的辩论队。这里就存在一些有趣的现象,有些口头表达欠缺而笔头表达强的,或者反应较慢适合深思熟虑的孩子就有了参与的兴趣。而且,经常会有学生随着辩论的深入会改变自己的观点。这其实也是思维上的一种成长。

  再看,本方案中学生对话语权的掌控力度。学生自己推选最佳辩手,最佳辩手当场招募三位同学组成辩论队,同时还要面向自己的支持者收集资料(即支持者的纸条),在短时间进行整理筛选,所以,学生在活动中生成了真实的对话。而教师的引导是潜移默化的。在第三环节中,趣味辩论结束后,教师并没有长篇大论,评定孰优孰劣,而是巧妙插入一段视频,让学生自然而然地进行比较,水到渠成地得出小结。辩论基本流程的确定,是为下一环节的辩论赛做好准备。可以说这里还是理论阶段,下面就是实践了。辩论原则,尊重他人为先,多用"您""对方辩手"等礼貌用语和礼貌手势,就是根据学生一二环节的表现提出的。上文提到过六七年级的初中生很难控制情绪,辩论激动时扯着嗓子尖叫,气得憋红脸大骂,指着对方鼻尖控诉的各种情态都有。辩论目的是追求真理,旨在告诉学生,辩论不是重在谁输谁赢,而是为某一问题、现象不断探索思考的过程。这些理性的结论,学生将在下面的第四环节中的辩论实践中消化,吸收,改善。最明显的就是辩论中学生明显要冷静理性很多,手势也改成了礼貌的手势,有学生还是沿用原来不礼貌的手势,自己很快纠正过来,改成礼貌手势,这就是自我的一个改善行为,完全是自愿的。礼貌用语的使用也是如此。所以,听课者很容易观察到一节活动课中学生个体的改变与进步。这就是学校辩论活动侧重过程的一个好处。可以说,课堂45分钟,前40分钟都是准备过程,后5分钟才是结果。一场微型辩论赛赛时只需要5分钟,以往的很多辩论活动课都在做这5分钟后的事情,而本方案是在做这5分钟前的事。

参考文献

[1] 朱灵.最令家长头疼的教育问题:家庭教育指导问答.北京:九州出版社,2009.
[2] 劳伦斯·斯滕伯格.青春期(第7版).戴俊毅,译.上海:上海社会科学院出版社,2007.
[3] 余培侠.紫禁城论剑:第四届全国大专辩论会辩词实录.北京:西苑出版社,2004.
[4] 赵凡禹,水中鱼.舌上风暴:辩论技法与辩论口才大全集.北京:新世界出版社,2011.

论影响书法欣赏的几重因素

马昭文

【摘要】 在书法欣赏中,书法作品的表现形式、对作者及其历史背景的了解、欣赏者自身的个性以及文辞的意义是制约、影响书法欣赏的四重重要因素,本文结合具体的事例对这四重因素做出了简明的阐述。

【关键词】 书法欣赏;表现形式;欣赏者;文辞

苏轼云:"书必有神、气、骨、肉、血,五者阙一,不为成书也。"(《论书》)这"神、气、骨、肉、血",既是书法家的创造,又离不开欣赏者对书法作品的体验。对于书法这样一个意味复杂的复合体,有哪些因素会制约、影响我们对它的欣赏?笔者以为,主要有以下几个层面。

一、书法作品的表现形式

读者从书法作品获得的审美感受,出于对作品艺术形式的直观。所以,作品的形式特点、技法特征直接影响着欣赏者的感受。把玩、揣摩作者在用笔、结构、章法诸方面展现的个性,这是欣赏书法的第一步。

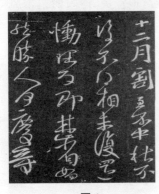

图1

书法的表现形式丰富多彩。从书体来看,有篆书、隶书、行书、草书;从使用工具来看,有刀刻、硬笔、软笔;从应用角度看,有尺牍、碑版、中堂条幅等。从美学的角度来看,书法的表现形式是线条连续运动的轨迹对空间的分割。

仅从书体的角度来看,书体的不同,书法艺术的表现有或动或静的差异。比如汉隶中的《曹全碑》、《史晨碑》,皆安详娴美,静如处子。而怀素的草书则有"忽然绝叫三五声,满壁纵横千万字"的豪迈,可谓动如脱兔。有时表现的是或断或连的样式,如章草《月仪帖》的形断意连,而王献之的《十二月帖》(见图1)堪称"一笔书",该帖脉络连贯,气韵流荡,极有韵律感。我们欣赏这样的作品时,总是会不知不觉地被它的点画形式所吸引,从而产生情感的共鸣,或抑郁,或畅快,或悲伤,或欣喜,或躁动,或安静。这些,只有欣赏者对书法艺术的形式和技巧有足够的敏感,才会对书法艺术的意味有更深的体会。

书法线条的疾、缓与涩、畅,黑、白与粗、细,直行与转折,形成了空间与时间的变化,带给我们无穷的想象与美感。而书法线条组成的文辞同样给我们迷醉,这也是中国书法表现中特有的个性。举个例子:"羽(友)"——"又",是手的象形,两个人两只手同向左,一上一下作揖,则是朋"友";如果两个人相向出手,则成了"鬥"(斗)。再如"从(从)",两个"人"一同向左,则是统一方向的跟"从";一同向右,就表示站在了一起"比";如果写成一左一右,那么就是背道而驰的"背"("北")了;如一正一反,则成了拥抱状态下,相融化的"化"。当然,对文辞的欣赏,就要懂点文字学了,否则就不仅容易把字读错,而且也很难欣赏到书法文辞所表现的意境。

二、对作者及其历史背景的了解

书法作品与书写者的个性与文化修养密不可分,杨守敬说:"一要人品高,品高则下笔妍雅,不落尘俗;一要学问富,胸罗万有,书卷之气,自然溢于行间。"虽然我们不能把艺术欣赏简单地归结为作者心理状态的考察,但对作者的个性及其所处历史背景的了解,确实会影响书法的欣赏。

一千个书法家,就会有一千种艺术面貌。参照作者的个性,去把握作品的风格,往往会更准确、更深入。比如欣赏徐渭的书法,最好能够知道徐渭的个性与命运,否则你怎么读懂他的"笔底明珠无处卖,闲抛闲掷野藤中"?欣赏八大山人的书法,也最好能了解他国破家亡的身世以及遁入空门的经历,这样我们才能对他空灵、冷寂的艺术风格感同身受。这便是"知人论世",也是艺术欣赏的重要环节。

再如弘一法师所写的"悲欣交集"。1942 年 10 月 10 日,在泉州不二祠温陵养老院内,弘一法师写下他的绝笔"悲欣交集"(见图2)。是否了解"悲欣交集"这四个字的作者与书写背景,审美的感受肯定是不一样的。如果我们对此毫不了解,便只是觉得这四个字味道十足,而无进一步的联想。当我们有所了解的时候,便会结合弘一法师的人生经历、佛学修为以及现代中国所遭受的苦难而产生种种联想,这种联想一方面关乎"悲欣交集"的语义,一方面也会投射到这四个字的书写风格。

另如面对颜真卿的《祭侄稿》,假如我们对历史背景毫不了解,或许也会感受到书法的美妙。但是如果对颜杲卿、颜真卿一家在安史之乱中的抗争与遭遇有所了解,体

图2

会颜真卿面对侄子季明尸首分离的悲惨情景,想象他时而忧伤时而平复、时而愤慨时而压抑的情绪,便会对《祭侄稿》跌宕起伏的笔迹另有一番感受了。

有人说读赵孟頫的字,你不仅能读到赵孟頫,你还能读到王羲之、王献之,还能读到米芾。如果仅仅只能读到赵孟頫,那这作品就是赝品了。其中原因不言自明,赵孟頫的个性与赝品书写者个性不一样,我们欣赏到的东西自然也就不一样了。

孙过庭《书谱》有云:"写《乐毅》则情多拂郁,书《画赞》则意涉瑰奇,《黄庭经》则怡怿虚无,《太史箴》又纵横争折。暨乎《兰亭》兴集,思逸神超,私门诫誓,情拘志惨。所谓涉乐方笑,言哀已叹。"文辞意义和书写情境未必真的像孙过庭所说的那样直接决定书写形式,但显然能够在一定程度影响书写形式。对于欣赏者而言,了解作者本人的个性、经历以及书写某一作品时的具体情境,也是欣赏活动中有价值的内容。

三、欣赏者自身的个性

上文欣赏赵孟頫作品的例子,也从另一个角度告诉我们欣赏者修养对于书法欣赏的重要。马克思说过:"对于不懂音乐的耳朵,最美的音乐也没有意义。"同样,对于书法技巧感到茫然的眼睛,再美的书法也没有意义。也就是说,如果欣赏者修养不够,那他对赵孟頫赝品与真迹可能无法辨别。

如果我们进一步思考,不难得出这样的结论,欣赏者的个性对书法欣赏会有很大影响。

孙过庭所说的"涉乐方笑,言哀已叹",告诉我们书法作品书写是个性化的,同样,书法欣赏也是个性化的,每个人对书法作品的欣赏都带着自己独特的审美趣味以及个性特征。对于同一件作品,人们对它会有不同的感受。还是说对赵孟頫书法作品的品读,有人读出的是柔美,有人读出的是流畅,有人读出的是媚骨,有人读出的是逃避,可谓仁者见仁,智者见智。鲁迅先生评《红楼梦》时说:"单是命意,就因读者的眼光而有种种:经学家看见《易》,道学家看见淫,才子看见缠绵,革命家看见排满,流言家看见宫闱秘事。"(《鲁迅全集·集外集拾遗补编〈绛洞花主〉小引》)此妙论与书法的欣赏同理。

欣赏活动的个性化还可以从临摹的个性化反映出来。历代临写《兰亭序》的书法家很多,赵孟頫临写的作品显然带着赵体的痕迹,它与唐人临写的《兰亭序》、米芾临写的《兰亭序》皆有不同。虽然临帖是实际的书写,但也反映出,每个人都是在临摹自己眼中的《兰亭序》,临摹作品的个性化与临摹者独特的审美趣味有关。在欣赏活动中,每个人眼里的法帖皆不相同,每个人都是带着自己独特的理解结构来欣赏书法作品的。

从某种意义上来说,欣赏也是一种创造,而且还可引发新的创造。唐代书家张旭观公孙大娘剑器舞,草书大进,显然,他是带着书法家的素养去创造性地欣赏舞蹈的。而舞蹈家欣赏书法,亦有不同于常人的兴味。当代台湾的林怀民,他依据自己对书法的解读,编导了"云门舞集"书法篇(见图3)。这让我们真正体会到了什么是对书法的创造性阅读。

图3

林怀民在访谈录中说书法和现代舞蹈是"同一件事"。他认为,故宫珍贵的手迹事实上是当年书法家执笔舞动时运气的留痕,导引拳术强调"缠丝",螺旋状的运作,正如笔毫不断拧转,进行曲线的运笔,"笔断意连"也正是舞蹈进退间的要领。于是,林先生让舞者去学书法,面对名家手迹,舞者以身体揣摩笔意,即兴做出许多平日想象不到的动作。这种从表面上看几乎刻板的训练方式,日后造就了被全球演艺市场所追捧的东方式舞蹈《行草》。林怀民说,我们无意用身体来取代中国的毛笔字,只是由书法出发,表现对书法的个人理解。所谓舞蹈不过是林先生阅读书法后的个性感受罢了,他只是将书法的柔媚创造性地转化为舞蹈的柔媚。如果换了张艺谋,那他对书法的欣赏便转化为奥运会开幕式的场景了。而作为观众的我们,对书法的欣赏又将是怎样的丰富多彩呢?

总之,对书法的欣赏,一千个人有一千个《兰亭序》。时代不同,看法也就不同;个性不同,感觉自然相异。至于欣赏者的专业素养和书写水平,对书法欣赏的影响就更大了。

四、文辞的意义

毋庸讳言,书法是一种独立的艺术形式,而这种艺术形式是和文字融合在一起的。我们欣赏书法作品时,总是或多或少的受到文辞意义的影响。

我们先来看个故事:

于右任是民国时期的书法名人,有一次他在经常有人撒尿的墙壁上张贴了一张字条:"不可随处小便。"不想,第二天字条就被人揭去,那人还把这六字重新剪接装裱成"小处不可随便"的横幅挂在厅堂里。我们在钦佩揭字人智慧的同时,不由得想:于右任的书法美则美矣,但如果直接把"不可随处小便"的作品直接挂于厅堂,恐怕欣赏者在感觉很滑稽的同时,那种对书法欣赏的愉悦感也会受到极大损伤。

书法作品的书写形式表现着独特的审美意味,书写的文辞也表达着特定的美感。二者共同呈现在纸幅之上,犹如太极图中的双鱼,互为影响,水乳交融。

图 4

其实,书家在书写不同的文辞时展现给欣赏者(或者阅读者)的书写形式(也可以说书写目的)是不同的。比如,科举时期的答卷、书家的书信、商店的牌匾皆因不同的意义与用途而呈现为不同的书写样式。现在的我们在欣赏其笔墨技巧的同时,最好能够对其文辞含义和用途有所了解。另外,由于欣赏者的身份、趣味不同,对一件书迹的品读也各有侧重。对一件甲骨卜辞,考古学家所关注的是刻辞所蕴含的历史文化信息,书学者所关注的是其书刻形式。所以,面对同样的书迹,有人读到的是书写技巧,有人读到的是历史,有人读到的是辞章,有人读到的是故事情节。由此,笔者把太极图(图4)作这样解读:假设阴为书法作品的内在因素(我们眼睛看不到的),阳为书法作品的直接样式(我们眼睛看到的)。那么,太极双鱼图的表现形式是有时阴在上,有时阳在上,有时阴阳同在上,有时……(具体情形如"书迹阴阳示意图"(图5)所示)。那么,一件书迹,有时表现文章之美,有时表现书法之美,有时……对于欣赏者亦然,有时欣赏其书法之美,有时欣赏其文辞之美,有时欣赏装帧之美,有时欣赏其他种种。但无论怎样,文辞与书法血肉相连,从来没有分裂过。

图 5 书迹阴阳示意图

参考文献

[1] 杨永萍. 书法教学在当代艺术教育中的意义. 书画艺术,2005(6).
[2] 刘涛. 书法谈丛. 北京:中华书局,2012.
[3] 启功. 启功谈艺录. 北京:商务印书馆,2012.
[4] 王磊. 书法用笔在中国画中的美学地位. 中国花鸟画,2006(4).
[5] 贾德江. 抱筋藏骨别立宇宙. 美术报,2012(9).

[6] 燕益得.金石画派的前期骁将——吴让之绘画艺术及市场行情漫议.收藏界,2010(12).
[7] 张静茹.高中化学课程标准教科书(选修)内容形态的分布及其组合研究[D].长春:东北师范大学,2011.
[8] 叶朗,朱良志.飞舞的线条——书法.中华活页文选(初一年级),2012(8).
[9] 赵艳.探讨我国书法教学现状与改革方向.新课程研究(职业教育),2007(9).
[10] 常雁来.论写意人物造型与现代素描的关系.美术大观,2007(9).
[11] 陈琪.书法用笔在山水画中的美学地位.湖南农机,2007(3)
[12] 梅墨生."道咸画学中兴说"浅探.美苑,2000(3).
[13] 马忠贤.自然意法:中国画的传统内涵与超越之途.淮北煤炭师范学院学报(哲学社会科学版),2004(10).
[14] 柳杨.扎根传统求创新——浅谈中国画的发展.大众文艺(理论),2009(1).
[15] 张桐瑀.论黄宾虹以金石学为基点的画学认识与"五笔七墨"的书学原理.美术观察,2007(11).
[16] 冯其永.金石画派书画关系研究[D].济南:山东大学,2010.
[17] 孙玮蔓."18金石气"的能指与所指[D].上海:上海师范大学,2012.

诵读·美

——六年级"美文诵读课"之实践与探究

黄莉莉

【摘要】 诵读美文,有利于丰富学生美的语言积累,有利于增强学生美的语言体验,有利于培养学生美的语言感悟,继而提高其语言审美情趣。美文诵读的内容,可选择既有知识性又有思维性的现代诗文,题材风格应贴近学生生活、有助于学生成长发展的人文性文本,应根据学生学习阶段目标的不同逐层进行相应的训练。课程有一个总体的目标设计,采用选修课程的课程结构,将课内教学形式和课外活动形式相结合。其评价要尊重和保护学生的自主性和积极性,鼓励学生运用多种方法,从不同的角度进行探究。既要关注学生的参与兴趣和态度,也要多关注学生在活动中提出问题、探究问题以及展示学习活动成果的能力。尤其是对于学生有创作性、有可行性创意的展示方式,要给予充分的重视。

【关键词】 六年级;美文诵读课;实践和探究;创作性

诵读是"用抑扬顿挫的声调有节奏地读"[1],它一直是我国语言类教育的优秀传统之一。如果说诵读是一门有声语言艺术,那么诵读美文就是一种欣赏美、表现美、传递美的再创性语言艺术活动。诵读者用清晰的语言、响亮的声音、饱满的精神、优美的体态等把美文中的感情向外界表现出来,借以传递美文的精髓,引起他人的共鸣。

诵读美文,有利于丰富学生美的语言积累,有利于增强学生美的语言体验,有利于培养学生美的语言感悟,继而提高其语言审美乐趣。我校在语言类拓展课程的设置上,于六年级开设了美文诵读课,并就此做了以下几点实践和探究。

一、"美文诵读"之诵读内容

在美文诵读内容的选择上,主要遵循了几点:一是选择古典散文。它们的语言是最具灵性和想象力,也是最深刻最具有感染力,更是学习中华经典文化的最佳语言。"唐宋八大家"的散文著作可精选经典篇目或经典文章中的经典段落让学生细细诵读,在诵读中品味古典散文的魅力,提高语言审美能力。

二是选择既有知识性又有思维性的现代诗文,语言典雅、清新、深邃,有助于丰富学生的语言积累。朱自清的精美,周作人的机智精深,老舍的朴实无华,巴金的惆怅忧郁……学生以美文为载体,在诵读中感受美,体验美,欣赏美。

三是尽量选择题材风格贴近学生生活,有助于学生成长发展的人文性文本。学生会有亲切感、认同感和兴趣。自然寄语,童心童趣,亲子之爱,艺术心灵,生命尊严,人生真谛……学生在诵读中得到心灵的洗礼与成长。

四是根据学生学习阶段目标[2]的不同逐层进行相应诵读内容的训练:第一学段,在对优美的儿歌、儿童诗或浅近的古典散文能展开想象、获得初步情感体验的基础上进行诵读训练;第二学段,在对优美诗文获得体验情感,能展开想象、领悟诗文大意、感受诗文内涵的基础上进行诵读训练;第三学段,在对优美诗文,懂得通过词调、韵律、节奏等体味作品内容和情感内涵的基础上,进行诵读训练;第四学段,在对优美诗文拥有自我欣赏品位的基础上,运用诵读技巧进行诵读再创作。

五是注意诵读篇目的范围,不能只局限于中国文化,还应注重外国经典散文、小说等的选诵。列夫·托尔斯泰、东山魁夷、泰戈尔、川端康成、帕斯卡尔等著名文学家的作品,选择其中短小精悍的美文,尤其是适合六年级的学生内容,让学生来诵读,提升诵读品味,沉淀美丽心灵。

基于以上几个方面,我校在实践与探究中尝试编订了一个诵读的篇目精选,仅供师生参考。

美文诵读·篇目精选

诵读内容	篇目推荐	
自然寄语	《故都之秋》郁达夫 《春风》林斤澜 《黄山松》张万舒 《山中杂记》冰心 《藕与莼菜》叶圣陶 《秃的梧桐》苏雪林 《牛蒡花》【俄】列夫·托尔斯泰 《听泉》【日】东山魁夷	《春》朱自清 《荷塘月色》朱自清 《水仙》唐弢 《柳》张晓风 《秋》朱湘 《落叶》【法】马莱
童心童趣	《童年絮味》舒婷 《从百草园到三味书屋》鲁迅 《马》【法】布丰 《雪地贺卡》鲍尔吉·原野	《猫的故事》梁实秋 《黄鹂》徐志摩 《云雀》【意】达·芬奇
亲子之爱	《慈母情深》梁晓声 《背影》朱自清 《金色花》泰戈尔	《母鸡》老舍 《梯子》【新加坡】周粲 《父母的心》【日】川端康成
艺术心灵	《再别康桥》徐志摩 《教我如何不想她》刘半农 《珍惜愤怒》毕淑敏 《最后一片叶子》【美】欧·亨利	《当我死时》余光中 《秀色可餐》刘心武 《精神之敌友》林语堂 《致大海》【俄】普希金
生命尊严	《十八岁出门远行》余华 《海燕》【苏联】高尔基 《永不道别》【美】威廉·C·博伊尔斯	《回忆鲁迅先生》萧红 《永不停航的船》【智利】巴·聂鲁达
人生真谛	《无为》王蒙 《他们因精神而伟大》【法】帕斯卡尔 《祖国》【俄】莱蒙托夫	《悠闲》【英】弗农·李 《一个人是一个谜》【印度】泰戈尔 《把希望带给人民》【德】黑格尔

二、"美文诵读"之开展形式

美文诵读课有一个总体的目标设计。在知识与技能方面,学生能够对作品的思想内容、表现手法、语言风格作简要的评价并通过诵读的方式表现出自我的理解;学生能够掌握并运用一定的诵读技巧。在过程与方法上,采用选修课程的课程结构,将课内教学形式和课外活动形式相结合,倡导"主动参与、乐于探究、交流与合作"为主的学习方式,使学生养成良好的诵读习惯。在情感、态度、价值观上,指导学生在学习交流中认识中华文化的博大精深,汲取民族文化中的智慧,提升文化品位,提高思想认识水平,塑造健全的人格。

1. 课内教学形式的实践与探究

叶圣陶先生曾说过"语文学科,不该只用心与眼来学习,须在心与眼之外,加上口耳才好。吟诵就是心、眼、口、耳并用的一种学习方法。"[3]美文诵读作为语言拓展的实践活动课程,应该在课堂上训练学生读得正确,读得有节奏;读得有感情;读得有自我的创造力。

在短短的一节课内,师生首先需要由内到外地对诵读的美文进行理论知识的探究。内在的理论探究,主要集中在对作品情感的分析与表达以及诵读者情境感、角色感的体悟上。教师需引导学生掌握诵读的内容,继而确定诵读的目的。深入了解作品创作的背景、准确地把握作品主题思想和情感的基调,是诵读的重要前提和基础。诵读者想要唤起他人的感情,使他人与自己感同身受,就必须仔细体味作品,进入角色,进入情境,继而伴随自身的丰富想象,使作品中的情感内化为自身的情感感受,使自己动情,使他人动情。

外在的理论探究,主要集中于对各种文体的诵读要领的把握;诵读者对声音的控制,诸如停连的训练、重音的训练、节奏的训练以及语调的训练等;诵读者对形体语言的掌控等方面。

当然,诵读中运用各种诵读技巧固然重要,但是,如果离开了准确透彻地把握作品主题这个前提,艺术技巧便成了无源之水,无本之木,即为一种纯粹的形式主义,那就无法达到诵读美文的真正目的了。

在此基础之上,师生可根据自身实际条件进行创作性的诵读实践活动。课堂内常用的活动方式有独诵、小合诵、短剧配音、短剧诵读表演等。

在诵读展示中要特别注意诵读与朗读、演戏的区别。诵读在声音的表现特征和情感上表达程度上要重于朗读。诵读更不同于演戏,虽然也常常伴随手势、姿态等体态语言,但诵读主要是通过声音把感情传达给他人,手势、姿态等只不过是帮助表达感情的辅助性工具,因此,姿态动作不宜过多、过于夸张,更趋于自然地流露。

另外,在课堂教学中,教师需要把握以下几个方面:一是强化老师的美读,引导学生仿读。二是营造诵读的氛围,使用一定的辅助材料。如采用配乐诵读,旋律伴奏可融入审美主体的情感世界,再配上多媒体画面,可以启发学生的联想和想象,提高学生对握作品情感基调的把握。三是根据诵读者的爱好和实际水平,挑选合适的作品。四是鼓励学生主动参与、乐于探究、交流与合作。在诵读技巧的指导上,可以以游戏为主要形式,少一些枯燥的理论灌输,多一些学生参与活动。如通过玩"绕口令",提高诵读的发音质量;通过"唱音阶",进行共鸣训练;通过玩"说唱",提升吐字清晰度等。五是给予学生适当的诵读测评。

2. 课外活动形式的实践与探究

仅仅凭借课内的诵读指导训练和实践活动是远远不够的。所以在这门课程的延伸上,也可以尝试了多种多样的课外拓展实践。

学校可设立诵读团。诵读团属于学生社团,以学生兴趣为主。可鼓励全校师生参与。尤其是对于热爱且诵读基础较好的同学,可给予每周定期的教师指导和师生交流。诵读团的活动是丰富多彩的,除了学校的实践活动外,也可结合校外的各种实践活动来开展。

学校也可举行大型的美文诵读展示会。如我校的诵读会就是与学校每年举行的"校文化艺术节"活动相结合的。在活动期间,美文诵读会作为一项重要的艺术活动,在全校范围内开展,鼓励热爱诵读的学生积极参加,真正传递美文诵读的魅力。

三、"美文诵读"之评价体系

作为一门综合实践课程。其评价要尊重和保护学生的自主性和积极性,鼓励学生运用多种方法,从不同的角度进行探究。既要关注学生的参与兴趣和态度,也要多关注学生在活动中提出问题、探究问题以及展示学习活动成果的能力。尤其是对于学生有创作性、有可行性创意的展示方式,要给予充分的重视。

当然,除了教师的评价外,也要多让学生开展自我评价和相互评价[4]。

美文诵读课程具有实践性、探究性、开放性的特点,其评价体系应是多元的。我校在实践探究中,对于限制性任务的评价占30%,主要是通过测评卷(后附)进行。对于学生课堂表现、实践展示活动等的评价占70%,主要是通过等级量化的方式进行。

总而言之,综合实践活动课评价的最终目的还是为了激发学生的兴趣,深化学生的认识,培养学生的语言运用能力,提高学生的综合学习素养。

四、有关"美文诵读课"课程设置的可持续性发展问题

一是时间上的可持续性。目前,我校的美文诵读课程仅仅是以六年级的学生为主,所以,在时间上受到了一定的限制,想要推广到各个年级,还需要进行实践探索。

二是内容上的可持续性。经典并非一成不变,所以在美文的选诵上,不同人有不

同的理解和阐释。在今后的实践中还需不断修改、增删，以臻完善。

三是形式上的可持续性。以学校为主要阵地的美文诵读，在教学、展示、评价等各个环节上多多少少拘囿于学校的学科教学体系。因此在诵读形式上的拓展也存在较大的空间。

参考文献

[1] 陈少松.古诗词文吟诵.北京:社会科学文献出版社,2002.
[2] 《义务教育语文课程标准》(2011年版).
[3] 叶圣陶.叶圣陶语文教育论集.北京:人民教育出版社,1980.
[4] 邓凤.多维实践教学评价及考核体系的探讨.中国科技信息,2013(3)

初中作文仿写教学研究

王金荣

【摘要】 本文结合"二期课改"新教材的实施,依据教育学心理学原理,制定出了与"二期课改"新教材配套的、符合学生年龄特点和写作规律的、分阶段的一套整个初中阶段的仿写训练目标及训练序列。根据各阶段的训练序列及训练目标,将自主探究式教学应用于仿写课堂教学,教学效果明显。通过大量教学实践及科研评价与分析,发现研究成果使仿写训练具有了科学性、有序性。仿写训练使学生的写作能力在不知不觉中得到了明显的提高。

【关键词】 仿写教学;仿写训练序列;自主探究

"初中作文仿写教学研究"是桃李园实验学校"课程群"建设中的一个子课题,经过几年的探索和研究,我们基本完成了课题研究的目标和主要内容,达到了研究的预期效果。

一、课题简介

(一)研究背景

仿写就是模仿范文的立意、构思、布局、谋篇及表现手法进行作文训练的一种方法。

高尔基说:"对初学写作者,不读书,不模仿写什么,就很难有什么创造。"我国著名美学大师朱光潜也指出:"我们不必唱高调轻视模仿,古今大艺术家,据我所知,没有不经过一个模仿的阶段的。第一步模仿可得规模法度,第二步才能集合诸家的长处,加于变化,造成自家所特有的风格。"钱梦龙先生将写作比作习字,习字先要临帖,所以作文的起步是模仿,他主张在习作中先给定规格再逐渐脱格创造。仿写训练是一种传统的作文教学方式,是作文教学必不可少的环节,仿写降低了学生学习写作的难度,是创新的基础,没有模仿就没有创新。

在全面实施新课程、践行新理念、倡导新模式,大力推进课程改革、转变教学方式的现实背景下,仿写作文教学也应该打破传统教学模式进行改革。

仿写训练应该遵循科学性,按照写作规律,根据学生年龄以及身心和能力的发展特点,进行由低级到高级、由简单到复杂的循序渐进的训练。目前,仿写作文教学目标模糊,训练内容随意,没有整体的规划,普遍地存在无序性和随意性,费时低效,很少有考虑学生年龄及身心和能力发展特点的分阶段训练。

基于这种现状,我们申报了"初中作文仿写教学研究"这一研究课题。
(二) 课题研究的目标和主要内容
1. 研究目标:结合"二期课改"新教材的实施,依据教育学心理学原理,制定六年级到九年级的符合初中学生心理发展特点的仿写训练目标。通过大量教学实践,对每一阶段的训练目标提出具体的教学实施方案。
2. 研究内容:重点是研究初中各阶段的仿写训练目标怎样才能符合初中学生心理发展特点、怎样才能在仿写的基础上激发学生的创造性。
(1) 初中各阶段仿写训练目标的制定
(2) 初中各阶段的仿写训练目标的教学实施
(3) 初中仿写训练课堂教学研究
(4) 初中语文仿写训练教学的反思和展望

二、课题研究的实施过程

课题立项后,我们结合我校初中教学的实际,开展了一系列研究活动。
(一) 仿写训练目标及训练序列研究
按照写作规律,根据学生年龄以及身心和能力的发展特点,结合"二期课改"新教材及我们的教学实践,我们研究了分阶段的"二期课改"新教材。

1. 六年级仿写训练
(1) 仿写句子
学过《金黄的大斗笠》,让学生仿写排比句描写景物;学过《从百草园到三味书屋》后,用"不必说……也不必说……单是……"仿写一段话,准确运用动词、形容词来表达对校园生活的怀念;学过《口哨》,仿写"我的腿不能动,我的胳膊不敢动,我的脖子更动不得"和"我长时间地躺着,我无可奈何地躺着,我终日孤独地躺着"。
(2) 仿写科幻情境(联想与想象)
学过《童话般的太阳城》,让学生展开联想与想象仿写科幻情境,譬如:作文训练《太空旅行》,《二十年后的学校》等。
(3) 仿写拟人肖像
学过动物世界这个单元后,让学生仿写拟人以及肖像描写,写一个自己喜欢的小动物。
(4) 仿写心理活动
学完《窃读记》,仿写"窃读"的心理描写手法,训练学生能利用神情和动作来表现人物的内心感受。
(5) 仿写景物描写
学完《春》中"桃树、杏树、梨树,你不让我,我不让你,……像眼睛,像星星,还眨呀眨的"，学习从不同感官角度，如视觉、触觉、听觉等；按照一定顺序从高到低，从远到近等；虚实结合，动静结合，比喻拟人的方法仿写公园一角。

（6）仿写人物描写

学完《羚羊木雕》，学习仿写作者的人物描写，作者对文中六个人物进行了不同的生动细腻的描写，每个人物的特点都描写得十分传神逼真。

学完《"诺曼底"号遇难记》，学习仿写作者从语言、动作、外貌、环境等多种角度刻画人物形象的写作方法。

六年级是语言积累的阶段，只有结合课文和学生的实际进行仿写训练，才能让学生在作文中有"法"可依，有东西可写。这个阶段重点进行句子、片段、描写方法的仿写，目的是通过反复和循环的仿写训练培养学生良好的语言习惯。

2. 七年级仿写训练

（1）仿写对比手法

学完《表哥驾到》，仿写作者运用对比手法与夸张的个性化语言来表现人物。

（2）仿写烘托手法

学完《顶碗少年》及《滹沱河和我》后，仿写作者运用正面描写与侧面烘托相结合的写作方法。

（3）仿写开门见山的作文开头方法

学完《滹沱河和我》及《藕与莼菜》后，仿写作者开门见山的文章开头方法，作文训练《难忘故乡情》或《故乡的色彩》。

（4）仿写卒章显志（篇末点题）的结尾方法

学完《"两弹"元勋邓稼先》，仿写作者卒章显志（篇末点题）的结尾方法，作文训练《我喜欢的新闻标题》或《一则新闻给我的思考》。

（5）仿写记叙文"以小见大"的写作技巧

学完《走一步，再走一步》、《社戏》、《藕与莼菜》、《背影》及《七根火柴》后，仿写作者记叙文"以小见大"的写作技巧，作文训练《那一次，我真_____》。

（6）仿写"欲扬先抑"的写作方法

学完《白洋潮》，仿写作者"欲扬先抑"的写作方法，作文训练《风雨中，我理解了父亲》。这篇课文也可仿写正面描写与侧面烘托相结合的景物描写方法。

（7）仿写联想与想象

学完《山中访友》、《溪水》，仿写作者比喻、拟人的丰富想象，使景物栩栩如生，灵气飞扬。

（8）仿写插叙笔法

学完《爸爸的花儿落了》，仿写作者插叙笔法，别致生动的插叙使文章显得波澜起伏，跌宕有致。仿写设计：改造自己所写的一篇作文，运用上插叙，体会行文的变化。

七年级的仿写训练由六年级的句子、片段、描写方法的仿写转为写作方法、写作技巧的仿写,显然是提高了一步。

3. 八年级仿写训练

(1) 仿写抓住人物的性格特征进行肖像、语言、行动描写

学完《小巷深处》、《芦花荡》,仿写作者抓住人物的性格特征进行肖像、语言、行动、心理描写,使人物的形象更生动、更丰满。作文训练:自拟题目,说说发生在你和母亲(或父亲、祖父母、外祖父母)之间的感人故事。

(2) 仿写通过心理描写、动作描写表现人物性格特征。

学完《我不是懦夫》,仿写作者通过心理描写、动作描写表现人物性格特征。

(3) 仿写插叙笔法

学完《生命之线》,仿写作者插叙笔法,别致生动的插叙使文章显得波澜起伏,跌宕有致。仿写设计:改造自己所写的一篇作文,运用上插叙,体会行文的变化。

(4) 仿写"托物言志"的写作手法

学完《石缝间的生命》、《麻雀》,仿写作者"托物言志"的写作手法,作文训练《绿叶赞》。

(5) 仿写对比、拟人、排比的修辞手法

学完《罗布泊,消逝的仙湖》,仿写作者对比、拟人、排比的修辞手法,感受形象性。

(6) 仿写记叙文"以小见大"的写作技巧

学完《最后一课》,仿写作者记叙文"以小见大"的写作技巧,作文训练:"世事洞明皆学问,人情练达即文章",莫·亨特能够从儿时的小事中,感悟出人生的哲理,善于感悟,人就会聪明起来。请以"那件事告诉了我"为题写一篇文章。

(7) 仿写夹叙夹议、叙议结合的写作方法

学完《五月卅一日急雨中》、《夏衍的魅力》,仿写作者夹叙夹议、叙议结合的写作方法。

(8) 仿写围绕主题选择材料

学完《忆冼星海》,仿写作者围绕主题选择材料,作文训练《心事》或《精彩_____》。

八年级仿写训练与六、七年级有相似的地方,但是循环式上升的训练。

4. 九年级仿写训练

(1) 仿写总分式结构说明文

学完《苏州园林》,仿写作者总分式结构说明文。

(2) 仿写细节描写

学完《西花厅的海棠花又开了》、《孔乙己》、《遥远的记忆》,仿写作者用细节表现人物的写作方法。作文训练《难忘一刻》。

（3）仿写"欧亨利"式的结尾

学完《贤人的礼物》，仿写作者"欧亨利"式的结尾——结局出人意料，却又在意料之中。

（4）仿写叙述、写景、议论、抒情相结合的写作方法

学完《故乡》、《"两弹元勋"邓稼先》，仿写作者叙述、写景、议论、抒情相结合的写作方法。

（5）仿写动静结合、托物言志、正面描写和侧面描写相结合的表现方法。

学完《清塘荷韵》，仿写作者动静结合、托物言志、正面描写和侧面描写相结合的表现方法。

（6）仿写景、情、理融于一体的表现方法

学完《沙原隐泉》，仿写作者景、情、理融于一体的表现方法。

九年级的仿写训练是综合性的。

从上面的安排可以看出，我们规划的整个初中阶段的仿写训练是从简单到复杂，由低级到高级，从语言训练到段落描写，从文章立意到篇章结构，再到写作技巧的循环上升式的分阶段的有序的训练。我们紧密结合了"二期课改"的新教材，既考虑到了学生的年龄特点，又考虑到了写作的规律，使学生作文有"法"可依，有东西可写，降低了写作的难度，不知不觉中，学生的写作能力达到了质的飞跃。

（二）仿写训练课堂教学研究

仿写课堂教学不能仅仅是给学生出个训练题目让他们自己写就行了，通过教学实践研究发现，将自主探究式教学应用于仿写课堂教学效果是极其明显的。"自主、合作、探究"的学习方式充分调动了学生的学习兴趣，使每一个学生的主动意识得以长久地保持。仿写训练课堂让学生自主探索被仿写课文的特点，讨论总结规律，合作探究训练题目的亮点，最后写作一气呵成，整个课堂有读、有听、有说、有写，学生的听说读写的能力得到了全方位的训练。

三、课题研究的创新点

（一）我们制定出了与"二期课改"新教材配套的、符合学生年龄特点和写作规律的、分阶段的一套整个初中阶段的仿写训练目标及训练序列。

（二）将自主探究式教学应用于仿写课堂教学，提高了仿写训练的效率。

四、课题研究成果评价与分析

（一）采用调查法，通过向语文教师、学生发放问卷，组织座谈等方式全面系统地调查初中各阶段的仿写训练目标及训练序列的实施效果，了解将自主探究式教学应用于仿写课堂的教学效果。结果表明，仿写序列训练效果明显，学生觉得作文不再难写，

教师觉得作文不再难教，一篇篇优秀的作文不断涌现。

（二）采用案例分析法，对某个具体的仿写训练目标的教学实施方案通过组织教师听课、课后评课等方式进行分析、评估，听课教师一致认为将自主探究式教学应用于仿写课堂教学效果好，能充分调动了学生的学习兴趣，课堂上学生的听说读写能力得到了全方位的训练。

（三）定期召开经验交流会，邀请同行教师及专家参与指导，课题研究成果得到了同行教师及专家的肯定。

五、初中语文仿写训练教学研究的反思和展望

（一）初中各阶段的仿写训练目标及训练序列虽然考虑了学生的年龄特点，具有科学性和系统性，但还需要同行老师一起努力，在教学实践中进一步的完善提高。

（二）对于仿写训练序列中每一个具体的课堂训练，怎样组织才能达到最佳的效果，也是一个很大的研究课题，需要广大教师积极参与进一步研究。

（三）总之，写作能力的提高是一个循序渐进、长期训练的过程。语文课本给我们提供了例子，借鉴仿写是提高写作水平的一条捷径。我们的研究成果使仿写训练具有了科学性、有序性，让学生的写作能力在不知不觉中得到了明显的提高。但该课题需要深入研究的地方还很多，我们课题组成员会与广大教师一起不断地努力探索、总结，在实践中反思，在反思中完善。

参考文献

[1] 张定远.作文教学论集.序言.天津:新蕾出版社,1982.
[2] 王筱云,韦风娟,等.中国古典文学名著分类集 2 文论卷 1.天津:百花文艺出版社,1994:157-160.
[3] 朱光潜.谈文学仁.合肥:安徽教育出版社,2006:144.
[4] 岳海翔,詹红旗,赵同勤.名家谈怎样写文章.北京:中国言实出版社,2009:27.
[5] 龙湘玲.作文教学中的模仿指导.湖北教育,2000(5):30.
[6] 叶圣陶.叶圣陶语文教育论集.北京:教育科学出版社,1980:152.
[7] 钱梦龙.我和语文导读法.北京:人民教育出版社,2005:303-319.

语文自主学习式预习方法探究

朱莉莉

【摘要】 本文针对语文自主学习和预习的现状了,本着发展学生,以学生为主体的原则,提高学生自主学习能力为目标,以初中教材为载体,结合初中生的身心特点和认知水平,通过大量的活动实践,提出了有目标、有方法的语文自主式预习法。

【关键词】 语文;预习;自主学习

一、语文学习现状分析

语文新课程所倡导的自主学习对教育变革及学生个体成长都有重要的作用。培养学生自主学习的习惯,为个体继续学习和终身学习奠定坚实的基础,其社会意义是十分深远的。目前,自主学习已经被广大教师看成是一种重要的学习方式。自主学习是相对于被动学习而言的,但是客观地从目前的语文学习状况来看,大部分学生语文学习动机的功利性太强,学生缺乏自主学习方法,自主学习能力相当薄弱,仍然是被动式的学习,依旧停留在课堂上老师讲什么就听什么的阶段,传统的以教师为中心的讲授式教学仍然根深蒂固,十分盛行。虽然教师教得很累,学生也学得很苦,但是没有改变语文课堂教学整体效率低下的状况,学生自主学习并未得到真正的落实。

从预习角度而言,很多语文教师都要求学生进行课前预习,但是怎么预习,并没有给出指导,也没有一个合理的反馈和评价,学生很盲目,效果也就差强人意。这样老师安排的预习只是停留在形式上,毫无意义。

从学生的角度,学生作为学习的主体,预习意识不强,缺乏积极性和主动性,再加上老师没有提供相应的指导方法,即使预习了,也只是照搬市面上的参考书,忘记了预习的初衷,没有实现真正独立思考、自主探索。

语文学习培养目的在于引导学生独立面对文章,独立思考问题。所以,作为语文学习重要组成部分——预习,就要启发学生真正地深入到文章当中,而不是停留在表面形式,应该要成为课堂学习的一个"伏笔",与课堂教学形成一个和谐共振的效果。苏霍姆林斯基说:"只有能够激发学生自己去进行自我教育的教育,才是真正的教育。"因此,结合自主学习和语文预习的现状,本文提出自主学习式预习的语文学习方法。

二、关于自主学习式预习

所谓"预习",在《现代汉语词典》中的解释就是:学生预先自学将要听讲的功课。而自主学习式预习,则是一种学生在教师的指导下,根据自身条件和需要,自由地选择预习目标、预习内容、预习方法,并通过自我调控的预习活动完成具体预习目标的学习模式,也是提高学生独立阅读和自我思考能力的一种学习方式。自主学习式预习已经在这一词条中写得清清楚楚。

布鲁纳认为,知识的学习包括三种几乎同时发生的过程,即新知识的获得、旧知识的改造、检查知识是否恰当。新知识的获得是一种主动的、积极的认知过程。这种认知过程以已有的有关知识和经验所构成的认知结构为基础,或者接受比以前更精练的知识,或者接受与以前的认识相反的知识。自主学习式预习就是这样一个认知过程。它既可以发生在课堂之上,也可以进行于课堂之外,既可以面向个人,也可以面向小组。自主学习式预习,是培养学生独立思考和自主探索的重要手段。

三、自主学习式预习能力培养的目的

1. 激发学生的学习动力和兴趣

"我都讲了好几遍了,你们怎么还是记不住?我反复强调了多次,怎么考试时还是犯同样的错?"这是教师们经常会说的一句话,学生学习那么多知识为什么很快就被遗忘了?这是由于它与学习者的"自我体验"无关,与体验无关的知识便无意义。从心理学的角度来看,知识对学生是否具有个人意义,是知识能否长效的决定因素。孟子说:"求则得之,舍则失之,是求有益于得也,求在我者也。"治学需要调动学习者的内部动机,让学生通过自己的积极努力去体验、获得。自主学习式预习就是调动学生内部学习动机,让学生把自己置于主人的地位上去学习,让学生自主地去体验学习。教师要放手给学生必要的个人空间,为学生的发现、探索和创造,提供更多的机会,特别是为不同个性特点的学生提供必要的发展空间。这种积极性一旦被调动起来,学生将主动参与到学习活动中去,学习也将是高效的。因此,自主学习式预习可以改变以往那种被动的消极的听课方式,化被动为主动,提高学生的学习兴趣,转变学习态度。

2. 培养学生的思辨能力

皮亚杰的认知发展理论指出:儿童自我发现的东西才能积极地被同化,进而产生深刻的理解,教师要根据儿童的认知发展水平来创设适当的教学情境,给予儿童自我探索,自我发现的机会,使儿童通过积极的同化和顺应,获取对外界事物的认识。思辨能力就是学生在自我思考,自我探索的过程中形成的思考辨析能力。所谓思考指的是分析、推理、判断等思维活动;所谓辨析指的是对事物的情况、类别、事理等的辨别分析。而自主学习式预习就需要学生以分析、推理的思维为导向,根据相应的方法去学习,对文本进行质疑、思考、探索、发现。最终通过实践操作解决问题,这就是一个自我发现和自我探索的过程。没有了老师的介入,学生需要自己开动脑筋去认识文章,然后在课堂上与大家分享心得见解,一旦发现他人与自己看法有不同之处后,就立即通过讨论甚至是争论来确定谁的观点更为准确,这就存在一个思辨的过程。因此,自主学习式预习可以让学生去自我发现自我探索,进而培养思辨的能力。

3. 利于教师把握重点对症下药

从学生个体上来说,通过自主学习式预习,教师可以发掘出学生的理解能力,表述能力或者总结概括的能力的差别,这样学生在语文学习中的长处和短处就会比较明显的显现出来。然后教师可以有针对性地对待不同特性的学生,施以个性化的引导,使他们能够扬长避短,避免出现"木桶理论"中的短板。通过自主学习式预习,有利于教师因材施教,使得学生能够充分发挥出自己的优势,有效及时地弥补自己的不足。

正所谓"一千个读者,就有一千个哈姆雷特",学生通过自主学习式预习后,他们对待同一篇文章也会有不同的认识,不同的理解。教师通过预习后汇报的方式,收集学生对预习文章的掌握情况以及他们在预习过程中遇到的瓶颈,单个的学生发现的问题可能不够全面,但是全班同学的汇报基本上可以覆盖到一篇文章中存在所有重难点,这些点可能还是教师没有意识到的,或者说片面地认为是学生很容易掌握的,但是经过学生的预习汇报之后才能知道学生理解课文的瓶颈所在。这种自主学习式预习之后汇报的方式,可以让教师对学生理解课文的程度有一个了解,利于接下来课堂教学的开展,使得课堂教学游刃有余。

4. 利于学生的自主学习能力的养成

学校里教师能教给学生的知识量是有限的,大量的新知识仍靠学生在以后的学习中不断地去探索。自主学习式预习时,学生会努力分析所发现的问题,运用曾学过的旧知识来解决新问题,这个过程正是在锻炼学生自主学习、提出问题和分析问题的能力,最终找到解决问题的方法。久而久之,学生的自学能力将逐步提高。因此,自主学习式预习培养学生的自学能力,具有十分重要的意义。

学生会通过自主学习式预习,形成自己对文章的一个认识和理解,一旦课堂上老师表述的文章意思与他们自己的理解"不谋而合",那无疑会激励学生的自主学习主动性和积极性,也增强了学生的自信心。自主学习式预习是学生从听课学习到自主学习的一个过渡。教育不仅是教给学生知识,更重要的是培养学习的能力,尤其是自主学习的能力,让学生能够善学、乐学,并成为一个终生学习,可持续发展的社会栋梁。因此,培养学生的自主学习式预习习惯是为了最终实现学生自主学习。

可以说自主学习式预习不仅能激活、诱导出学生学习的积极性,还能养成良好的学习态度和思考习惯,开发出学生的潜能,是培养学生自主学习能力的重要途径。

四、自主学习式预习的几种方法

1. 收集资料式预习

这种预习方法主要是指学生自主地通过搜索跟文本相关的信息从而更好地解读文本。首先,要指导学生明确要查找的内容,使之能够搜集到有用的信息;其次,要加强方法指导,使学生能够快速便捷的搜集到所需要的信息。另外,对于查到的资料,尤其是人物和作品背景等资料,不要一股脑全部搜集下来,要让学生学会对资料进行整理和加工,筛选出和课文关系密切,能帮助自己理解课文的"精品资料"。挑选、系统整理和分析事实的技能,也是在很大程度上决定能否顺利掌握知识的十分重要的技能之一[1]。对于搜集的资料还要多读几遍,鼓励学生内化成自己的语言进行交流。这样一来,拓宽了学生的视野,为深入解读文本搭建平台。结合注释或利用工具书扫清字词障碍也是收集资料的一种形式。初中的学生特别是对六年级学生来说,这利于增加对字词的积累,同时还可以培养学生养成自觉使用工具书的习惯。

比如预习牛汉的《滹沱河和我》这篇文章时,其中的一些生词需要同学们利用工具书加以查找,并理解其意思,比如:拽、匣、赫然、喘、噬、橡等。《永远执著的美丽》中的四字词语较多,这对学生的词语积累有很大帮助:功勋卓著、风华正茂、双眼灼灼、神采焕发、不解之缘、郁郁葱葱、义无反顾、坚忍不拔、闪烁翱翔、风尘仆仆、不善言辞等等,这些词语的积累对学生的语言表达上以及写作积累都可以起到借鉴的作用。再例如教授《天时不如地利》这篇文章之前,可要求同学们去查阅孟子的简介以及写这篇文章的原因。同学们会查阅到很多,也很杂,这就要求学生在选择信息的时候要有针对性(同文本相关),有的学生找到了像"孟子的名,字,是战国时期儒家代表人物,和他的弟子著有《孟子》一书"、"孟子提倡仁政的政治思想,反对非正义战争"、"孟子主张性善论的哲学思想"、"孟子认为民为贵,社稷次之,君为轻,重视民本思想"等资料。在新授课的时候加以补充,学生就对孟子的形象以及思想有了更深刻的感受。这个过程其实就对学生筛选信息,分析信息,归纳信息的能力进行了锻炼。

2. 编写提纲式预习

提纲预习法,就是通过预习,在已经对文章内容有所了解的情况下,学生把所学的内容列成不同形式的提纲、提炼概括为有逻辑联系的纲要结构,它不是把全文的所有内容记出来,而是只把那些主要内容,提纲挈领式地写出来,使之脉络清晰,层次分明。列提纲是读者对文本写作思路、顺序一个框架的概括,因此编写提纲既要完整,又不能过于繁琐;既要简洁,又要达到作者写作目的。这是从宏观的角度对文章内容和结构上的把握。

例如预习《中国石拱桥》这一文,文章首先介绍了石拱桥的形状,再写了石拱桥的特征,接着介绍中国石拱桥的特点,紧接着以中国石拱桥中最典型的赵州桥和卢沟桥为例说明中国石拱桥的特点,然后介绍了中国石拱桥取得成就的原因,最后写中国石拱桥的发展。部分学生是如此通过表示时间性的词语用文字式的提纲列出来,看起来有些许繁琐,但是学生起初能做到这样已经不错,教师要进行鼓励,然后提醒是否能够更直观一点;接着学生就开始第二次操作,则相对简洁:石拱桥——中国石拱桥——以赵州桥和卢沟桥为代表的中国石拱桥——中国石拱桥取得辉煌成就的原因——中国石拱桥的新发展;简洁做到了,此时教师可再次点播学生在已编的图表中体现文章的结构大纲,最终形成:

中国石拱桥 { 总说:石拱桥特征 历史悠久、形式优美、结构坚固
分说:中国石拱桥 { 赵州桥 卢沟桥 } →分析成就的原因→中国石拱桥的新发展

编写提纲式的预习,有利于学生对文章总体的把握,一旦这个能力培养起来对学生写作上的谋篇布局会有积极的影响。

3. 问题反馈式预习

借助课后练习、本校的校本作业等训练材料进行练习,检测自己的掌握情况,及时反馈,再回读课文,深入理解。实在解决不了的,留待课堂上重点探讨,反馈问题,加强落实。

学生自测时,普遍感觉字词容易,很有成就感。但是遇到有些难度的阅读题就有点不敢下笔,原因是课文还没有完全读懂。如《羚羊木雕》,课后练习上出了这样一题:你怎样理解"我做了一件多么不光彩的事呀!"中的"不光彩"?学生被难住了,带着这个问题学生又开始再读课文,并查阅了"不光彩"的意思,大体上弄懂了这句话的意思,随后,学生又带着问题走进课堂,专注地参与讨论学习,终于在教师的引导下完全理解了。杜威认为,好的教学必须能唤起儿童的思维。所谓思维,就是明智的学习方法,或者说,教学过程中明智的经验方法。在他看来,如果没有思维,那就不可能产生有意义的经验。因此,学校必须要提供可以引起思维的经验的情境[2]。本校的校本作业偏重基础和理解,当中有一道题:请问文中"我"是不是真的"没有理由了"?有的学生思维就比较混乱,无从下手,此时教师就可以顺势剖析,点拨学生思考,指导学生去文中寻找"我的理由"是什么,"我"有理由为什么现在又没有理由了,学生通过如此点拨立马就找到了思路。可见,预习自测对学生有很大的自我督促作用。

4. 提出质疑式预习

质疑内容可以针对某个字词、句子、某段话,也可以从整篇文章出发,对谋篇和主题发问,还可以对写作方法发问等。找出无法解决的问题,对文章提出疑问。这一步骤对学生的要求比较高,是对文章纵向的一个剖析。在教学过程中,学生是一个积极的探究者。教师的作用是要形成一种学生能够独立探究的情境,而不是提供现成的知识。我们教一门学科,不是要建造一个活着的小型藏书室,而是要让学生自己去思考,

参与知识获得的过程。"认识是一个过程，而不是一种产品"。可见，学习的主要目的不是要记住教师和教科书上所讲的内容，而是要学生参与建立该学科的知识体系的过程[3]。所以，在教导的初期，教师可以进行示范，给学生模仿。操作时可以就文章标题、写法、构思、语言和意义等方面进行质疑，给学生提供一个思考的方向。整个质疑的过程可以是学生独立完成，也可生生合作完成。把自己质疑的问题写在预习纸上并用"？"表示出来，如果有自己的见解可以用不同颜色的笔写下自己的见解，然后在班中交流。一个班级几十个学生，每个学生的认知程度是不同的，刚开始有的学生不知道如何提问，那么教师就可以设置一些思考题，供学生参考。慢慢地学生就以此为例进行思考从而学会发问。比如：预习《为学》这篇古文的时候，学生提出了一个问题：从全文来看，作者是肯定贫僧的这种立志而为的做法的，但为什么在最后又说"人之立志顾不如蜀鄙之僧哉"？这句话的译文是："人立志求学还不如蜀国边境的穷和尚吗？"，"不如"就是比不上的意思，该生认为这句话有对贫僧的鄙视之嫌。此时就可以指导学生通过查字典，就会发现"如"还有"如同""好像"的意思，如此一来"顾不如"就理解为"还不像"，"还不如同"，整句话的意思就变成"一个人立志求学的道理，难道还不是如同四川边境的穷和尚的故事所表明的道理一样吗？"。这样一来句子顺了，也没有了教参翻译时候的歧义。学生能发现有价值的问题并产生质疑，同时还能通过自己能力去解决问题，那么学生的本身就会有成就感，她就更加喜爱去质疑发问，那么学生的学习热情也就高涨了。

5. 分组式预习

分组式预习是指学生个体已经对文本进行阅读之后，在教师的引导下，主动地、自由地、创造性地一小组为单位开展探究活动，可以发生于课堂之上也可以行于课堂之外。首先教师要提出自主式预习的目标问题，让学生带着问题去预习；在此基础上学生会发现和形成新的问题，并找出解决问题方式方法；然后由学生根据自己的预习体验围绕问题自主进行讨论、研究、交流、质疑、辩论，教师进行必要的点拨，每个组员表达了自己的想法后，可能有不一致之处，这就需要讨论，攻克难点，形成解决方案。如果发生于课堂之上教师必须对各个小组的合作预习进行现场的观察和介入，为他们提供及时有效的指导。比如在小组活动开展得非常顺利时，教师应该给予及时的表扬；当学生对小组任务不清楚时，教师要有耐心，向学生反复说明任务、内容及操作程序；小组活动偏离主题时，教师应及时发现，及时制止；当小组在讨论中遇到困难时，教师应提供及时的点拨，使小组讨论顺利开展。课堂上由于预习资料和工具的局限性，根据学生现有的认知水平，有些问题是无法解决的，为了让学生有一个更好地自主式预习的体验过程，可将课上收集起来的问题待到课外去解决，搜集好信息之后再回到小组中进行讨论，解疑。比如预习《我的叔叔于勒》这篇小说的时候教师可以布置目标：菲利普夫妇是转变对于勒的态度是什么导致的？学生通过小组合作，估计学生第一遍读完还不理解为什么菲利普夫妇对于勒的态度转变得如此之快,本身有一定知识储备并且理解能力不错的学生会说是于勒没钱了、菲利普夫妇贪财。学生只停留在对菲利普夫妇道德的谴责上,甚至学生考虑到这里就不再进行思考了。这是教师就需要点评,其实想进一步了解,就需要学生去了解当时作者的写作背景。可是课堂上学生获取信息的来源是有限的,这就需要学生在课外去寻找资料,最后回到小组中再次讨论。这样经过小组课内式预习——课外查阅——小组课外式预习——解决问题。在这种讨论、查阅、再讨论的过程中,其实就是学生对文本深入理解的过程,在这个过程中,学生的表达能力、思辨能力、语言组织能力、归纳能力都得到了相应的提升,这是促进学生发展的重要手段。

参考文献

[1] 苏霍姆林斯基. 给教师的建议. 北京:北京科学出版社,2013.

[2] 诸惠芳. 外国教育史纲要. 北京:人民教育出版社,2003.

[3] J.S.布鲁纳. 教育过程. 邵瑞珍,译. 北京:文化教育出版社,1982.

浅谈随笔在阅读教学中的运用

黄 娟

【摘要】 写随笔是一种释放,是作者的思想、情感、智慧的输出。随笔能够满足人们的表现欲望,能让人们说出自己的心里话和真实感受,且能不断地总结、鼓励和启发自己,激发学习语文的欲望和兴趣,从而培养阅读技能、提高写作水平,进而提升思想认识。

【关键词】 随笔;激发兴趣;培养阅读技能;提高写作水平

说到语文阅读教学,向来仁者见仁,智者见智,我以为,只有先激发学生的阅读兴趣,发挥其主体性,才能切实提高阅读技能,而在阅读教学中引导学生写随笔正是发挥学生学习主体性的重要策略之一。

一、对随笔的认识

(1)随笔有种种,这里我要谈的是和阅读紧密联系在一起的,类似于读书笔记。中国人读书,向来注重一"悟"字,有所悟,便要记下,所以自古以来,人们把读书笔记看得很重;随笔的写作可以很好地带动阅读,提高学生的阅读技能。

(2)写随笔是一种释放,是作者的思想、情感、智慧的输出。通俗地说,随笔能够满足人们的表现欲望。就目前来看,决定语文学习水平高低的主要因素不是教师的"教",而是学生的学习兴趣,而随笔能让学生说出自己的心里话,写出自己的真实感受,且能不断地总结、鼓励和启发自己,就比较容易激发学生学习语文的欲望和兴趣。我将随笔的写作在阅读教学中施行一段日子后,很多同学发出了这样的感慨:"写一写,便理出了很多阅读中的困惑,急于带着这些困惑到课堂上寻求解答。"也有这样的感悟:"几堂课下来,静心写一点,理出些头绪,再结合生活观察,颇有心得。"这样一来,学生学习语文的兴趣和主动性被激发出来了,语文学习的水平自然也提高了。

(3)当然,写和读往往是互动的,写作带动了阅读,同样,阅读水平的提高无疑也提升了写作技能。"阅读好比采花粉,写作有如蜂酿蜜。"这个比喻生动地说明了阅读和写作的关系。阅读是语言材料的吸收,写作是语言材料的运用。要吸收得好,对于读物要理解深透;要运用得好,先要吸收得好,吸收的丰富多彩了,在运用中才能更好地发挥。而随笔也正是提高写作水平的必然途径。罗伯特埃文斯认定,只要孩子们把写作看成是一种"自我放纵",不受什么条条框框的限制,看到什么就如实地写什么,就会熟练地掌握写作技巧。同时，由于教科书上所选的文章很多具有较高的思想性，学生在结合文章写随笔时，也提升了自己的思想认识。例如，在《尊严》一文的教学中，很多同学正是认真写了分析人物的随笔，才真正认识到了文章的主旨所在，也对尊严二字有了更深的理解，这种理解和感悟是需要通过静心品读文章，细致入微的分析，冷静独立的思考后才能产生的，而这些仅靠四十五分钟的课堂教学是很难做到的。

二、对阅读教学的认识

（1）阅读是以文字材料为对象的特殊认识活动，是学习主体主动认识世界的一种实践活动。《课标》提出："阅读是搜集处理信息、认识世界、发展思维、获得审美体验的重要途径。阅读教学是学生、教师、教科书编者、文本之间的多重对话，是思想碰撞和心灵交流的动态过程。"因此决不能用教师的阅读实践来代替学生的阅读实践，而应在阅读教学中注重指导学生进行阅读，培养学生的阅读技能。应该让学生真正读进文本里头，真正地凭借自己的生活体验和原有知识与课文对话，建构课文的意义。

（2）阅读技能是指学生在阅读课文以及大量的课外阅读中能迅速准确地发现关键信息，成功地进行筛选和摄取；文章的主旨诸如写作思路及表达方式等。同时在此基础上向课外延伸、迁移，以进一步开阔视野，培养创造能力。社会生活是复杂的，主体对客体的认识，包括对课文的认识，往往是多方面多维度的，所以在"发现"之后，重要的不是得出统一的结论，而在于多角度地拓展，形成各自对作者的创作意图和思想感情的阐释，对作品的价值的评价以及对作品的鉴赏，既学会独立思考，又学会尊重和宽容彼此的差异，寻求互补与和谐。例如在《孔乙己》的阅读中，我们首先是要对孔乙己这个形象进行分析，提炼文章的主旨所在，理出文章的思路。如作者对酒客的对话和"笑"的安排，对孔乙己的描写都需要分析，在此基础上，结合教师提供的相关材料，并联系当时的社会实际，进一步探讨作者的写作意图和作品价值，得出的结论就有这一些：作品批判的是封建科举制度；孔乙己身上封建文人的劣根性；"看客"的麻木冷漠以及对现实社会所具有深深的批判作用。这样多元化的结论正体现了学生阅读技能的提高和成熟。

（3）教与学是相辅相成的。教学的安排一定要从学生实际出发，多了解学生的想法和认识，对教师的备课、上课是很有帮助的。因此，在阅读教学之前，试着先让学生自己去理解课文，而教师通过反馈，在备课时把学生掌握的情况凸显出来，然后施教，才能最大限度地保护学生阅读的主动性和积极性。

三、随笔训练是阅读教学的重要策略之一

（1）我们首先将阅读教学中的随笔写作分成课前和课后随笔。课前随笔与预习相结合，主要由学生试着理解文章的主旨，思路及语言表达方式，提出看法和疑问；而

课后随笔则侧重进一步探析作者的创作意图，联系实际谈感想，探讨作品的价值及学习的收获等。

（2）课前随笔。叶圣陶先生说过："国文教学中排列着一篇篇的文章，使学生试着去理解它们，理解不了的，由教师给予帮助。"所以，课前随笔重在让学生试着理解文章。这本身就是学生对所学知识的鲜活而真实的反馈，因为这个过程排除了他人发言的干扰和辅助，完全是学生独立完成的。就阅读和写作的关系而言，其优势也是显而易见的：不仅强化了、促进了学生对课文的理解，更促使学生主动地、深入地去钻研课文。比如学议论文就要找中心论点，学说明文就要找说明对象及其特征，而阅读散文要发现作者的思想感情，阅读小说要把握人物的性格和命运，并且在此基础上理出文章的思路，这些用随笔的形式写出，比之课堂上的问答，可以体现书面语的完整和条理井然，同时也使学生掌握情况及存在问题一目了然。例如《范进中举》的课前随笔中，学生对范进及胡屠户的人物形象的分析，能结合文中语言都做得比较到位，同时也揭示了作品的主旨，即抨击封建科举制度对文人精神上的扭曲。这样，学生的随笔正体现了对学生阅读技能的训练。

（3）课后随笔。课后随笔使学生在学习课文的基础上向课外延伸迁移，以进一步开阔视野，培养创造能力。例如在学完《我的叔叔于勒》之后，有的同学结合现实社会中的假丑恶现象谈作品的现实意义，正是一种迁移和开拓；有些同学则为《我的叔叔于勒》写续，实际上是在用续写的方式领会作者的创作意图及其作品的构思和语言上的特点，这些对培养学生的创造能力都是很有帮助的，同时，从学生的随笔中亦可看出教师在教学中的效果如何，以利教学的反思和改进。

（4）不管是课前随笔还是课后随笔，都体现了学生在阅读教学中的主体性，都依据学生培养具备高度的阅读技能的各个内容出发，同时也体现了灵活、自由、易操作性，且行之有效，又因为随笔本来就是学生的一种思想感情的释放，这样就在阅读教学中打开了学生的思路，激发其阅读的兴趣。在我施行随笔写作一段日子后，学生渐渐开始努力地将自己的想法表达出来，也渐渐习惯于在课堂上讨论自己关注的问题。

四、教师的指导

（1）倡导真实的写作。阅读完一篇文章，学生总会有许多自己独特的见解，而且也有欲望将它们表达出来，这些见解虽然可能略显稚嫩和偏颇，但在经过课堂的讨论和教师的指导之后，学生又会有很多新的思考，而写自己的想法更有一吐为快之感。例如学完《一条丝裙的故事》之后，有些同学改变了对那位丈夫原先的看法，认为他的大男子主义也出于无奈，"养家的男人真辛苦"，况且生活并不总是美满和浪漫，难免磕碰和乏味。这样的认识是很独到见微的，这也是在倡导"真实"之中学生有话敢说，有话能说的体现。

（2）用真情写评语。学生是很在意教师的评语的，评语对学生的随笔有导向作用，既可以回答一些学生在阅读中提出的疑惑，又可以和他们讨论阅读教学中出现的问题，成为除课堂之外又一处供师生交流的平台。我在给学生的随笔写评语时，一般对写法的评说不多，主要是针对学生的想法，提出自己的见解。首先是试着去理解学生，与学生同欢乐、共忧愁。其次是实践自己的思想，尊重并不意味不讲自己的思想，平等地提出自己的思想，正是"真情"的体现。

（3）精心安排随笔欣赏。整理一些比较优秀的随笔在课上交流，或贴在墙报上，其中尤其珍视那些写作能力不强的同学随笔中的亮点，使他们有成就感，也促使他们对随笔投入更大的兴趣。

苏霍姆林斯基说："所谓智力方面的工作都要依赖于兴趣。"而随笔的写作正是激发学生语文学习的积极性、充分尊重学生的主体性、提高学生阅读兴趣和阅读技能的行之有效的方法。

参考文献

[1] 罗大同. 读写结合是语文教学的一条规律. 黄石师院学报（哲学社会科学版），1982(2).
[2] 陈国庆. 浅议语文阅读教学的读写训练. 育星教育网，2007-2-4.
[3] 朱成贵. 怎样把阅读教学与写作教学有机结合起来. 育星教育网，2007-9-24.

英语"快速阅读"初探

王 静

【摘要】 阅读是英语作为第二种语言或外语学习中四大重要的技巧之一,尤其是快速阅读,它是学生需要养成独立和自我直接阅读的技巧。伴随着信息时代的到来,英语资料也逐渐从纸质材料转变成电子材料。因此,为了每天能够获得尽可能多的信息,加快学生的阅读速度也变得越来越重要。这样一来,养成一个好的阅读习惯对学生来说是必需的。学生能够对不同的阅读材料采用不同的阅读技巧,也将有助于他们更加有效地进行阅读。一旦学生避免了阅读中的不良习惯,获得阅读中的重要技巧,学生们将发现这些技巧的奇特作用。在这个各类信息快速发展经济的时代,为了能够获得越来越多的知识,对学生来说有效地掌握它们并消化它们是必需的。本篇文章将介绍快速阅读的重要性,然后从四方面讨论阅读中的不良习惯。最后,这篇文章将讨论阅读技巧及其在教学中的应用。

【关键词】 快速阅读;常见错误;技巧和方法;具体应用

阅读教学在我国外语教学中历来受到重视。阅读是我国学生接触外语信息、参加外语实践的重要途径。今天的信息时代,更需要人们广泛、有效地阅读,从而也对阅读能力的培养提出了更高的要求。

一、"快速阅读"及其必要性

英语阅读是一个复杂的心理过程。阅读理解的过程是眼睛从语言文字获得视觉信息的过程和大脑处理视觉信息并达到辨认和理解的过程,阅读的速度就是理解的速度[1]。按照交际语言学的观点,阅读是作者与读者之间的交际。因此,提高阅读能力是培养语言交际能力的重要方式。而培养交际性阅读能力须经过交际性的阅读训练,仅靠传统的课文精读教材不行。中国教育学会外语教学研究会曾提出:中学生至少应达到40万词的阅读量。要弥补这方面的不足,唯一的方法就是补充阅读教材——阅读各类书报、杂志,各种同步读物以及各种原文英语短篇读物。但增加了阅读量后,为了不产生与其他课程争时间的矛盾,为了不加重学生的负担,这就要求教师指导学生运用正确的阅读方法,提高单位时间的阅读效率——抓好快速阅读。所谓"快速阅读"顾名思义是一种通过适当训练,提高学生阅读速度的方法。当然,阅读速度的提高有一个循序渐进的过程。这种专门的阅读训练,适用于泛读,可在高中阶段进行。它要求学生在单位时间内,运用阅读的技巧通读外语材料,并要求对文章的理解程度不低于70%~80%。其目的是使学生通过大量的以理解内容为中心的阅读实践,培养阅读兴趣和习惯,训练技巧,巩固和扩大词汇。而且阅读能力的提高能促进学生听说读写能力的全面发展;促进学生英语学习能力,如理解能力,自学能力,语言表达能力等,从而大大提高英语教学质量。

二、"快速阅读"中常见的错误

要加快阅读的速度必须养成良好的速读习惯,排除阻碍速度提高的诸因素。

1. 用手指点在读物上

当学生集中注意力的时候,往往会用手指,铅笔或尺点在读物上阅读或用尺依次放在每一行下面,以免跳行。但事实是,这往往会使得学生得到错误的信息,阅读是要抓住作者要表达的意思,而不是某个单词在文章中的位置。

2. 有声朗读

有声朗读也是一种错误。有些读者认为阅读就要一边看一边读。朗读确实很重要,但在"快速阅读"中这样做会有一个很明显的缺点——将看的速度与读的速度联系起来了。实际上,念书的速度是跟不上眼球移动的速度的,一般正常看的速度是读的速度的2倍。

3. 默读

默读时没有任何身体的运动。唇、舌、声带都不动,但学生仍在潜意识里读每一个单词。这完全是浪费时间。其实,要了解单词的意思并不一定要读和听,只看印刷材料也能理解单词的含义。有效阅读是将注意力集中在理解文章的含义上,而不是鹦鹉学舌般重复作者的语言。这是积极的思维,不是被动的重复。

4. 回视

阅读时要避免回视,即使遇到生词也要一直往前看。如果遇到不理解的单词,词组也要读完全段后再回过头去看。不要因为一棵树而忽略了整片森林。有效阅读不是逐字逐句地解码,而是在语言知识、背景知识的参与下,对信息进行重新加工或构建。

三、"快速阅读"的技巧和方法

快速阅读策略是一种语言学习策略。Oxford,R. L. 认为"语言学习策略是语言学习者采取的一种行为或行动,从而使语言学习更成功、自主意识更强、学习过程更为其乐无穷。"[2]它包括元认知策略、认知策略和社会/情感策略。阅读技巧的训练是"快速阅读"的关键,要在避免以上常见错误的基础上遵循下列原则:

(1) 阅读时思想要高度集中,精神要放松,避免在阅读过程中所产生的不良行为。思想不稳定的时候不要阅读,克服懒懒散散、似读非读的习惯。

(2) 阅读的速度要超过你认为舒适的速度。这样正常的阅读速度越快,理解得也就越好。

(3) 阅读时要训练学生注意扩大视距(或称视辐),即目光所注视到的距离。"快速阅读"要求学生用目光扫视,眼睛每次移动注视的距离是一个整句,然后过渡到整段。一口气连续读完几个词组或几个句子,以迅速抓住文章中心,理解全文的大意。所以视辐越宽,阅读速度越快。

(4) 要有选择地阅读,阅读的时候,将注意力集中在名词、代词或动词上。因为这些词提供了句子的真实含义。所以要真正地阅读句子中名词、代词及动词,忽略其他成分。

(5) 提高猜词能力。学生不要一遇到生词就查字典,要调动自己发散思维的能力,应该充分利用已掌握的语言知识,通过上下文的意思,句型结构及构词法去推断生词的含义。有时读到文章下面,前面生词的含义也就领会了。常见的方法有:① 利用定义的线索:在生词出现的上文或下文,有时能找到对它所下的定义或解释,由此可判断其定义。② 利用同义的线索:一个生词出现的上下文中有时会出现与之同义或近义的词,它往往揭示或解释了生词的词义。③ 利用反义的线索:在某一生词的前面或后面有时会出现它的反义词或常用来对比的词语,由它可以推测生词词义。④ 利用常识猜测词义:有时一句话中尽管有生词,但我们可以利用已有的知识去判断生词的意思。⑤ 利用等式或符号猜测生词。一段话后面有时会给出一些等式或符号,如前面的话中有生词,由后面的等式或符号可疑猜出生词的词义[3]。

总之,利用多种方法猜测生词词义,有助于提高阅读速度和学习兴趣,是英语学习者应当掌握的好方法。

四、"快速阅读"在中学教学中的具体应用

1. 订出合适的阅读目标

按正常规则,经过 3 个学年的训练,学生的阅读速度可以提高 1 倍甚至 2 倍。目前学生训练前的平均速度是 60~100 WPM(Words Per Minute),规定学生到毕业时争取达到 200~300 WPM 的目标。

2. 选择适当的材料

阅读材料的选择与听力材料的选择一样,要注意到科学性:① 尽量要用外国人士的作品;② 题材要广泛,但不要超出学生的知识范围,尽量选一些趣味性,知识性强,难易适中的教材。一般选择学生理解度为 70%~80% 的文章,这种材料深浅度比较适中。如果达到 100%,表明可以放高要求,选择稍有难度的文章;反之,如果连 70%

都达不到,说明可以阅读浅近一点的文章。一般选为快速阅读训练用的文章,难度应低于课本,生词保持在3%以下。所以,教师选择阅读材料的一个重要依据就是学生对学习材料的理解程度。

3. 科学设计教学过程,训练阅读技巧

在教学过程中,教师进行"快速阅读"采用的方法是:浏览→设问→阅读→检查。浏览是一项阅读的基本技巧。要求学生在阅读前先看标题,思考标题含义,看插图照片,然后读文章的开头和结尾。美国心理学家古德曼曾经指出:阅读是一个不断预测或证实这些预测的过程[4]。浏览可以帮助学生了解主题,畅通思路。尤其文章的标题,是文章内容最简练的概括。设问是在阅读前对材料先提出一系列问题,一般覆盖整篇文章的内容,让学生带着问题去读,从而在阅读过程中可以有目的、有重点地去选择相应的信息,提高阅读速度。检查可以有各种形式,根据阅读的分类,一类活动任务是扩大输入,阅读欣赏;另一类活动任务是有针对性的训练阅读技巧。对第一类活动,以读为主,配少量题目,检查对材料的一般理解程度;对另一类活动不应满足于提供检测一般理解能力的检测性题目,而应提供训练性题目,有目的、有重点地引导学生使用某种阅读技巧。

如:训练跟踪事件中的时间顺序:

How Coal Formed

The part of the earth's history known as the coal age began more than 250 million years ago and lasted millions of years. During that time, in the area that is now the United States, coal beds formed from Texas to the north Atlantic Ocean.

At that time dense(稠密) forests swamps(沼泽) covered much of the earth's surface. Great trees died and fell into the swamps. Then they decayed(腐烂) and new trees and plants grew on top of them. The process repeated itself for thousands of years. The rotted plants turned into a substance called peat(泥炭), which is still forming today in many swamps.

Meanwhile the land surface was changing. Movement in the earth's crust pushed up hills in some places, while elsewhere land sank. Swift rivers ran from the hills; heavy rains fell and the rivers overflowed, depositing(沉积) muddy sand in the sunken wooded places and swamps. Oceans, too, poured in over the low-lying land, carrying sand that covered the peat years.

The pressure of water and sand squeezed the oxygen and hydrogen out of the peat, leaving carbon. Under constant pressure, the decayed material, containing a high percentage of carbon, formed gradually into coal.

(1) T: Do you know how the coal formed? Do you know the process? The text will give you the answer. Your task is to read the text and complete the flow-chart, so when you read, you must follow the process closely.

(2) 学生阅读理解并填出流程图(见图1):

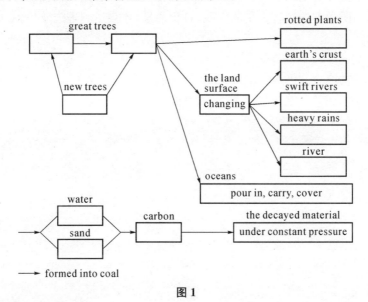

图1

(3) 教师反馈并小结: It's a rather complicated text, when reading something that describes an event or a process, you'll find some markers of time order, such as "at that time", "meanwhile", "when" etc. Catch those words, you can follow the development of description easily.

4. "快速阅读"速度的培养

教师在教学过程中,针对学生的实际阅读能力,有目的,有步骤的经常进行"快速阅读"练习,步骤如下:

(1) 准备一只表记下开始阅读的时间;
(2) 阅读中尽量克服各种坏习惯,不出声,不心读,不回视……
(3) 阅读完毕时记录下结束时间;
(4) 开始做文后练习题,不看原文;
(5) 核对答案,算出得分;
(6) 算出阅读时间:阅读材料单词数/(实际阅读时间(小时)×60)=每分钟读速

(WPM)

  学生在掌握这一公式后,须经常进行自我或相互测定,以便了解自己阅读速度提高的情况。

  总之,经过平时坚持不懈地对学生进行快速阅读训练,学生的阅读水平以及相应的听、说、读、写能力都会有相应程度的提高。同时充分培养了学生的阅读兴趣、习惯、能力,建立了一定的语感,学生对外语学习普遍较自觉。这说明"快速阅读"的确是英语教学中一个良好的辅助手段。当然,阅读还有许多方法、技巧,阅读能力的提高有赖于阅读中运用所学方法进行大量的实践,日积月累,才会达到理想效果。

参考文献

[1] 胡春洞. 英语阅读论. 南宁:广西教育出版社,1996.
[2] 文秋芳. 英语学习策略论. 上海:上海外语教育出版社,1996.
[3] 托玛斯·克拉尔. 英语教学新思路. 杨林,等,译. 南宁:广西教育出版社,1996.
[4] 周文筑. 常用的中学英语学习策略. 中小学外语教学,2000(4).

浅谈多媒体技术在英语教学中的应用

何海燕

【摘要】 多媒体技术在英语教学中的使用是英语教学改革的方向和新主流,它集声音、图像、文字、动画于一体,直观、形象、生动。多媒体既为英语教师提供了现代化的综合性的教学手段,也为英语学习者提供了有效的含有大量信息的学习工具。多媒体英语教学改变了传统观念上的英语教学模式,在教学实践中,教师把计算机应用与英语教学整合起来。教师利用多媒体技术对文本、声音、图形、图像、动画等的综合处理能力及其强大交互式特点,编制出适应英语学科教学特点的计算机辅助教学课件,充分创造出一个图文并茂、有声有色、生动逼真的教学环境,为教学提供了形象的表达工具。

【关键词】 多媒体;英语教学;应用

引言

《中国教育改革和发展纲要》非常明确地提出:"中小学要由应试教育转向全面提高国民素质的轨道,面向全体学生,面向提高学生的思想品德、文化科学、劳动技能和身体素质,促进学生生动活泼地发展。"[1]掌握现代教育技术是英语教学的需要,很多教师早已意识到这一点,并且跟上时代的步伐利用计算机多媒体辅助教学。随着教育教学改革的不断深入,通过对大纲、教材的不断改进和完善我国中小学英语教学已步入了良性的轨道。

英语教师不仅要掌握多媒体运用技术,更重要的是要理解现代教育的本质,利用多媒体教学要在"辅助"二字下工夫,要明白多媒体教学只能发挥其辅助作用而不是用它来代替教师充当课堂的主导。"一支粉笔一张嘴"的传统教学方法并非一无是处,不可全盘否定。教师既要了解传统教学模式的弊端又要看清楚多媒体教学的局限,要在教学手段方面既发扬传统教学的优点又要适当采用合理方法利用多媒体,以求得最佳的教学效果。

一、多媒体在英语教学中的独特优势

多媒体教学意味着高新科技已进入课堂,科学地选择电教媒体并进行最佳组合,可以达到声、形、色并茂,激发学生学习兴趣,还可以节约时间,加大课堂容量,拓宽知识视野。

（一）创设情景，激发学生学习兴趣与积极性

俄国的大教育家苏霍姆林斯基说："所有智力方面的工作都要依赖于兴趣。"的确如此，兴趣是学生探索、创造的力量源泉，没有愉悦的心情、浓厚的兴趣，学习就是沉重的负担。因而，培养学生学习兴趣，激发学生学习兴趣与积极性是上好课的重要前提。

初中生活泼好动，自制力较差，上课能集中精力的时间不长，容易开小差，但他们普遍好奇、求新、善于模仿，表现欲和参与意识较强。他们往往根据这一学科的有趣程度来决定学还是不学。针对初中生的这些特点，集图像、视频、声音等多种方式于一体的多媒体技术，能创造出具有新颖性、丰富性、趣味性、感染力等性能的情境，把教材中单调枯燥的文字内容，通过多媒体方式形象生动逼真的表现出来，使整个教学过程图文并茂、声情并茂，从而渲染了气氛，使学生们置身其中，以激发其学习兴趣，提高其积极性，更有助于集中注意力，形成学习动机[2]。

（二）扩展课堂教学容量，提高课堂教学效率

多媒体是图像、图形、声音和课文多层次多角度的融合，有受时间方向的限制与运动变化的可控性和模拟性。在中学英语教学中，运用多媒体教学可以显示出它独特的魅力，在有限的教学时间内扩展课堂容量，突出教学重难点，提高教学质量与教学效率[3]。

例如，在讲授rise与raise的区别时，用多媒体计算机技术以动画形式讲课，学生只需几十秒就可以完全掌握这两个单词的区别与用法：早晨，旭日东升（rise），草地上有一户人家，烟囱中炊烟袅袅升起（rise），门前不远处有一条发源于高山的小溪在缓缓流动（rise），溪边有一个可爱的男孩在举重（raise），小溪的对面妈妈在给小鸡喂食（raise）。每点击一个画面都会出现相应的单词与读音以及呈现其"rise与raise"的情景，这时孩子们情绪高涨思维一下活跃起来；然后，再利用连线配对的形式进行提问作答式的操练，以测其掌握程度如何。这样既可以把老师们从繁重的板书中解脱出来，又可以节省优化板书的时间用于学生的操练，真正做到精讲精练。

（三）展现英语交际情景，培养学生交际能力

"说"是听、说、读、写四项语言基本技能中最直接、最常用的交际方式，是语言能力中非常重要的组成部分。多媒体教学技术，凭其强大的交互功能，打破了以往的传统，可以为学生创建一个良好的英语主体学习环境。

运用多媒体技术，根据教材内容进行灵活巧妙地设计，创设一定的情景，为学生提供材料，让情景的设置配合情景活动；为学生提供想象的平台，创造进一步理解语言的条件，使学生进入角色，将所学知识变为己用，讲出来，让他们有开口的欲望，并培养学生的英语交际能力。

（四）实行因材施教，适应不同层次学生的发展要求

随着教学过程的进行，教学所提出的认知目标和实践目标与学生知识能力与现有

发展水平之间产生矛盾,当学生的学习能力超过客观教育的要求,就会出现优秀生,反之,就会出现困难学生。多媒体技术的使用,可以更好的帮助教师实施因材施教,让学生根据自己的基础、水平、学习兴趣来选择所要学习的内容和所要做的练习。这样,既能帮助优秀学生向更高层次迈进,又能为学习有困难的学生提供自由宽松的学习空间。

(五)利用多媒体教学,突出教学重点,突破难点

利用多媒体,优化单词、句型教学。英语教学中,词汇是个难点,运用多媒体的先进性、直观性等闪烁、变色某个单词、字母、词组,声光同步的动画画面,扩大或缩小、拉长或缩短某个句子等,都能调动学生的观察力和记忆力。另外词汇教学原则要求学习词汇时词不离句,句不离文,置词汇教学于情景之中。运用多媒体教学,就能让单词,句型的学习紧扣具体的语境,学生不但能看着屏幕认识新单词、新句型,还能利用多媒体的特殊功能了解单词的词音、词义、句子的结构和语法功能,既清楚又生动。

利用多媒体,化解语法难点,活用语法知识。充分利用多媒体能突出教学重点,化解语法难点,提高语言信息的活动强度。如讲解现在分词和过去分词的区别时,若设计几组对比图片:exciting news/be excited about, a falling tree/a fallen tree, the rising sun/the risen sun, boiling water/boiled water 让学生观察理解,再播放相应的对话加以巩固,将会获得较好的效果。

(六)学生了解西方文化的纽带和桥梁

学外语不懂其文化,则等于记住了一些没有实际意义的符号,很难灵活有效地加以运用,甚至会经常用错,在中国尤其如此。而多媒体的出现,为学生了解西方文化背景等人文因素架起了一座桥梁。

例如,在讲授圣诞节(Christmas)时,可以直接用多媒体展示关于圣诞节的传统,把与圣诞节有关的物品呈现在屏幕上,然后请学生们用英语去说自己知道的东西,此时这些学生既感觉新奇又兴奋,情绪活跃起来,接着可以用视频或PPT将西方如何过圣诞节等一一呈现在屏幕上,在这种图文并茂情境中,学生们了解了西方的圣诞节;同时,可以和中国的春节作比较,教师一边展示图片,一边用英语讲述中国怎样过春节,让学生自己去领会两者的异同:大家会发现二者是不同的节日,但在"家庭团聚"、"全社会放长假"等文化含义上却有相似点。这样,将会把枯燥乏味的课本内容变得形象化、趣味化、交际化,使学生直观地了解了西方文化,加深了对词和课文的理解,激发了其求知欲。

(七)多媒体技术的应用有利于教师自身素质的提高。

多媒体体现了当今社会科学高新技术的快速发展,多媒体技术应用于中学英语教学,对中学英语教师来说,既是机遇又是挑战。任何一名有责任感的教师,都应该积极应对挑战,努力提高自身的知识,加强多媒体技术业务进修,积极从事多媒体技术教学课题的探讨和研究,提高完善多媒体技术的教学手段和方法,以适应新时代教育事业

的发展要求。

二、多媒体技术运用在英语课堂教学中应遵循的原则

优秀的课件应融教育性、科学性、艺术性、趣味性、技术性于一体。制作一个优秀的课件过程是一个艰苦的创作过程,在这个过程中,应注意遵循以下几个原则:

1. 兴趣性原则

兴趣是学好一门功课的内在动力。中学生的生理和心理还不够成熟和稳定,在对事物的认识过程中,感性多于理性。因此在课件设计的选材上,特别要注意"新""奇""趣",以激发学生强烈的求知欲。从而使他们处于主动地位,具有主动性,形成直接的学习动机。在接受知识过程中,全面调动学生眼、耳、手、口、脑等器官,创设学习者可参与的环境,使传授知识和发展智能、培养素质统一起来,使自主学习更有趣。

2. 教学内容的直观性原则

直观教学是非常方便、实用、有效的教学手段,具有形象直观、生动具体、吸引注意、帮助理解、加深记忆、活跃气氛等一系列优越性。教师设计的课件应使学生置身于音像、语音、文字所组成的三级空间,从词汇、语句、语篇三方面进行直观教学。

3. 主体性原则

在课件的运用过程中,学生的主体作用、教师的主导作用和课件的辅助作用不会改变。不能以课件的简单呈现来代替教师对课堂教学的组织、启发和诱导,更不能因多媒体教学的直观性而忽视学生对语言材料的思考、理解。大量的语言实践是在课件的辅助下进行的,但课堂教学中的思维活动、训练活动、实践活动和反馈活动仍要由学生独立、自主地完成。

4. 训练手法多样性原则

初中英语教学的主要目的是培养学生运用英语听读说写的语言能力。长期的教学实践表明,综合运用多种器官,包括眼、耳、口、手,配合大脑的积极思维活动,多渠道刺激大脑皮层,有助于建立在脑皮层各个分区的密切联系,从而可以大大强化记忆,发展各种语言能力,提高语言学习兴趣,从而调节器动他们学习的积极性。培养学生听、说、读、写等技能,也是课程标准的要求。这四项语言技能是相互联系的统一体,课件的设计必须多方法、多方面、多渠道地训练这四项技能。

5. 思想教育的延伸性原则

寓思想教育于语言教育这中是教学的重要组成部分,培养有理想、有道德、有文化、有纪律的跨世纪人才是现代化教育的培养目标。教师既是授业者,又担负着培养学生良好品格、陶冶其高尚情操之重任。因此,在课件的设计上教师头脑中时刻要有一种意识:即抽出教材中有思想教育性的现实课题材加以延伸。

6. 教学内容的巩固性原则

整个教材理解过程完成以后,应该立即进行有针对性的巩固训练。课件的设计应为学生提供较为丰富的练习机会,保持他们对所学内容产生的浓厚兴趣,使他们刚刚接触新知识后立即置身于一个既熟悉又陌生的情景之中,从而调动其主观能动性,巩固新知识、掌握并运用它。

三、多媒体教学中值得注意的几个问题

(一)制作课件并不能也不可能代替备课

现代教学理论认为,备课是教师上课前的全部准备工作,是整个教学过程的总策划和总设计;而制作课件需要看充足的资料,用多媒体工具(网络、电脑)对多媒体资源进行有效的收集、组织、管理、运用,它只是设计教学方法的过程,并不等于备课,也不可能代替备课。

(二)注意发挥英语课的德育功能

英语课作为一门中学学科,其最大特点在于:不仅传授理论知识和培养语言应用能力,而且有其强大的德育功能。教师应"双管齐下",真正做到"教书育人"。

(三)注重与学生的情感交流

英语课堂教学是师生互动的过程,师生之间的情感交流是其得以顺利进行的润滑剂。在中学英语教学课堂上,教师要及时观察学生们的反应,灵活巧妙、恰如其分地将教学进度与教学内容做出相应的调整,以利于课堂教学的顺利高效进行。

(四)多媒体课件不能华而不实

多媒体教学课件切忌徒有其表,无重点,甚至是空洞无内容。这种做法违背了教学规律,是万不可取的。此外,教师要以活动设计为依据,把多媒体课件的材料设计在激发情趣时、知识迁移时、释疑解难时、"指点迷津"时、"小试牛刀"时,使"好钢用在刀刃上"。

(五)帮助教师自我提高,搞好教学

多媒体课件的制作,要有具有现代化教育思想和教学观念、掌握现代化教学方法和教学手段、熟练运用多媒体工具传授知识的教师,同时也可以从中看出,英语教师的知识需要不断更新与扩充,才能与时俱进,进而提高教学质量。

结束语

要使多媒体在英语阅读教学中发挥其最大效率,笔者认为还应当处理好以下几个关系:① 学会与会学的关系。运用多媒体的最终目的应是让学生学会学习,提高教学效果。在教学实践中,不仅要注重教师怎么教,更应注重学生怎么学。英语多媒体教学的研究重点应是研究学生的学习过程,如何开发学生的学习潜能。② 整体教学与

个体教学的关系。在英语阅读教学中运用多媒体有利于整体教学，但是往往因为时间有限，对个别学生，尤其是差生的训练和提问的机会少。因此，教师要注意根据教学内容对学生分层要求。在小组训练活动中，要根据学生的个体水平，实行优差生搭配，合作学习，既鼓励优生，又帮助了差生。

多媒体学习环境有自己的优势，但也可能会给学习活动带来一些问题，其中常见的问题是："见树木不见森林"和"蜻蜓点水"。所以，在运用多媒体优化英语教学的过程中，我们必须既要考虑多媒体环境的优越性，还要考虑这些潜在的问题，对学生提供必要的引导。当然，我们务必要吃透教材，抓住重点突破难点，千方百计为学生创造适当的语言环境，采用多媒体等高效的学习方式，发展学生自主学习和运用语言的能力，促进学生认知水平的提高和个性的和谐发展，造就一代跨世纪高素质的复合型人才。

参考文献

[1] 国家教育部. 中国教育改革和发展纲要. 国务院, 1993(2).
[2] 陈振荣. 运用多媒体教学提高学生兴趣——制作课件浅谈. 教育理论与实践, 2002(4).
[3] 刘建华. 中学英语创新教法——45分钟优化设计. 北京：学苑出版社, 1999.

因材施教,追求个性化教学

朱晓燕

【摘要】 随着科学技术日新月异的发展,素质教育的倡导,尤其是二期课改的大力提倡,东施效颦的教学模式愈演愈烈,观摩课都如出一辙:电脑制作生动活泼、学生热情高涨、师生合作恰如其分……事实上,学生的个性能力有差异,同样,教师与教师之间同样存在着差异,因此教师根据自己的个性特征和能力素养来组织教学才是最合适、最自然、最真切,也是最有效果的。

【关键词】 中学英语;个性化教学

17世纪德国著名的哲学家莱布尼茨给后人留下了一句至理名言:"世界上没有两片完全相同的树叶。"人们经过长期的探索和研究,发现不仅自然界中没有两个完全相同的事物,在社会中也没有两个完全相同的个体和人格。学校教育的对象是学生,不同年龄、不同的个体会表现出不同的心理特征和精神面貌。尊重学生身心发展的规律和不同的个性特征,这是做好教育教学工作最起码的要求。同时,不同的个体,不同的个性特征,也在客观上要求教育要有利于发展个性和发挥自己的爱好和特长。每个孩子不仅有受教育权、发展权,甚至包括发展个性的权利。人因个性而成为独立的个体,社会因此变得丰富多彩。

教育必须走出以牺牲人的个性来换取知识,以人的异化为结果的怪圈。赫尔巴特明确指出,个性是教育的出发点,应让每个个体把所学习的知识与自我经验相结合,从而形成具有个性特征的知识体系及个性化知识的过程。个性化知识是与人的个性特征相结合的知识,即与其需要、动机、兴趣、理想和信念充分结合并融入其能力、性格与气质中的知识。

因此,如果一个教师,作为伙伴而不是说教者,充分地展示自己的个性,出色地组织好教学,那么学生会学得更快、更好、更轻松。教师应该清楚地认识到学生的头脑不是一个要被填埋的容器,而是一支需被点燃的火把。容器是静止的、定型的;而火把随风舞动,姿态万千,且热力四射,照亮周围。教师只有使出浑身解数,用自己的人格魅力去感染、去引导、去点燃,那么学生才会在潜移默化中得到个性的发展。

一、个性化的授课方式

曾经有人这样评价梁启超的讲课:"有时讲课讲到紧要处,便成为表演,手舞足蹈,情不自已,或掩面,或顿足,或狂笑,或叹息。讲到欢乐处则大笑而声震屋梁,讲到悲伤处则痛哭而涕泗滂沱。听他的课,实在是种享受。"教师上课的风格所表现出的个性张力即能成为一种影响,一种终身不能磨灭的影响。作为某一学科的教师,他首先必须掌握所教那门学科的知识,并将这门知识个性化,这样才能在教学中以自己的方式体现这门知识的特点。教师所教学科的知识,只有与教师个人的品质融合了,即与其信念、兴趣、思维相结合,并表现在他的能力中时,才能以他个人的方式体现出这门学科的精神来。

1. 英语歌曲常常唱

如果一个英语教师擅长演唱,尤其热爱英语歌曲的演唱,就可以将英语歌曲融入英语教学,如:在教授新世纪英语七年级第二学期 What do you want to be? 一课时,可以先教会他们演唱 Whatever Will Be,Will Be 又名 Que se-ra 同时引出课文的主题,自然而流畅,学生一定很感兴趣。潜移默化中许多学生尤其是女孩子,对英语歌曲会产生浓厚的兴趣,甚至还可以师生合作上台表演英语类节目,提升学生对英语的热情。兴趣是最好的老师,这是人人皆知的道理。从对英语歌曲的热爱,到对英语学习的热爱,包括对英语老师个人魅力的欣赏,学生点点滴滴的变化都会非常自然。因此,只要学生感兴趣的事,教师都可以与学生共同分享。再如,在教授 PE in English 一课时,可以将一首 Happy Song 的歌词根据课文内容适当改编,曲调不变,学生通过欢快熟悉的旋律,边唱边做,轻轻松松很快就能记住新学的重点词汇,改编的几段歌词可以是这样的:

If you are happy and you know it, do leg lifts…

If you are happy and you know it, do knee bends…

If you are happy and you know it, do waist bends…

If you are happy and you know it, do jumping jacks…

If you are happy and you know it, do sit-ups…

If you are happy and you know it, do push-ups…

发挥教师的个性特长,充分利用自身的课程资源,对教学以及对学生的个性学习及其特长发挥都会有极大的帮助,甚至会有深远的影响。

2. Rap 的合理利用

随着现代流行音乐不断地充斥市场,现代青少年对他们的热爱简直到了痴迷的状态,有乐感天赋的老师何不在英语教学中也融入一些现代气息呢? 英语的说唱 Rap 可以是个不错的选择,如:在教学 Asking the way 一课时,可以插入这么一段极富节奏感、朗朗上口的 Rap 片段。

A: I have a terrible sense of direction,
 I never know which way to go!

All: This way, or that way?
　　　This way, or that way?
A: I never know which way to go!
　　I think that it's that way, maybe I'm wrong.
　　I never know which way to go!
B: I have a wonderful sense of direction.
　　I always know which way to go!
All: Turn left! Turn right!
B: I always know which way to go!
　　I know that it's that way.
　　I'm never wrong!
　　I always know which way to go.

再如,在教授时间状语从句时,也可以借用 Side by Side 中的经典片段。

A: I smile when I'm happy.
　　I frown when I'm sad.
　　I blush when I'm embarrassed.
　　And I shout when I'm mad.
B: Are you smiling?
A: Yes, I'm happy.
B: Are you frowning?
A: Yes, I'm sad.
B: Are you blushing?
A: Yes. I'm embarrassed.
B: Are you shouting?
A: Yes. I'm mad.

通过类似片段的操练,学生对于 Rap 的表现欲一定会逐日增强,而不同个性的学生所表现的方式也会不尽相同,有的可能手舞足蹈,有的可能摇头晃脑,也有可能模仿周杰伦、潘玮柏的,还会出现王力宏的影子……如此这般生动活泼的课堂,让师生互动,学生的个性也就得到了充分的展示。

轻快而极富韵律的 Rap 说唱,定会吸引一大批的学生,他们就会尝试去找新的内容,向老师求助。老师呢,可以摆摆架子,欲擒故纵,得到多多的崇拜,何乐而不为呢?日复一日,年复一年,师生们就可以在轻松愉快的氛围中学习着并快乐着。

3. 直接注音法的适时教授及运用

直接注音法,奥妙可真不少,学生掌握了这门技术以后,记忆单词的速度会越来

· 115 ·

快,识记英语词汇的能力也会越来越强。所谓直接注音就是用一些简单明了的符号表达各个因素不同的发音,当然这得有国际音标的基础,适时指的就是这层含义。单词注上音标,学生第一步的反应必是看着音标朗读,而直接注音的优势在于学生直接看着单词朗读,朗读过程中学生一方面减缩了记忆单词的时间,同时对于单词的发音规律也熟能生巧,如:当元音字母 Aa Ee Ii Oo Uu 在单词中分别发本音的话,直接注音法就是在五个元音字母上方标上小横线;当五个元音字母分别为闭音节中发音时,不标任何符号;当元音字母和辅音字母在单词中不发音时,在不发音的字母下方标上一个点……也就是说,用一个简单明了的符号直接表示该音素的发音,而不同音素拥有相同发音的话,所标的符号也是相同的。总之,如果用直接注音法教学,学生必然受益匪浅,碰到生词,只要标上简单的符号就能朗读,阅读量也就大大地增加了。

教师的个性化教学会给予学生潜移默化的影响,教师教学中体现出的人格魅力、性格、能力、气质等将会使学生一生受用。

二、个性化的教学内容选择

学生的学习兴趣和求知欲的来源是学科内容带来的,除了课本知识,平时还可选用一些补充教材。特别注意选择适合学生需要的内容。中英文对照刊物"妙语短篇"内容短小精悍,明白易懂,还有单词、词组或短语等练习,形式多样。还有不同的区别和例句。如:well done 一词,同学们都很熟悉,但 well-done 一词还有非常有意思的解释,如果你到一家西餐馆吃牛排,招待员就会问你要什么样的牛排:

rare(嫩的,三四成熟的)
medium(半熟的)
well-done(很熟的)
e. g. Waiter: How would you like your steak done, sir?
　　　Man: Well-done, please.

经常补充一些课外有趣的小知识,不仅会提高学生的记忆能力,更会将每位学生的英语学习热情调动起来,而后,根据他们不同的需求,推荐他们看不同层次的书,包括"Shanghai Students Post," "21st Century Teens Junior Edition," "Popular Science Reader"……有选择性地介绍给学生,简单的注释和赏析,正是学生稍作努力可以自学理解的程度,使学生在学习中既激发对科学探索钻研的兴趣,又不会因为过于艰难深奥而使学习热情受挫。

三、个性化的教学设计

加德纳的多元智能理论提示,教师各教育阶段,安排教学活动时要同时兼顾几个领域的学习内容,综合运用多样化的教学方法,同时提供有利于多种智慧发展的学习情境,让每个人的各种潜能都能获得充分发展的机会。真正伟大的老师能确保学生有充足的行为、充足的参与、充足的活动,让每位学生有展示自己独特思维的舞台。因此教师在课堂上巧设提问,将问题面对每一位学生,才能挖掘每个学生的学习热情,使他们在课堂上得以充分发挥,施展个性。英语课堂中使用最多的操练形式为结对子操练。通常的教学设计是同时让学生参照所给的例句,运用例句下面所出现的替换词进行操练即可。这种方式确实可以让学生掌握一些重要句型或句法,但学生往往觉得索然无味,症结在于两人都知道对方应说什么,该说什么,没有新意。其实,教师完全可以采用一种新的教学手段——信息沟(Information Gap)。所谓信息沟,就是将不同的资料提供给参与对话的对象,通过一系列的回答形式,得出一定的结论。这种方式尽可能地为学生创设了真实的生活场景(Real-life Situation),帮助学生掌握正确使用语言,灵活使用语言的能力。如:在进行现在完成时的教学时,教师可以先让一组学生写出"who",一组同学写出 have/has done,还有一组同学写出"where",最后一组同学写出 since+a point of time/ 或 for+a period of time,由于学生不知别人的内容,他们的好奇心就会随之加强,又由于可自由组合,学生进行操练的机会也大大增多,其间,还可能出现类似以下不合情理的语句,如:My father has kept running in the river for three years. /The dog has smoked in the classroom since two hours ago……类似的句子定会引起哄堂大笑,但经过大家共同地参与诊治,达到的效果却是事半功倍。这样的课不但让学生有自然交流的感觉,更有助于学生进行记忆,达到长久效应,学生的个性也在不知不觉中得到了充分的展示。

总之,随着素质教育的不断提升,二期课改的不断深入,学生个性的发展将是一个不变的主题。而教师的个性化教学将达到事半功倍、潜移默化的作用。

参考文献

[1] 刘宏武. 个性化教育与学生自我发展. 北京:中央民族大学出版社,2004.
[3] 王牧群. 交际英语课内外活动设计. 上海:上海外语教育出版社,2004.

浅谈交际法在日常教学的活动设计

徐伟梁

【摘要】 多年来,我国中学英语教学只注重语言形式,以传授语言知识为主,忽视培养交际能力和掌握语言运用的能力。随着二期课改的不断推进,英语教学要也越来越强调交际的功能以及学生交际能力的培养。为了让学生有效应用英语,交际法的课堂设计对活动的设计主要着眼于对课文的语言运用的拓展上。

【关键词】 交际法;语言能力;活动设计;方案

英语作为语言的主要功能是交际。社会语言学认为,语言的社会本质是它的主要特征。由于语言的产生与存在都是出与社会交际的需要,因此交际功能是语言的主要功能。英语教学和学习都不应该远离这个功能。然而,多年来,我国中学英语教学只注重语言形式,以传授语言知识为主,忽视培养交际能力和掌握语言运用的能力。教师为了培养学生的应试能力,不得不花过多的时间讲解繁杂又枯燥的语法规则。英语课堂教学变相成为语法课和试卷分析课,强迫学生在英语课上听老师分析语法、解释对错,然后用大量的课余时间做习题。其实大多数时间,学生只是在练习答题技巧,而根本就没有在意语言本身。这种应试的、重语言形式,轻语言交际的教学思想,长期存在我国英语教学中是交际为语言服务,还是语言为交际服务,一直是英语教学争论的焦点问题。随着二期课改的不断推进,英语教学要也越来越强调交际的功能以及学生交际能力的培养。

一、交际法在日常教学的应用

教学是师生之间的交际。交际是人与人之间思想、感情和信息的交流。英语教学本身就是一种交际。教师用英语提问和讲解,学生用英语回答,都是交际。实现教学过程的交际化。我们要努力通过人的交际的最优化促进认识活动和实践活动的有效运作,不断实现学生认识结构的重构,在教学过程中,明确英语教学的核心就是交际,既要扎实地掌握语言知识,更要培养学生交际的能力。

1. 明确教学方式

在日常教学中,我们应该有明确的教学目标应是培养学生语言交际能力。我们的课堂设计应充分将"交际"作为主线,如当我们教词汇的时候,我们应当以"交际"的方法去教授;甚至在教语法的时候也应该设计以交际的方式来教授语法知识。如以对话方式、讨论方式来探讨语法的用法和规则。交际既是手段又是目的。在英语教学中，还应尽量使用英语，控制使用汉语。实践证明，只有在教学中加强英语实践，多使用英语，让学生大量接触英语，并沉浸在使用英语的氛围中，才能有效地排除母语的干扰，培养运用英语的能力，使学生尽快地习惯于外语语音。

2. 以学生为主体

在日常教学中，我们的教学设计应充分考虑学生，根据学生的需要给予语言信息，并在每个教学环节都让学生充分理解与积极参与，不可以"以教定学"。"以教定学"使教师牵着学生走，教师围着教材转，导致学生将语言公式化，被动接受语法规则，学习的主动性渐渐丧失。应"以学定教"，"教"服务于"学"。师生的角色发生了转变，课堂从以教师为中心转变为以学生为中心。教师安排、组织活动，分析学生需要，提供咨询，而学生成为主要活动者，他们之间有时合作，有时又是竞争对象。但绝不意味着降低了教师的作用或对教师的要求。虽然教师讲授的时间减少了，但是他们组织课堂教学的任务增大了。道理很简单，把全班学生的积极性都调动起来，让他们多说多练，当然要比站在讲台上照本宣科难得多。从这个意义上讲，对教师的要求不是降低了，而是提高了。

3. 注重多方位评价

在日常教学中应以形成性评价为主，并注重体现学生在评价中的主体地位。形成性评价可反映学生的进步情况。学生通过参与评价反思自己的学习状况。

4. 合理利用和积极开发教学资源

我们日常教学的课本为我们提供了教学的素材，但我们不应该局限于我们手头的课本。我们可以利用音像、网络、报纸杂志、新闻等来拓展教学资源；也可以鼓励学生主动参与开发利用，使交际更加真实和贴近生活。

二、交际法日常教学活动设计

"学生交际能力的培养取决于学生参与所学语言的真实交际[1]。"为了培养学生交际能力，"最重要的是给学生提供大量的参与语言交际的机会，也就是说，通过应用语言而不是学习该语言来获得语言能力。"因此，在交际法的课堂设计中，为了让学生有效应用英语，教师在教学活动的设计上应遵循以下原则：

（1）为学生提供更多的真实的交流机会；
（2）设计的活动应该是有意义的、有明确目的的；
（3）创设活动应该在没有压力的课堂气氛中；
（4）应该设计以小组合作学习为主的。

三、不同教学目的的活动设计方案

1. 口语教学的教学设计

口语教学设计既有自身的独立性又贯穿于其他教学的设计中，如词汇、语法等。

(1) 小组活动法。小组活动的定义是，一定数量的人（通常 4~8 人）集合在一起，每人都意识到自己与其他成员的存在，为完成一个具体任务进行切磋，以达成一致或做出决定。在进行小组教学时，教师作为指导者、咨询人，应注意把握小组活动的方向，应鼓励学生说英语。

实例 1：在谈论食物的教学设计中，可以设计一个市场调查，比如"如果我打算要建一家快餐店，设问……"，让学生分成若干个小组，完成这个市场调查[2]，并决定建什么样的饭店，市场调查表可以设计如下：

1. Have you ever been to a fast food restaurant?　　　　　　　YES/ NO
2. If one open a fast food restaurant here, will you eat there?　YES/ NO
3. What food would you buy from there?
　　Hamburgers　　　　　　Hot Dogs　　　　　　French Fries
　　Cheeseburgers　　　　　Meat Rolls　　　　　　Pies
　　Noodles　　　　　　　　Ice-cream　　　　　　 Cola
　　Tea　　　　　　　　　　Coffee　　　　　　　　Soft Drinks
4. What do you think are the advantages of having such a shop in this area?
5. What disadvantages can you think of?
6. Are you in favour of the opening of a fast food restaurant?　YES/ NO

实例 2：Our School Newspaper

教学目标：

Task 1　Create a class newspaper

根据课文中的 project 来请学生五人一组共同创作一份班报，共同商量班报的名字、栏目、编辑、文章等等，最后，请一位 spokesman 来向全班汇报自己的班报。

Task 2　Compare the newspaper with each other and decide the best paper of all

汇报结束后，组与组进行比较，评价其他组的报纸，好在哪里，不好在哪里，最后，评出最佳的班报。

GROUP	NAME	SECTION	ITEMS	ARTICLES
1				
2				
3				
4				
5				

(2) 模拟与角色扮演。与传统的对话角色扮演不同的是：交际法模拟和角色扮演是在一个情境下自由交际，而不是对课文对话的简单重复或朗读。

实例 3：在打电话的教学设计中，设计如下，学生 4~6 人一组。每个人都有一个卡片，卡片上写有相应的角色，根据角色的要求自主对话，完成要求的交际内容。

1. Alice Jones (wife of Bob) You are waiting for your friends Anthea and Richard to dinner this evening. They have no car and will be coming by train. Your husband, Bob, will meet them at the station. Anthea will ring to let you know when they will be arriving. Arrange to pick them up at the station.	2. Anthea (wife of Richard) Your friends Alice and Bob have invited you out tonight. You have no car, so will be going by train. Ring Alice to tell her what time you and your husband Richard will be arriving. You will arrive at the station at 7 p.m. There are trains back at 11:30 p.m. and 12 midnight.
Richard (husband of Anthea) Ring your old friend Tom and invite him and his wife Anna round for a drink at your house tonight. About 8 o'clock.	Tom (husband of Anna) Your old friend Richard has promised to ring you sometime this week to invite you and your wife Anna around for a drink. You are free anytime this week, so agree to go whenever suits him.

实例4：询问信息的活动设计，给学生准备两张卡片，两个学生背对背，一组学生询问信息，另一组为提供信息者，完成后交换角色。

Card A   Asking for information

You are at present living and studying in Shanghai. You are going to have an important meeting in Beijing on Saturday. You phone up the train station to find out the time of the trains to and from Beijing.

The meeting is at 11:30 am. You wish to arrive in Beijing either on Friday evening or early Saturday morning (book a sleeper if necessary). You must be back in Shanghai in time for classes at 12:30 on Monday.
Before starting have a pen ready to make a note of the following:
Time/Day of departure from Shanghai   Time/Day of arrival in Beijing
Time/Day of departure from Beijing   Time/Day of arrival in Shanghai

Card B

You are a clerk at the train station in Shanghai. Your partner phones you for some information about trains to and from Beijing. Answer his/her inquires with the help of the timetables below:

Timetable	Shanghai—Beijing Daily					
Shanghai	Depart	18:02	22:49	00:09	06:45	13:56
Beijing	Arrive	09:00	14:45	21:04	21:50	08:30
Timetable	Beijing—Shanghai Daily					
Beijing	Depart	22:05	07:55	12:40	15:45	19:00
Shanghai	Arrive	16:19	23:35	07:50	08:50	09:35

（3）讨论和辩论。针对学生熟悉的与感兴趣、与生活密切相关话题进行讨论。全班讨论一般以小组讨论为基础。教师起引导作用，同时应注意加入语言功能和使用语言的策略，主要目的是完成交际。

实例5：在学习有关教育体系的时候，可以做一个关于大学教育体系的小辩论，教师应该预先准备好要辩论的内容和素材，以便控制好学生的辩论，例如，教师准备了两个"大学的系统"：

System A:
Every person has to take a national examination to enter university. They have to rank in the top 10% of all students in the country in order to enter a university. Yet if accepted, they would pay very little or nothing for their education.

System B:
There is choice of government supported or private universities. Moreover, more students would have the opportunity to enter a university. Under most circumstances, the students would have to pass certain tests and pay a lot for their education.

将支持 A 观点的学生和 B 观点的学生分成两组,来讨论他们的观点。

实例6:Build our own school

教学目标:讨论学校的建立

Role: 1. an officer from government who wagers to build the school in this area
2. a head teacher who is overambitious but experienced
3. a young teacher who is fresh from college
4. an old man who is doubtful about the project
5. a country man who want to get involved

GROUP	NAME	LOCATION	FACILITIES	STAFF	RULES	SUBJECTS (require and optional)

将学生分成五人一组,其中一位是 leader,并由 leader 来给其他同学分配角色,最后由 leader 来报告所建学校的情况。

2. 词汇教学的教学设计

坚持以学生为主体的教学思想,尽量创设真实情境,鼓励学生积极参与,以培养他们的交际能力。

实例7:如采用任务型,从阅读入手,学生按小组在指定的段落内根据上下文,来猜词义,待各组讨论准备好后,各组代表依次上台,来汇报新词词义;其他组则提出异议和认可。或教师将新词的英语意思事先写出,但次序打乱,或故意多出给几个意思。请每组学生来理解课文,待各组讨论准备好后,各组代表依次上台来汇报新词词义;其他组则提出异议和认可。在此过程中,教师纠正学生的错误,补充讲解不全面的内容。各组讲解后,教师出示课前准备好的规范的生词表,来领全班学生熟悉新词,整个过程中,教师和学生都应该使用英语来完成交流。

实例8:复习有关节目演出的词汇的教学设计。请学生组织一场小型演出会,由学生做一个关于演出会的"头脑风暴";然后将学生分成四人一组,来讨论并组织出一份节目单。

范例如下：

```
                        A _____ SHOW PROGRAMME
       HOST: ZHANG WEI                      HOSTESS: WANG YIN
    1. CHORUS
    2. SHORT PLAY
    3. COMIC DIALOGUE
    4. DUET
    5. MAGIC SHOW
    6. VIOLIN SOLO
    6. DANCE
    7. GROUP-SINGING
    8. CLOSING SPEECH
```

3. 语法教学的教学设计

语法教学可以以小组讨论的方式来设计。给予学生大量的含有要学的语法内容的情境，如对话、图片、影视等，请学生来感受语法，并采取小组讨论的方式来学习，总结语法规则。教师也可事先准备一些引导的问题来引导学生了解语法规则。最后，可以将新学的语法应用于实际的功能交际中。现行的许多教科书，也设计有许多有助于学生运用语法结构的口语训练，如问候、道歉、建议、邀请、描述人物和行为等。另一方面，现行中学英语教材大都采用句型教学教语法，这为实施用交际法教语法奠定了坚实的语言基础。

实例 9：Guess Pages[3] 练习目的：操练 "how many… are there…" 及 "There are…"，教师准备几本学生喜欢的书，将学生分为几组，A 组拿书，B 组要书，猜准了即可得到该书。

A：Which book do you like?

B：I like…

A：Fine, You must guess how many pages are there in this book.

B：There are…

A：No, more than… / fewer than…

实例 10：Alibis（不在现场）练习目的：练习一般过去式、过去进行式。

假设在学校某一天的某一时间发生了案件。有两个嫌疑人，但他们都不承认自己在现场。将学生每两人一组，每一组都要编出自己不在场的辩护词，要说清自己在什么时间什么地点做了什么；另一组则作为"警察"来提问，并找出对方的破绽。

上述活动方案主要目的是给学生了一个实际运用语言知识的机会，以活动的形式出现，主要是这样的形式可以引起学生的兴趣，使学生自然而然地运用语言知识。在"角色扮演"的实际教学的活动中，应该尽量给学生安排不同的角色，并且不同的角色还应该有不同的特点，因为有时有的学生在小组的对话中比较被动，常常被积极的学生"抢"了话。如果给各个学生分配不同的角色,他们都会按照自己的角色去说而不会去"抢话"了。另外,每个角色还有不同的人物个性特征,要求学生根据不同人物的特征,去创造性地从人物的神态、口气来'饰演'这个角色。这样,不仅提高了学生的兴趣,而且还让学生学会在不同情境中运用不同语音语调。

在教学实践中,对活动的设计主要着眼于对课文的语言运用的拓展上。关键是让学生在参与任务中,自觉地应用说学的语言知识,也就是说给学生一个实际运用英语的机会,让学生既言之有物,又有实际情境来运用。

教师在整个教学过程中的角色,是一位组织者——布置任务,说明要求;是一位协助者——回答学生在语言方面的问题,同时又是一位监督者——防止学生不自觉地说汉语。对于学生在语言表达的错误,一般不要去打断他们,学生如出现不会表达等困难,教师则应尽量把他们的思路引导到学过的内容中去,而不是直接告诉他们。比如讲到学校的设施时,有的学生也许会开展不下去了,教师就可以这样问:"What kind of school building do you have?" "What is inside your school building?"等等,把学生的思路引到他们学过的内容中去。

交际法教学可以让学生主动参与,有利于学生学习英语知识,发展语言技能,从而提高学生的实际语言应用能力。通过小组活动,能够使学生获取、处理和使用信息,用英语与他人交流,发展了用英语解决实际问题的能力,也有利于提高学生的创新精神和合作精神,从而达到以学生的发展为本的教学要求。

由于英语教学的目的的多元性,教学方法也是各异的。交际法作为现代外语教学法,对语言交际能力的培养有着很大的帮助。在日常英语教学中的应用也是多样化的,只要我们把握好以交际为中心的教学目标,以学生为中心的教学方针,通过对交际法的实际运用,最终会使学生的英语能力得到提高。

参考文献

[1] 许恩美. 新英语教学法. 长春:吉林科学技术出版社,2004.
[2] 刘树蕙. 大胆开口说英语. 西安:西安交通大学出版社,2003.
[3] 王牧群. 交际英语课内外活动设计. 上海:上海外语教育出版社,2004.

提高初中学生英语书面表达能力的策略

王璆玫

【摘要】 上海市《英语新课标》要求初中学生掌握"听、说、读、写"四种基本技能。而在这四种技能中,"写"这一技能又是一种较高的综合语言能力的训练,是学生对所学语言知识的综合运用,对学生综合能力的要求颇高,因此学生往往对写作感到力不从心。这提醒我们要提高学生的英语写作能力必须从初中开始抓起。然而,由于受应试教育影响和中考指挥棒的左右,教师大多"着重培养学生的阅读能力",往往把写作教学看作是应付考试的一种应急手段,放在次要的位置;加上写作训练费时费力,又收效甚微,久而久之,便形成了一种"听到写作学生心烦,见到习作教师不愿"的现象。提高英语书面表达能力是提高学生英语综合应用能力的有效方法。随着英语教学的不断改革,中考对学生的英语书面表达能力的要求越来越高,因此英语教师要对此高度重视,采取适当的策略训练学生的书面表达能力。

【关键词】 英语;书面表达;能力;策略

一、引言

近年来,随着英语教学的不断改革,中考对学生书面表达能力的要求越来越高。从变相的翻译句子能力到语言的创新能力;从要求写简单句到要求写复合句;分值也在增加,由 2005 年的 10 分提高为现在的 20 分。在高分作文方面提出了新的标准,即结构分或文采分,并且这部分的分值在逐年增加。即使考生作文中没有语言错误,但通篇全为简单句,没有复杂的句型结构,也不可能得高分。根据上海市教育考试院统计的数字,2010 英语作文上海全市平均分为 10.1 分左右。想得到 15 分甚至以上,更是难上加难。

在实际英语教学过程中,写的能力未给予足够的重视,平时的训练力度不够,又由于班级人数多教师很难做到对学生的作文"当面批改"。不少学生只注重老师批改的分数而对老师批改的符号不去理会,很少有学生拿着作文向老师询问为何要这样修改,导致同样的错误屡犯不止,以至于写作教学事倍功半。在考场上往往草草起笔,一挥而就,出现很多语法错误,或汉式英语,因而得分很低。这一现状给中学英语教学提出了新的课题。

爱因斯坦曾说过:"教师的最高艺术是用富于独创性的教学方法去传授知识,并给学生带来快乐。"多种途径的作文教学能够发挥教师的创造性,可以帮助学生解决写作兴趣、材料来源、认识深度等有关问题;可以培养学生的求索精神、科研意识和探究能力,从而提高写出"文质兼美"文章的能力。

二、提高学生书面表达能力的策略

(一) 夯实基础,加强词句准确表达的训练

1. 加大词汇教学的力度

上海市中考要求考生写出至少 60 字的作文,学生基本上不存在写不出内容的问题。主要问题出现在用词不当、语法错误多、汉语式英语等,究其原因,主要是考生在平时的训练和复习时没有真实理解和掌握好英语词语的确切含义和用法[1]。针对这种现象英语教师在平时的教学中,必须帮助学生结合语境分析,理解英语词句的准确含义和用法,了解同一词汇、同一句子在不同的语境中会表达不同的含义。以 have 为例,在不同的语句中,它分别表达"有","吃,喝","经验,感受(快乐,痛苦),患(病)","进行,做","使,让","用做助动词构成现在完成时"等含义,学习时教师一定要让学生反复训练,加以辨别。如 have 和 there be 在表示"有"时的区别;英语中时间和地点遵循由小到大的顺序,常常放在句子末尾;英语中除单个词做定语放在名词之前外,其他的词语和句子做定语通常放在名词之后等规律。有了这些知识为铺垫,学生就可以写出无数的正确的句子。

2. 听写单词、词组、句型

词是句子的基本单位。在教学中,注意加强词汇方面的训练,让学生积累写作的词汇。在所学的每个单元的对话和课文中,都有很多单词、词组、习惯用语和句型。每个单元要坚持听写单词、词组。对于课文中的重要句型,要让学生标出,正确分析其句子结构,注意中英文排列顺序的异同,然后叫他们读熟,第二天上课时利用几分钟时间进行听写。有时全班交来批改,有时抽查一小组或叫学生打开书,对照课文自己更正。

3. 用所学的单词、词组和句型造句

平时引导学生多做一些一句多译练习,有助于启发学生的写作思路。考试时选择自己最有把握的句子灵活地表达同一内容,就会减少失误,提高得分率。因此课后,教师要及时布置一些中译英练习或用给定的词语造句,这样不仅起到同步巩固词语的作用,而且还可以暴露出学生受母语影响的出现汉式英语的问题。在批改学生的英语作文时,教师经常会看到这样的句子:On the desk has a book, a pen and some pencils.(正确:There is a book, a pen and some pencils on the desk.)On 1995, March 13, he was born in Shanghai, Jiading. (正确:He was born in Jiading, Shanghai on March 3, 1995)。教师对这些问题老师及时进行评讲和纠正,有利于培养和规范学生的英语表

达能力,避免汉式英语。

(二) 加强口语、阅读训练,为英语写作打下坚实基础

1. 加强口头能力的训练

语言以"说"为基础,只有出口成章,才能下笔有文。在教学中老师不难发现口语好的学生,其写作水平都不低,很少出现汉式英语。因此英语教师要在让学生先说好英语上下工夫,尽可能地在课堂内外多开展说的训练。如课内5分钟演讲、两两对话、值日报告、复述课文、讲故事、辩论赛、课外开展英语角活动、参加英语夏令营等,都不失为训练口头能力的有效途径。比如复述,教师可让学生先阅读一份材料,然后让他们合上书本,口述内容,再由其他学生补充,最后写出材料大意。英国学者布里顿(J. Britton)根据多年的研究指出:"学生口语句型结构和表达方式往往是他们写作的基础。"

2. 加大英语阅读量和背诵的力度

"读书破万卷,下笔如有神。"这是我国学习语文,提高写作能力的传统方法,同样也适合于英语的学习。语言学习是双向行为,既要吸收也要产出,阅读一些范文,即可以解决理解问题,又可以提高书面表达能力[2]。在阅读时,应提倡琢磨以英语为本族语的人所写的东西,看他们如何组织写作,如何运用词语和句子,从中学习一些写作技巧,同时增加词汇量。俗话说"背会唐诗三百首,不会写诗也会吟"。因此一些好的语篇,语段要求学生摘录下来并背诵。上海英语教材选材广泛,内容贴近学生生活,并且由浅入深,是最适合学生背诵的材料。课文中精彩的句子和reading应该让学生进行背诵,条件允许的话要求学生默写出来,以此让学生感悟语言。其次加大作文范文的背诵力度,特别是优秀学生写的作文。由于作文范文篇幅短,语言简单,学生背诵起来相对容易,也容易培养学生的自信心。通过背诵让学生掌握英语的写作模式,常用的句型以及使用频率高的词语。背诵的文章多了,自然而然就会不用汉语思考。

(三) 加强课堂师生互动写作训练

1. 实施激励性评价,提高学生写作热情

教师批改作文的时候,可以寻找好词佳句用红笔标示出来,然后记录下来并注明作者展示在教室的黑板上。通过展示使那些写出佳句的学生获得成就感,从而激励他们在以后写作中积极尝试创新,也能使其他学生从中借鉴,取长补短。同时教师批改作文时不应只给出对错判定和分数,而应针对学生的个性特征和每次作文的具体情况在学生的习作后面写上一句或一段评语。"你的文章条理清晰,语言流畅!"也可以用英语直接进行表扬和激励:"Wonderful! Excellent! You have done a good job! You have made much progress in your writing! How nice your English sentences are!"等。笔者相信教师的寥寥数语将会激发学生无穷的写作热情和潜力,形成积极向上的强大内动力。

2. 课堂上即写即改,有效指导、及时反馈

新课标要求教师创造条件让学生能够探究他们感兴趣的问题,并且自主解决问题。课堂上即写即改培养了学生的分析问题和解决问题的能力,让他们在作文训练和评改中受到启迪、思维得到锻炼,由被动接受知识转变为主动探究,从而提高作文教学的效率。

课堂上限时完成作文。学生限时完成作文的同时,可挑选两名学生到黑板上写例文。首先对例文进行修改。在学生写完作文后,教师可从单词拼写、短语搭配、语法运用、内容涵盖、过渡自然以及书写规范等方面来指导学生对黑板上的两篇例文进行评改。在堂上修改作文时候不能只把眼光只盯住错误的地方,而应尽量发掘文章中的闪光点并适当地给予鼓励和表扬,否则会挫伤学生的积极性,而且让其他学生怕到黑板上写例文从而产生消极的影响。

其次自我修改作文。要求学生修改自己的文章,培养自己发现错误、改正错误的能力。在这期间教师通过巡视了解学生是情况并给予一些帮助,同时教师也能尽快得到反馈信息。

(四) 抄写和默写范文

培养学生的英语写作能力,以课文为中心训练写作能力非常重要,因为课文中的句子就是规范的地道的英语范文。因此,每学完一篇课文或对话,给学生划出一些重要段落,叫学生抄写,然后默写出来。第二天老师要及时检查或抽查。此外,还应多读一些简易的英语课外读物,如《中学生英语》、《中学生英语读写》(初中版)、《英语周报》、《21世纪报》等。这些刊物上都有写作导练和单元练习、期中检测、期末检测题中的书面表达范文等。这些作文比较适合中学生的实际水平,不仅可以帮助学生巩固和活用课本里所学的知识,也为提高写作能力打下更坚实的基础。

(五) 加强小组合作,提高写作实效

在书面表达教学中,我们经常发现:学生对书面表达充满畏惧情绪,普遍感到难以下笔。这时小组合作就显得特别重要。俗话说:"三个臭皮匠,顶一个诸葛亮。"因此教师在布置了书面表达题目之后,首先把学生分成小组,组员一起讨论、交流、切磋,各自摆出自己的想法,包括作文内容;所选词汇句型;谋篇布局等。其次,要让学生之间养成互相批改作文的习惯。学生完成书面表达后,交换批改,取长补短,使一些同学之间可以改正的错误,由学生自己完成,从而使学生学会逐步修改文章,从认识自己及他人文章中的得失来掌握写作规律,提高写作兴趣和英语书面表达能力。

"写作不能仅仅理解成个人的行为,因此在教学中不宜总是采取学生单独写出作文来让教师批改的模式,而应提倡学生开展两人或数人小组活动,通过讨论合作完成写作。"在批改作文时,教师经常会发现学生一些普遍性和典型性的错误,如时态错误、句型搭配不当、词语运用有误等,如果都一一修改会浪费许多时间和精力。所以教师

可以摘录学生习作的典型错误,在讲评课前将病句抄在或投影在黑板上,然后要求学生分组讨论合作修改,讨论结束各小组由一名学生总结他们的修改意见,小组合作修改让每个学生都参与到作文修改当中,激发了学生的学习积极性,又为学生互帮互助、合作交流营造了氛围。

小组合作的教学方法变学生"怕写"为"乐写"和"会写",又有助于减轻教师批改作业的负担,促进学生的书面表达能力,变"事倍功半"为"事半功倍"[3]。

（六）教师当面辅导式批改作文

当面批改作文不仅能充分体现因材施教的教学原则,还能增强师生之间的情感交流,有效地激发学生的写作动机。面批尤其对学习有困难的学生是一个及时辅导的机会。教师应主动去关心、了解和帮助学生。试想,教师坐在学生身边,一字一句轻声细语讲解,他肯定会体会到教师的关怀,心理可能这样想:"老师这么关心我,我一定要努力啊!"这时候他的注意力自然比上课时更集中,对教师指出的作文中的错误更能牢记在心。通过面对面的交流不仅帮助学生扫除了学习的障碍,而且增进了师生间的情谊,激发了学生写作的兴趣。

（七）加强学生写作技巧的指导

除了扎实的语言功底之外,学生掌握一定的写作技巧非常重要。笔者在教学中常采用下列方法指导学生写作的技巧：

（1）教学生动笔前如何来审题；

（2）教学生如何利用材料列出提纲；

（3）教学生如何使用不同的词汇和结构表达思想；

（4）教会学生如何运用一些过渡词把句子之间和段落之间连接起来。如：for one thing, for another, on one hand, on the other hand, besides, what's more, furthermore, moreover, as long as, on condition that 等。

（5）教学生如何运用好句型来增加文章的亮点和提高文采分数。例如：The reason why… is that… We have good reason to believe that… There is no denying the fact that… It goes without saying that … From what has been mentioned above, we can come to the conclusion that… It is/was… that… 教师应该鼓励学生在平时的写作中大胆使用,学生们使用的次数多了,自然就会运用了。

（6）教学生如何检查修改作文。一是检查体裁,看文章的格式布局、开头和结尾用语是否正确；二是检查要点是否齐全,字数是否符合要求；三是检查语法是否有错误和用词是否得当；四是检查拼写、大小写、标点符号及词形变化是否正确；五是检查行文是否流畅语言是否丰富。

三、总结

从语言应用学角度来看,英语学习中语言输入和输出的质和量决定着学习者的学习成效。写作是语言输出的重要途径之一,写作训练是提高学生英语学习质量,帮助学生获得学习兴趣,增强学习信心的重要手段。因此英语教师在日常的教学中,一定要重视写的能力的培养 但英语写作能力的提高不能一蹴而就,要力戒"速胜论"。教师应遵循由易到难、由简到繁、循序渐进的教学规律,帮助学生逐步提高写的技能,逐级递升英语写作水平。

总之,写作能全面反映学生的英语水平,它既能再现学生的英语基础知识,又能表现学生灵活运用英语的能力。初中英语教学以培养学生的实践能力和创新精神、使学生获得适应学习化社会所需要的基础知识和基本技能为主要目的,就初中英语教学而言,教师要在重视对学生进行听、说、读的训练基础上,重视写的训练。提高学生写作能力的方法是多种多样的,只要老师能面对现实,以学生的实际出发,平时注重加强写作训练,初中学生的写作能力一定会有大幅度的提高。

参考文献

[1] 陈荔群. 浅谈 NMET 英语作文训练[G]. 福建莆田五中,2002(11).
[2] 屈丽芳. 培养阅读兴趣提高写作能力[G]. 江苏省常熟中学,2002(5).
[3] 张宗友. 开展小组合作教学提高学生的书面表达能力[G]. 广东省始兴县始兴中学,2000(10).

情境教学在初中英语课堂中的应用和方案实例

汪雯雯

【摘要】 随着社会经济的发展,国际交往日益频繁,英语成为世界人民的第二语言。在母语的环境下学习英语,受思维定势的影响,学生难免会感到困惑。因此,在英语教学中,老师应创设不同情境来辅助教学,鼓励学生亲身参与,既能活跃课堂气氛,激发学生的学习兴趣,又能培养学生的思维能力和空间想象能力,锻炼学生的语言能力,教学效果会明显提高,因此情境教学以其活泼的形式和有效性逐渐受到教育者和学习者的重视。

【关键词】 创设情境;课堂教学;实行策略;有效性;方案实例

一、情境教学——英语课堂呈现的新变化

"教学有法,教无定法"这一教学指导思想,早在夸美纽斯的《大教学论》中就提了出来。即教学中有一定的规律性,有必须遵守的教学原则,但根据对象、内容的不同,又必须灵活选用教学方法。但是,在过去的英语教学过程中,就一课而言,"教单词,教课文,讲语法,做习题"成为一种模式——按部就班,千篇一律。这种方法限制了学生思维的发展,抑制了创新精神。僵硬的死记硬背无法适应变化的形势,学而不用有悖于学习语言的目的。结果是学生在具体场合中不知如何说,或者是将背下来的句子生搬硬套,弄得啼笑皆非。因此,这种传统的教学方法逐渐被摒弃。

Language is for communication. 语言的学习是为了应用,学生应从交际中去掌握语言,逐步用语法规范自己的言语,从而达到对英语的系统掌握。因此,"用中学"成为一种趋势,情境教学应运而生,其利用活泼的形式,鼓励学生亲身参与,在学生脑中留下具体的鲜明的印象。在英语教学中,老师创设情境,进行模拟教学,既能活跃课堂气氛,激发学生的学习兴趣,又能培养学生的思维能力和空间想象能力,锻炼学生的语言能力,教学效果明显提高,因此情境教学逐渐受到教育者和学习者的重视。

二、情境教学实行的依据及意义

(1)消除学生的紧张心理。教学艺术的魅力在于情感。情境教学法重视学生的情绪情感生活,集直观性、启发性、形象性、情感性于一体。情境教学的创设切合学生

实际、切合教材内容、切合语言交际的实际,新颖而富于启发性。教师在课堂上应调整对学生的情感,在举止上、眼神、语言上使学生感到和蔼可亲、可信,学生就会消除紧张恐惧心理,踊跃发言,变被动学习主为主动学习,为学好该科奠定了可靠的心理基础。古人云:"亲其师,信其道。"如果一个教师关心、爱护、尊重学生,学生也会爱老师、尊敬老师,还会把对老师的热爱转移到他所教的科目上,他们也会对自己充满信心。

(2)吸引学生的注意力。心理学家告诉教师们,"注意"是学生认知客观世界,获取知识,发展智力和培养能力的基础。因此,教师们应该采取受学生欢迎的教学方法,努力把课教得形象生动,最大限度地减少和排除分散他们注意力的各种干扰因素。而情境教学法就是设法创设各种生动有趣、贴近学生生活的情境、画面,集中学生的注意力,调动他们的积极性,使他们寓乐于学,寓学于乐;学有所乐,学有所得。

(3)降低学生的理解难度。情境中创设的语境是语言赖以生存和发展的环境,也是语言交际所依赖的环境。语言意义的理解,以及语言功能的实现皆需通过语境。情境教学法正是要想方设法利用各种手段为学生创设一种学习英语的语言环境。在相应的语言环境中完成教学内容,降低学生理解语言的难度。

因此,如果教师能在课堂上创设典型情境,必定能调动孩子们的学习兴趣,促进所学知识的理解及巩固。

三、情境教学的实行策略与实例分析

1. 要善于从文本中挖掘情境

(1)恰当的情境导入对吸引学生的注意力有着重要的意义

在教授上海新世纪英语八年级第二学期 Unit 3 Lesson 2 The Moonlight Sonata 时,教师用了月光曲循环播放和各种乐器图片展创设了音乐情境,并用生平简历的方式向同学们呈现了贝多芬(Beethoven)的大事件表,让学生们在了解其基本信息的基础上有兴趣有信心去了解更多。

这个年龄的学生内心存在着强烈的求知欲,他们渴望获取新的更多的知识,以满足他们对外部世界的追求。在这么大的情境中,怎能不产生了解 Beethoven 的强烈愿望呢?

又如在新世纪英语八年级第一学期 Unit 4 Lesson 2 For or Against Keeping Pets 这一课中,教师在网上收集了很多猫狗等宠物的可爱图片,并配以简单的音乐,制作成有声有色有趣的视频给学生观看,再随机提出问题:"Do you keep pets at home? What's your pet? Can you say a few words about you and your pet?"这样的新课导入,贴近学生的实际生活,激发学生学习热情,为课堂学习创设了极好的条件。

(2)利用课文中的现有材料,对部分内容进行情景扩展的创设

如在复习八年级第二学期 Unit 1 Lesson 2 An Interview with a Good Language

Learner 中的短语 provide sb. with sth. 时，教师问：Suppose you are monitress of our school, how will you provide our students with a good language environment? 孩子们从实际出发，抒发了对英语学习环境的渴望。

Angela：Since we haven't enough chances to contact native English speakers, why not set up an English Corner? We should try our best to practice our speaking skills in and out of class.

Jack：We'd better invite more foreign teachers to join us. They can company us to give lessons, learn songs, watch movies or play games.

Lucy：I hope our school will be equipped with audio-visual rooms and language labs because it's helpful for us to learn English well.

学生们意犹未尽，沉浸在对新校区浓浓的英语学习氛围的美好展望中。

又如在教学八年级第二学期 Unit 2 Lesson 1 Our School Newspaper 时，教师说：We haven't had an English newspaper of our own, if we have one, what sections will you suggest for it?

Angela：NATIONAL AND INTERNATIAL NEWS is a must. We must get to know what happens in the world.

Albert：I'd like to read funny and humorous stories. I suggest FUN TIME.

Tom：What about inviting some teachers to read some articles for us? We are glad to know about their hobbies or feelings.

Nancy：It won't be a success unless it records the student's growth inside. Let's call it OUR WORLD.

情境教学的目的是最大化地让课本资源接近孩子们的生活。

再如，在九年级第一学期 Unit 1 Lesson 3 Receiving a Visitor 的口语训练中，教师适时地加进了如下的情境：① 打电话询问航班信息；② 在机场接交流生；③ 介绍自己的学校。教师要求学生模拟以上的情境，做 Pair work 和 Group work，最后把所有的情境串起来，三大组各自表演情境短剧，第二天在全班汇演。各大组充分发挥了自己的积极性，还准备了服装道具，课堂气氛极为活跃，学生心理充满愉快与成功，进一步增强了运用外语的信心。

（3）展开思维对课文结局进行延伸

年轻人的好奇心会促使他循着原先的情境思考下去，这是创设课文结局延伸情境的根据。老师可千方百计地在教学中让学生去猜想或构思故事的结局。这样做可充分发挥学生的想象力，并提高驾驭语言的能力。

例如，在教完六年级第二学期 Unit 1 Lesson 3 An English Evening 一课后，老师请同学们根据晚会情境，编出故事的结局。学生们在这个新颖而熟悉的情境中，思绪不由自主地飞翔起来,不吐不快,课堂气氛异常活跃。

(4) 在特定的环境下教授词汇和句型

情境教学如果单单是词汇教词汇是很枯燥的。教师在教词汇和句型时注意创设一些简单的情境,充分发挥学生的求新、求异、求奇的创造欲望,把机械性的操练融于有意义的情境之中,效果也颇佳。如要教会学生"Compare…with…"这一短语,按照书上的结构,教师要求学生比较上海与杭州;比较上海的嘉定区与徐汇区;比较中国足球队与韩国足球队等等。在这些简单情境中学生不但学会了"Compare"的用法——"Compared with Hangzhou, Shanghai is more developed, but Hangzhou is more beautiful",而且还在创设的情景中,联想到许多有用的词汇。

2. 要善于利用资源创造情境

(1) 利用实物创设直观的情境

实物是最常见的直观教具。实物的运用,打破了时间和空间的限制,使学生坐在教室里就可以认识客观事物。例如:可借助破杯子、落叶、开水等来介绍形容词 broken, fallen, boiling, boiled;把不同的位置的东西来体现 through, across, above, over 等一些介词的含义。在六年级第二学期 Unit 3 Lesson 1 Phoning About The Science Activity Week 一课中,教师带了两个电话让学生们来表演对话。教师通过实物这个直观教学手段,加上自己的语言表述和学生的角色扮演,形成交际的模拟情境和气氛.通过在设计的情境中进行语言操练,让学生在轻松、愉快、和谐的气氛中掌握所学知识。

(2) 借助多媒体的演示功能

设计一个动感的、简约、色彩鲜明的课件不仅能综合体现情境教学的各项优点,而且令课堂更紧凑明快,比如,八年级第一学期 Unit 2 Lesson 2 Pyramids of Egypt 和八年级第二学期 Unit 3 Lesson 2 中的 Reading "Hollywood" 比较长,单词比较多,比较闷,学生学起来比较难。教师可通过电脑下载了一些关于恐龙和金字塔的照片、电影片段和资料并制作成课件。课堂上学生觉得很有趣味,很容易理解。另外,利用电脑,把一些英文歌曲放在课件上,让学生多听一些英文歌曲,既能调节气氛,提高学生学英语的兴趣,又能增加不少知识。

(3) 通过师生的角色表演创设情境

通过情境教学,把学习和应用有机地结合起来,在用中学,在学中用。这样做能起到加深印象、帮助理解的作用,实际效果比一般抽象的讲解要好得多。

比如在六年级第一学期 Unit 3 Lesson 2 Discussing What to Eat 课中和六年级第二学期 Unit 4 Lesson 1 PE in English 中,教师充当售货员和体育老师发出指令,学生做出回应,在交际中教师除了使用语言外,还经常使用表情、动作、手势等来表达一定的意思。如果一个教师在课堂上能用各种生动传神的表情、形象的语言和演示动作来描述事物或某种过程,学生的头脑中就能形成清晰的图像,可以收到很好的教学效果。在教学中恰当地运用声调的变换,加上一些生动的图画及动作和形象表情的配合,可以为学生创造一个轻松、欢快、自由的学习环境,从而使英语课堂教学更生动、更形象。

(4) 创设第二课堂的语言情境

利用真实的外语教学情境,让学生们运用英语接受信息或表达思想,并亲身体验运用英语达到交际目的后的成功感和愉快感。教师学校主办了英语板报,英语义卖,英语朗诵,英语词汇大赛,英语作文比赛,英语阅读大赛,英语戏剧小品等活动,在比赛中,主持人、评委和选手都用英语参与,班级也出现了学习英语的热潮。在学完八年级第二学期 Unit 2 Lesson 1 Our School Newspaper 后,教师让学生们自己寻找素材分别写出国际、国内、校内新闻,让教师惊喜的是有八位同学无论是语言编辑或是朗读水平都非常不错,还代表本班到隔壁班做了展示。

四、情境教学的活动方案

下面是教师在教新世纪英语八年级第二学期 Unit 3 Lesson 2 The Moonlight Sonata 一课的活动方案。

活动目标:

(1) 掌握本课的核心短语,达到熟练运用的程度,创造多重情境努力提高学生的语言运用和交际能力。

(2) 使学生在了解贝多芬生平的基础上,鼓励学生学习他的持之以恒,追求自己崇高理想的精神。

活动准备:

(1) 已教完生词,学生已预习并能熟读课文。

(2) 让学生利用音像、图书馆和网络搜集有关贝多芬的信息;老师对本文的内容理解和教法也要建立在查阅相关资料的基础上。

教学设备:多媒体课件,收音机,The Moonlight Sonata 乐曲。

活动过程:

1. 热身部分

(1)《月光奏鸣曲》循环播放和各种乐器图片展创设了音乐情境。询问孩子们这首曲子由哪种乐器弹奏,并问孩子们知道哪些钢琴家。

(2) 用生平简历的方式向同学们呈现了贝多芬的大事件表,让学生们在了解其基本信息的基础上有兴趣去了解更多《月光奏鸣曲》创作的由来,作为心理铺垫。

2. 课文学习

(1) 了解内容。

① 听磁带一遍,判断所给句子的内容正确与否(也可以请几个朗读好的同学朗读,培养他们朗读的意识)。

② 对所给句子的先后予以排序。这两个步骤看似在做题,其实是对文章的内容做一个大致的了解。

(2) 知识点讲解。

① 在教 hear sb. doing 和 hear sb. do 区别时,本人用英语解释,但在 PPT 上借助了中文注释,便于学生的理解。因为句子中涉及拉小提琴,PPT 上也配了图片给学生们直观的印象。随后朗读一些分别使用这两个短语的句子。包括 Look, some teachers are watching us having an English class! (一些老师正在听我们上英语课)这个真实的情境借用既自然又实实在在地帮助了对语法的理解。

② 在教 How I wish I could… 的句型时,除了翻译指定的中文,孩子们被要求自己创设情境补充句子。这样的英语课堂不仅是老师可控的,又是一种发散的、结合学生本身的。

③ 在教 afford to do 的含义时,教师给出了带有这个短语的一个情境,让学生们去猜短语的含义。他们猜得起劲,也记得牢固。趁此机会,教师给出几个大环境让孩子们自己去编对话来引出 afford to do。如:buy an iPad of my own, buy tickets for the concert, send their children to school, a visit to Singapore, buy a car. 孩子们的回答和想象可以让人忍俊不禁又点头称赞。

④ 在教 lose oneself in… 的短语时,教师列出不同的情境都会用到这个短语,比如:The book was so interesting that it attracted her a lot. / The man was thinking carefully. /They listened to the wonderful music and forgot the other things. /Nancy did her work attentively. 并让学生们用 lose oneself in… 来表达。已经知道在何种语境下使用这个短语的孩子们说起来自然就得心应手了。

3. 学后反馈

(1) 根据短语的情节线索来复述课文。

(2) 教师情感教育。社会上不乏身残志坚的著名人士,如张海迪、霍金、海伦凯勒,他们克服了常人难以想象的困难,实现了生命的价值,拓宽了人生的宽度。

(3) 学生情感输出。两人对话,根据老师的问卷来完成一个报告。

(4) 得出结论:精诚所至,金石为开。天助自助者。

这一部分是利用学生所熟知的名人的激励故事来自然地达到一个情感升华,情境教学就是利用教师们身边无处不在的资源去有效地促进课堂效率。

五、结语

提高课堂有效性,情境教学法在英语教学中起着其他方法不可替代的作用,因此作为课堂主导者的英语教师,要精心组织和安排教学内容,以满足学生寻求知识的心理需要;着意建立轻松愉快的竞争性情境教学氛围,以满足学生获取成功的心理需要;积极运用灵活多变的教学方法,以满足学生发挥创造的心理需要;设计和开展丰富多彩的情境教学活动,以满足学生享受愉快教育的心理需要。教师们要努力在教学实践中应用这一方法。

参考文献

[1] 倪丹萍,刘婷.情境教学法在英语课堂中的运用.现代商贸工业,2010(11).
[2] 李亚娟.论情境教学法在英语教学中的应用.理论研讨,2010(5).
[3] 王科祥.初中英语课堂情境教学的探索与思考.新教育,2009(3).
[4] 胡蕾.创设语言环境促进英语教学的实践与思考.文学界(理论版),2010(7).

了解西方习俗,增进交际能力

徐笑颖

【摘要】 西方习俗是西方文化的一个载体,一种呈现方式。了解西方习俗,就是找到了一个了解西方文化的一个窗口,或者说是一个途径。而要了解西方习俗,就应该以体验活动、情景再现等课堂活动为突破口。在此基础上,我的做法是,介绍中西传统文化,让学生寻找并体验其中共性与差异,帮助学生了解英语文字的隐喻以及一词多义的含义,体验西方不同节日的庆祝方式,从而让学生能够得体地与西方人交流。

【关键词】 交际能力;民族意识;西方文化与习俗;西方节日与庆祝方式

一、培养目标

本着让学生全面发展,提高学生学习兴趣的初衷,桃李园实验学校开设了诸多以学生兴趣为导向的外围课程,其中有一项课程题目是西方文化与习俗。作为该课程的负责老师,我们希望通过这个课程的学习,首先要让学生了解本国文化并能够在跨文化交际中意识到自己的民族身份;其次,要让学生了解西方的文化与习俗由来,最终要达到的目标就是提高初中低年级学生的英语交际能力。

二、课程内容

1. 民族意识和传统文化的教育

经济基础决定上层建筑,经济发达的国家在文化方面必然也会起到导向作用。"文化霸权"主要是指在国际文化交流中,少数文化强国依靠其强势文化地位,通过语言、信息、科技、教育、等方面的优势,向世界其他国家进行文化渗透和扩张,迫使这些国家放弃原有的文化传统,接受其价值观念和意识形态,以此影响或主宰这些国家发展的前途和命运[1]。近代以来,西方在政治、军事和经济方面取得霸权,进而发达世界以其雄厚的政治经济实力为后盾,形成了广泛认同的一整套概念体系,遍及于政治、经济、文化各领域,长期占统治地位并被广泛运用。这一概念体系包括西方政治、文化、生活方式、思维习惯等各个微观层面,它在国际文化交流中具有较大的影响力和控制力。这种强大的话语文化权无疑在某种程度上促进了欠发达地区各方面的进步,然而,不可否认,也压制了该地区本土原有的生活方式和思维方式以及本土话语的发展。

文化霸权是国家强势文化的体现,它在另一方面可以说是对弱势文化的文化侵袭,使得很多发展中国家的文化渐渐成为"亚文化"。

过去的外语教学过程中跨文化交际能力的培养,更多的是强调西方文化的习得,交际过程中对西方语言、语用习惯、信仰、思维方式的顺应,而鲜有西方文化如何适应中国文化的因素。如果外语学习者不加选择地学习、效仿西方的物质文化、信仰、行为方式,对自己的民族文化表现漠然,甚至认为自己的文化是落后文化而加以丢弃,那么这样的跨文化交流有不如无。因此,在增强初中低年级学生的跨文化交流能力时,应当将民族意识和传统文化教育放在首要位置。当我们的学生与外国友人交流的时候,至少保证他们能够流利且自信地介绍我国的传统和文化给西方人,让对中华文明知之甚少的西方人了解我中华上下五千年来积淀的文化底蕴。

当今的时代是一个全球化、文化混合的时代,跨文化交流日趋频繁。在跨文化交流过程中,只有注意到不同文化的文化心理和文化传统才能够积极有效地进行交流。所谓"交际"和"交流"都是双向进行的,所以说中国传统文化的学习是学习其他外来文化的基础和前提。要深入了解外来文化的内涵,就必须以本民族的文化为参照物,比较外来文化与母语文化,从中发现两者的共性和个性,进而深刻理解并掌握西方文化的文化特征和文化体系。若没有自己的文化作为基础,而一味地学习、模仿西方文化,就会在跨文化交流中失去自己的民族文化身份,而陷于被动的境地。跨文化交流是多元文化的互动。只有在了解掌握本民族文化的前提下,掌握西方文化特点,了解中西方文化差异才能增强跨文化意识,在跨文化交往中学会适应、接纳西方文化,避免文化错误、交际障碍而引起的跨文化交际失败。因此,在外语教学的过程中应把母语文化教学与西方文化教学放在同样重要的地位。

总之,学生本民族母语文化习得是英语教育中不可或缺的一部分,它可以使学生正确地判断西方及本民族文化,在跨文化交际过程中意识到自己的民族文化身份,并得体地进行跨文化交际。一个轻视母语学习、民族文化的人,极易形成自卑心理,在交际过程中迷失自我,失去民族文化身份。就外语学习而言,本民族的语言和文化是学习外语的前提和基础。在外语学习过程中,通过与本民族文化的对比,可以强化外语的学习和理解。

胡文仲、高一虹两位学者就曾指出,学了外语就丢了母语,有了外国文化就抛弃了民族文化,那么这些人仍是"单语人",这个世界仍然是隔绝的世界,如此,外语学习又有什么意义呢?[2]因此,我们在培养学生的跨文化交际能力时只有既重视西方文化的习得,又把母语文化学习上升到应有的地位,才能实现外语教育的最终目标,培养出具有跨文化交际能力的。

2. 西方文字隐喻及一词多义的解析

亚里士多德认为一切修辞现象都应被归类为隐喻性语言,他认为隐喻是一种修辞性语言使用现象[3]。语言学家莱考夫则对隐喻概念的认定更为宽泛,他们认为隐喻决不仅仅是一种语言现象。从根本上讲,隐喻是认知现象。隐喻性思维是人类认识事物,建立概念系统的一条必由之路。

换言之,要了解西方习俗与文化,理解的隐喻性语言是必经之路,也就是说要听得懂他们的言外之意,理解他们的谚语和俚语,才能避免产生不必要的误解。

从衣食住行等方面,如果不了解西方人的隐喻性语言和西方文字一词多义的使用,就很容易引起理解的偏差。如,loud 作形容词时通常表示吵闹的,是听觉上的修饰词,但它也可以用在修饰衣服上;This outfit is so loud, don't you think so? 意指,你难道不觉得这件外套太招摇太花哨吗?

3. 西方文化与习俗

人类的文明离不开生活,生活虽说是多姿多彩的,但若真要概括,倒也不难。中国有句俗语说得好,"民以食为天"。

在中国的饮食文化中,泡椒凤爪、牛筋、皮蛋等都是下酒下饭的好菜,但在西方人眼中,这简直如同茹毛饮血的野人行径,他们甚至称皮蛋为 Hundred-year egg 或 Century egg,意为百年蛋,从这种表达中就不难看出,在他们眼中的皮蛋外形诡异,蛋白上还有奇异的花纹,特别可怕,似乎来自几百年之前。相同的,有一些西方人推崇至极的饕餮在中国人的眼中也难以接受,如:blue cheese 蓝干酪,这是干酪的一种,从外形看来它有别于一般的奶酪的是,上面有点点青色的青霉菌发酵后留下的蓝色斑纹。蓝干酪可以用牛奶或羊奶制成。较著名的蓝干酪种类包括法国出产的布勒·德·奥福格干酪以及罗克福干酪,还有意大利出产的古冈左拉干酪。说到意大利的 cheese,就不得不谈谈在意大利撒丁岛非常流行的 Casu Marzu,它的中文意思是"腐坏的奶酪",或者可以直接称它为"蛆奶酪",Casu Marzu 是一种被故意放养活蛆的奶酪。在经过高度的腐烂分解后,制成这种有无数蛆蠕动的、软软的甚至会渗水的奶酪。这种奶酪软软的,还具有奶油质地。这是当地非常流行的食物,是婚宴和宴客时,主人会拿来招待客人的佳肴。

在住的问题上,英国人的命名习惯中,不用上下楼梯的那一层楼就成为 ground floor;而离地一层楼的才是 the first floor,而美国人则不然,他们直接从底楼开始编号,即英国的 ground floor 是美国的 the first floor,若不了解各种差异,就容易闹笑话了。

在出行方面,也有许多隐喻的用法在英式英语中,比方说减速坎,英国人就很形象地称之为 sleeping policeman,直译为中文是"卧着的警察",又比如交通纠察员,英国人的幽默再次得以发挥,他们称为 lollipop man or lollipop lady,因为交通警察经常像一根棒棒糖似的伫立在马路中间。

4. 西方节日由来与庆祝活动

节日是世界人民为适应生产和生活的需要而共同创造的一种民俗文化。西方的节日也是西方人民文化和历史积淀的体现。追根溯源,节日的背后通常是有着悠久的历史传统的,了解节日及其习俗也有助于帮助学生增进对西方习俗的了解,加强学生的英语交际能力。

作为新一年的开始,中西方有着极大差异的庆祝方式。春节作为中国最重要的传统节日,从除夕开始,人们开始开展各种庆祝方式,春节的庆典一直持续到元宵节才正式落下帷幕。春节的习俗繁多,如大扫除、吃团圆饭拜年、放鞭炮、舞狮子等。总之,不论是大街小巷,都可以看到每家每户挂着红灯笼、贴着春联,到处都洋溢着喜气。而在西方的传统中,他们崇尚的是过公历新年,即元旦。他们过年的方式就不那么讲究传统了,在12月31日晚,各地区的人民涌上街道进行盛大的狂欢,到了深夜接近零时的时候,数十万人会聚集于一起,诚心地祈祷,为新的一年的到来倒计时。当大钟敲响12下,顿时,优美的乐曲奏响,不少城市的标志性建筑物上会燃放盛大而华丽的烟花,人们彼此相拥相吻,通宵达旦地庆祝。

感恩节之于美国人的意义就如同农历新年之于中国人。感恩节的原意是为了感谢印第安人教会了最早的美国移民者如何种植粮食以免受饥饿和疾病的侵袭,后来人们常在这一天感谢他人。每逢感恩节这一天,美国举国上下热闹非常,基督徒按照习俗前往教堂做感恩祈祷,城市乡镇到处都有化装游行、戏剧表演或体育比赛等。分别了一年的亲人们也会从天南海北归来,一家人团圆,品尝以"火鸡"为主的感恩节美食。美国当地最著名的庆典则是从1924年开始的梅西百货感恩节游行(Macy's Thanksgiving Day Parade)。

光明节(Hanukka)也是西方很重要的一个节日,它之所以重要,是因为这是一个犹太人的节日,是一个地道的犹太"感恩节"。犹太人在遭到德国法西斯的屠杀后,四散在世界各地,他们的后裔们没有忘记自己的文化和传统,在新的祖国的土地上仍然还在践行着他们古老而神秘的传统。Hanukka是一个希伯来语单词,也可被拼写作Hanukkah、Chanukah,译为中文是"献身"的意思。光明节一共持续8天,由每年12月的第25天的晚上开始。在光明节期间,人们会互相交换礼物,并且将会救济穷人。由第一天燃点两支烛光开始,以后每天添加一支烛光,到第八天便共有九支烛光。圣殿中的金灯台(Menorah)只有七支灯盏,不够八天的添加,所以犹太人新创一种有九支灯盏的灯台,称为"哈努卡灯"。九支灯盏的排列次序不一,款式千变万化,但必有一支灯盏高出其他八盏少许,称为"头灯"(head light),用以象征原本可燃烧一天的那支烛光,其他八盏象征神迹发生的八天。

三、教学方法

1. 体验型的课堂活动

这种训练中使用较多的是角色扮演。训练者指定给受训者一定的角色,由他们扮演并体会在跨文化交际中的困难和问题;或是人为地制造另一种文化环境,然后让受训者在这种环境中学会解决各种问题的能力。

比如西餐的餐桌摆放是很多中国人吃西餐时非常头疼的问题,就这一课题,教师通过图片展示,餐具用途解析,视频观看等方式教授学生餐具的摆放和用法,然后再请同学进行实战演练,体验西餐餐具摆放,并予以指点。又如关于 spaghetti 的吃法,教师可在课前用柔软的白纸做成细细长长的"意大利面条",然后将其放在盘中,备好叉子,带到课堂上,请一位学生示范 spaghetti 的吃法;第二位学生对其吃法进行纠错;然后和全班一起将规范吃法写在黑板上;最后再请一位学生示范规范吃法。通过体验型文化训练,学生很轻松就掌握了有用的词语表达,同时体验了异国文化。

甚至还可以给予适当的奖励,若学生大多能够掌握,那么可以在下一次课程中进行 potluck party,学生们自带美食,而老师则带上一大份的 spaghetti 来考考大家是否会吃。

2. 课堂讨论

通常的做法是先叙述发生过的反映文化冲突的事件,然后提供几种不同的解释,由被训练者选出他认为合理的解释,然后与正确的答案作比较并展开讨论。如:我们可举这样的例子:一位中国人受邀去一位美国人家里赴宴,他为此购买了昂贵的礼物,并预想会有丰盛的菜肴和无微不至的接待。哪知到场后却发现别的客人只带来一束鲜花或一盒巧克力这样简单的礼物,而且主人和他打过招呼,为他引见了几位客人后就走开了,饭菜也简单得很。我们可以分析故事中的文化冲突。在讨论后,展示关于美国一些富翁勤俭节约的短文,并请同学结合文化冲突的事件进行更进一步讨论。

3. 互动式的训练

在训练中受训者与另一种文化的代表或专家进行交往,在交往中学习对方的文化习俗,学会各种交际的技巧。可以通过学校为媒介邀请不同国籍的外国友人来到课堂上,与大家进行交流。也可以利用社会资源,如嘉定图书馆定期会举办讲座,偶尔会有外国讲师,那么就需要教师提前预订好,让学生有更多的机会接触西方的文化。

当然更多的情况是组织学生就特地主题进行会话操练,为了让学生每次都能与不同的同学进行训练,在训练之初都会采取抽扑克牌或抽纸片等方式,增加活动趣味性的同时也能帮助学生拓展用英语社交的能力。

4. 小组汇报

在训练中,预先给出课题范围,让学生们自主选题,然后把选同样题目的学生分为一组。在每次课堂上留出时间,让学生们上台展示汇报。形式可以是多种多样的,可以是用 PPT 中的图片展示配以讲解,也可以是通过一个自编课本剧再来讲解,或是以一个游戏活动导出课题并进行展示。

5. 实战演练

在课程结束时,邀请学校任职的外教老师来教室中与同学们交流。在课堂上设置成记者招待会的形式,请同学们畅所欲言地提出对中西方差异的问题并请外教予以解答,评分的教师进行旁观打分。

四、考核与测试

我们以提高初中低年级学生学习兴趣为导向,在轻松和愉悦的氛围中逐步提高学生跨文化交际能力为目标,使考核能够对学生的应用语言能力进行全面的考察。为此,我们采取的是平时分、小组汇报得分与实战演练得分相结合的方式。在不增加同学学习负担的前提下,让平时考核作为学生能力考核的主阵地,随着教学进度的推进,教师会布置阶段性测试能力的作业。小组汇报得分是依据汇报情况综合学生打分和教师打分后的得分。实战演练的得分前文已有叙述,此处不再赘述。

参考文献

[1] 周苑. 当代文化霸权对中国国家文化安全的挑战及对策思考[D]. 重庆:西南师范大学,2007.
[2] 胡文仲,高一虹. 外语教学与文化. 长沙:湖南教育出版社,1997.
[3] Aristotic. Rhetoric and Poetics. New York:The Modern Library,1954.

美国俚语在英语教材中的渗透研究

龚 烨

【摘要】 随着社会的不断进步,对英语教学者的要求越来越高。整个社会的英语水平已经和十几年前的整个国民水平已经明显提高了不少。随着学生接收英语口语的渠道不断扩大和丰富,越来越多的孩子走出国门,他们需要一个真正的工具。不可否认,现代美语俚语是我们语言学习者不可忽略的组成部分。学习俚语是学习美国语言文化的重要组成部分。如果你不学习这方面的东西,在美国可能是寸步难行,吃饭点餐、读报、学习可能都会有问题。从其来源来看,俚语是在美国亚文化向主流文化渗透、社会名流推动、新概念大量涌现之下而产生的。在形成的过程中,也逐渐形成了自己的风格:幽默、诙谐、轻松,生动,易于表达感情等,体现了各个阶层说话者受教育程度和文化素质以及对现实所抱的态度。如今,俚语已经与标准语之间互相渗透成为了现代英(美)语的主要趋势。这方面,现代教师也应做深入研究做好恰当的结合。

【关键词】 美国俚语;来源;特点;社会功能;前景;语言地位;中国英语;教育;渗透

引言

现代美国俚语是一个很复杂的语言现象。俚语原来是指某些特殊的基层、行业或囚犯、黑帮使用的行话和黑话。其中有些粗俗不堪,难以登上大雅之堂;有些简单明了,诙谐幽默,为大众所接受;而有些则只在一些很小的范围内流行,如在一个行业内、一个地方、一个时期等,其寿命不长,往往自生自灭。

据不精确统计,美国人的常用词汇约是1万至2万左右,其中10%约2000多个左右的词语是俚语,而且这些俚语也是美国人的日常生活中频频使用的。因此有些语言学家就认为,如果一个人不熟悉美国俚语,要想在美国社会与人顺畅地交流是不可能的,有时甚至就连读书看报都会很困难,因为现代美国俚语已经频频出现在报纸和书籍中了。现代美国俚语是一种非常不规范的语言变体,在当代美国社会中所履行的社会功能显然是越来越重要了,而且这样的特殊的语言的创新,已经逐渐地融入了英语标准语的范畴,成为标准语不可或缺的表达手段的补充。本文将对俚语的产生、发展、社会功能及如何融入中国课堂进行简单的研究。

一、现代美国俚语产生的背景及来源

要学习语言,首先应该了解她的背景。19世纪,在美洲大陆的"西进运动"中,许多美国人大量向西部移民,形成了大规模的人口的流动。这么一来,各个地方的方言以及各个社会阶层的行话、黑话接踵而来,人们互相传用。由于美国官方并不强调"标准",又很少进行"语言纯化",因而不断出现的行话和俗语等不同的语言形式经过不停的传播使用,便成了今天美国人使用的俚语了。同时美国是一个多民族混合而成的国家,这些移民带来了自己的语言,同时也不断地创造出与英语相融合的新词汇,从而使英语日益增加。

到了20世纪,美国俚语有了飞猛的发展。两次世界大战、越南战争、朝鲜战争、冷战等时期都产生了大量的俚语,还有美国社会不断出现的社会问题如:种族歧视、民权运动、家庭解体、年轻一代的酗酒和吸毒、反战运动、性解放、同性恋等令美国俚语更是如雨后春笋般涌现。而进入经济大发展和科技飞速进步的八九十年代,现代美国俚语呈现出了生机勃勃的旺盛生命力,计算机俚语、体育俚语、校园俚语等新兴俚语的大量增加进入日常生活。

二、现代美国俚语的主要来源可以分来

1. 亚文化向主流文化的渗透

隐语行话及黑话产生了许许多多的精彩的俚语。例如:美国罪犯把监狱外的社会成为"street",按他们的说法,监狱外面便是大街,便是海阔天空的地方,于是 street time 就是指假释期。又如"kick the bucket",过去在执行死刑期间,刽子手就会把犯人脚下的桶踢掉,使犯人窒息而亡,现在就是用来表示"翘辫子"的意思。

2. 社会名流的积极推动

现在俚语的主流,则为主宰美国当今文化主流的上层人士创造的俚语,作为美国的文化中心,各个较大城市通过媒介主导美国文化。这些城市的上层人士如政界要人、商人、电视节目主持人、专栏作家,他们大多受过良好的教育,充满才智,具有极强的表达能力。他们也是美国俚语发展的主要推手之一。

曾被定义为"难登大雅之堂"的美国俚语已频频出现在名报、名著、名人传记中,甚至是美国总统正式演说中。因此可以说美国俚语已融入了主流文化的"血液"。

3. 新事物、新概念的大量涌入

近年来,经济和科技迅速发展,大量的新俚语应运而生,用以表达新事物和新概念。如"hot line"(热线),"fall out"(放射性尘埃),"afro"(蓬松发型),其中最经典的、最耳熟能详的就是"cool",字面意思是"凉爽的",但是现在人们通常用这个词语来

形容事物"棒极了,太妙了"。

三、现代美国俚语的特点

"精力旺盛、开朗活泼、不墨守成规、勇于创新等都是美国人引以为豪的民族特征。"这些特征在他们日常交际的谈话方式和遣词造句中得到了完全的体现,俚语的特点恰恰与美国人的民族特点相符合。

1. 幽默

(1) 语音幽默

许多俚语之所以朗朗上口,使人印象深刻,因为都是利用谐音来表达的,所以易记易懂,顺耳入耳,生动有力。例如"wiggie-waggie"(摇摆 聊天 嚼舌头),"tiptop"表示非常杰出,"super-super"表示特别大的、特别引人注目的、显著的,"razzle-dazzle"表示狂欢、陶醉,"hurry-scurry"慌慌张张,"hoity-hoity"表示神气十足,"dilly-dally"表示游手好闲。这些词语从韵律上讲跳跃活泼并且押韵,所以得以广泛的传播。

(2) 现代美国俚语词汇上的幽默还体现在缩略词,重复等方法上

许多美国俚语是由首字母构成的缩略词。如众所周知的NATO是North Atlantic Treaty Organization的首字母组成的,是大名鼎鼎的"北大西洋公约组织",而善于搞怪的美国人已经把它发展给另一个含义截然不同的俚语:No Action Talk Only.(光说不练),从而成功地讥讽了真正的NATO。

2. 修辞比喻使用恰当

如果你在别人看来是一个"couch potato"说明你的生活方式十分被动消极。整天躺在沙发里,像一个枯萎的土豆。这样的比喻在美国俚语当中比比皆是。例如"fox"指的是充满魅力的女性。个体单词直译枯燥乏味,美国人不会满足于把事情说得明明白白,司空见惯的词语往往过于直白而失去力量,而换上生动逼真或可笑的隐语,那种平铺直叙就变得有趣多了。

四、现代美国俚语对英语及中国课堂的影响

现在,整个世界都在观看美国电影和电视。美国俚语充斥着几乎所有的美国影视作品,许多以英语为本国第一语言的国家想保持本国英语的特性已经不可能了。澳大利亚、英国、加拿大等国家的儿童都穿着美国式的衣服,说着美国黑人才说的俚语。这种现象在全球都很普遍。对于那些英语国家来说,他们正在慢慢失去本国英语的独特性。但任何事物的存在必然有它的理由,美国俚语也是如此。虽然它对他国英语的独特性存在一定的消极作用,但不可否认的是它在美国本土却是交际功能十分强大的语言,简洁,独到,精彩。在日常的交际中必不可少。在中国,孩子们也能够通过各种类似的渠道接触到地道的英语。发现我们的书本和现实的口语确实存在相当大的距离。

说实在的,我们的孩子可以清楚地将四级、六级的词汇背出来。但是这些单词连起来,又是什么意思呢?也许你说的英语当地人听了会笑。例如:"give me a break"意思是"让我休息一下",但在外国人看来,便是毫不客气的抱怨:"省省吧你!"在不同的语境下,字面意思和深层含义相差如此之大。其实,英语和我们的国语一样,她也是一门充满感情色彩的语言,而非我们点对点、词对词的简单理解。而再回头翻翻我们的课本,千篇一律的基调,难免落入陈词滥调之流。

五、引导学生接触俚语的方法

1. 创设特色语境

教师应多多为学生尽可能创设语境,带领孩子多多接触课本以外的实际会话情景。根据教材收集相关词语在实景中的会话作用。例如:剪辑报纸,并非国内中国人编写的报纸。因为那些都是以中国人的思维编写的,应该更多地收集国外孩童所阅读的材料,让在中国学习的孩子"think in English"。收集会话实景,可以从孩子们耳熟能详的电影或电视剧中截取实景会话,帮助他们训练语音语调,捕捉实景对话中人物所运用的俚语。训练模仿,学习语言就是从模仿开始,通过观看电影、电视、视频,组织学生模仿会话,注意俚语在日常会话中的运用,教师从旁提醒指导并讲解。

2. 循序渐进,从词到句,从日常到书面

在教学过程中,学习单词的同时,将词放在具体的句子和语境中学习。当然,句子也须符合生活来自生活。多年英语学下来,到了国外连厕所都找不到。因为我们国内曾经流行的是"WC"。而国外只有"rest room"和"toilet"。幸好,现今的教材已经改进了。又如我们所学的"What a pity!",可事实情况是,人家并不乐意这么说,更多的说法是"What a bummer!"或是"Dang!"。我们确实应该从基础抓起,不是说把词性搞清楚就是高材生,而是要更多地使用我们的所学投入到实际生活中。

3. 鼓励开口,从模仿开始

现在市面上流行着各种各样的英语培训机构,其中特别成功的就是李阳的疯狂英语。他鼓励孩子要大声疯狂地反复地练习口语。句子非常简单,但是要求学生反复操练。在刷牙时、睡觉前、早晨起床时都要大声朗读,其中主要的目的就是鼓励学生开口说英语。语感就是在这样不知不觉中得到了锻炼,另外就是要克服害羞、不敢说的弊病。中国人生来内敛,而英语却大胆开放。模仿的不但是句子,更是一种态度。

六、结束语

现代美国俚语已经成了越来越重要的交际工具,是英语语言中丰富多彩的、极富有活力的成分。只有了解一门语言的背景,才能学好它。这并不意味着,我们要崇洋媚外,放弃国语。而是增加我们所学的实用性。让我们的所学不仅停留在试卷上,而是能够真正运用到实际当中,做到听得懂、说得出,实现语言应有的功能。

参考文献

[1] 张琪. IT时代新新美语. 北京:北京外语与教育研究出版社,2002:7.
[2] 胡家英. 美国俚语基本特征及社会功能. 学术交流,2003(113):154.
[3] 狄波. 现代美国俚语浅谈. 上海教育学院学报,1995(1):79.
[4] 伯克. 原味美语. 北京:北京语言大学出版社,2009:26.

初中预备年级英语词缀记忆法教学初探

齐婷婷

【摘要】 词汇是学习任何一门语言的基础,然而单词的记忆是困扰很多英语学习者的难题,对于年龄较小的初中预备年级的学生们尤其如此。那么如何才能缓解孩子们繁重的记忆负担,并激发他们的学习兴趣呢?本文将尝试探讨单词的词缀记忆法,即:在预备年级教学英语单词的词缀构词法,帮助学生理解单词的构成形态,并通过逆向思维将单词的这种构成特征运用于词汇记忆中,从而大大降低许多英语单词的记忆难度。掌握好词缀记忆法对扩大词汇量,加深对词汇的理解乃至最终学好英语都具有非常重要的意义。

【关键词】 初中英语;词缀;记忆;词汇量;教学

学习语言必须学习语音、语法和词汇。而著名学者 Wilkins 曾经说过"没有语法,表达甚微;没有词汇,表达为零(Without grammar, very little can be conveyed, without vocabulary, nothing can be conveyed)。"[1]词汇的学习确实是一门语言学习的基石,是人们学习该门语言的语法结构及顺利运用这门语言的前提。

根据《上海市中小学英语课程标准》中关于初中英语教学阶段性目标中的要求,学生在此阶段需要达到"能阅读基本无生词的短文,理解大意,获取关键信息","能在听话阅读中克服生词障碍,理解大意,获取准确信息。"[2]可见词汇教学在初中英语教学中具有非常重要的意义。但中国学生在识记英语单词方面却困难重重。而记忆英语单词绝对是没有旁门左道的,学习者确实需要花大量时间和精力去背诵。

上海地区目前普及的牛津和新世纪初中英语教材中词汇量不小,这给刚结束小学阶段学习的预备年级学生带来了较大的压力。许多孩子每天花去大量的时间的精力来记忆英语单词,但却收效不佳,作为老师也非常着急。虽然学习英语单词并无捷径,但是适当地了解和掌握一些记忆单词的巧妙方式,还是可以帮助孩子们适当减轻学习压力。例如:我们常可依据英语字母以及字母组合的发音规则来识记单词,我们还会将词义相近或者是相对的单词归类记忆,还会有一些词形或者意义联想等方式帮助记忆单词。虽然这些都不是万能的记忆法,但确实为枯燥的单词记忆过程带来了些许新意,让记忆单词的过程轻松和巧妙了许多。而本文将要讨论的是另外一种非常实用也很有意义的单词记忆法——词缀记忆法。

一、词缀记忆法的教学意义

系统的词缀构词法本应是大学阶段英语专业的教学内容,但这绝非否认词缀教学在中学英语教学中的意义。初中阶段的英语教材虽然也涉及了部分英语词缀,但都是零星地散落在各年级的课本中,显得杂乱无章。而初中阶段的学生通常没有将其整理归纳的能力,因而很少有学生对词缀构词法有深刻的理解,更不可能自发地通过逆向思维用单词的这种形态结构来指导记忆单词。所以,除了部分语音掌握较扎实的学生能够根据单词发音来记忆单词外,很多学生都只是通过反复强记的方式来学习单词,这种方式枯燥而低效。所以,在初中阶段给予学生系统且难度适宜的词缀教学就显得非常有意义。这仿佛是为那些因记忆单词而苦恼的孩子们打开了一扇窗,为其提供了另一种学习单词的视角。

二、词缀记忆法的作用机制

词缀是在英语长期的发展过程中形成的具有固定意义的字母组合,它们按照一定的规律排列形成单词。词缀记忆法的教学就是引导学生归纳和运用这些规律,从而帮助他们达到识记单词甚至是"创造"单词的目的。

就像汉字有偏旁部首一样,许多英语单词也是由词根、词缀按照一定的逻辑联系派生而成的。单词总量虽然浩瀚如海,但是常用的词根、词缀数量是有限的。词缀构词法其实就是在词根或者某些单词上加不同的前缀或后缀来产生新单词,这些单词的意义或词性随着形态的变化发生了改变,其用法也随之改变。通过对词缀的学习,我们可以对单词的构成进行分析和解形释义,既可以很快地了解和掌握某个新单词的意义,还可以触类旁通,较快掌握一组英语单词的拼写以及意义。

而词缀记忆法的教学正是从单词的这一形态学角度对单词进行剖析进而达到更迅速记忆单词的效果。一方面,词缀和已学单词组合产生出千变万化的新单词,而记忆它们是在已学知识的基础上进行,显然会比完全陌生的单词更易于掌握;另一方面,熟悉了这些常用的词缀,当遇到一个含有已学词缀的单词时,就可以根据词缀的意义来判断该单词的词性和大致意义,这对于阅读来说尤为重要。此外,通过查阅工具书确定了该单词的真正意义之后,对它的记忆也会更加深刻。

三、词缀记忆法的教学方法

考虑到中学生理解能力的程度,这里简化了大学词汇学中有关英语词缀的教学内容。教师不需要教给学生音素和粘连词缀等这些难解的概念,也不需要他们严格区分词干和词根的概念,只要教给学生们一些中学阶段常用的词缀,帮助他们更简便地记忆相当一部分英语单词就达到了教学目的。所以本文不仅强调词缀的具体教学,同时强调的也是一种理念,即让学生们在记忆单词的时候能够运用意义组合的方式将相当一部分难以记忆的单词化繁为简,并充分联系已学知识帮助他们更快速有效地记忆单词。在具体的教学中教师运用了多种教学方法促进学生对词缀的学习,取得了良好的效果。

1. 分门别类易于教学

首先,教师对要进行讲授的词缀进行了分类归纳。将本来看似杂乱无章的词缀分门别类地梳理一番,使学生更容易接受。

英语中的词缀分为前缀和后缀。根据 Quirk 在其著作 *A Grammar of Contemporary English* 中的阐述,可将英语中的前缀大致分成八个类型,即:否定前缀 Negative Prefixes;反义前缀 Reversative Prefixes;贬抑前缀 Pejorative Prefixes;程度或大小前缀 Prefixes of Degree;态度前缀 Prefixes of Attitude;位置格前缀 Locative Prefixes;时间和顺序前缀 Prefixes of Time and Order;数字前缀 Number Prefixes[3]。

关于后缀的分类,主要参考了牛桂玲在其论文《词缀构词法与单词的科学记忆》中的分类方式,将后缀分为:名词后缀 Noun-forming suffixes;动词后缀 Verb-forming suffixes;形容词后缀 Adjective-forming suffixes 和副词后缀 Adverb-forming suffixes[4]。

当然在教学中,教师并不是把各种词缀类别直接告诉学生,而是通过给出大量包含词缀的单词,引导学生自己观察并归纳出词缀的不同种类。这些看似毫无关联的词缀,在分类后通过多个课时逐渐介绍给学生,并没有给他们造成很大的学习压力,他们的课堂表现也很积极。

2. 联系实际启发教学

作为教师,应该在课堂上利用一切可能的机会为学生创设情境,联系生活实际,启发孩子们的思维,激发他们的学习兴趣。例如,在教学中教师就引用了生活中记忆电话号码的方式来引入词缀构词法和词缀记忆法。不论是固定电话或者是手机号码,对于具备普通记忆能力的一般人来说都是较长的一串数字,要不间断地一次性记忆是相当困难的,于是让学生们思考自己在生活中是怎么做的。很快就有同学回答是将号码分段进行,因为这样降低了记忆难度。于是自然地过渡到记忆很多英语单词,也可以借鉴这个方法。这样一来学生们的兴趣立刻被激发出来。由此,引出了单词的词缀构词法,并阐释如何通过学习单词的这种构成形态来帮助记忆单词。

3. 引导归纳发散思维

在教学中教师没有单纯地运用填鸭式的教学方式,而是通过引导学生观察大量的语言材料来探索新知。例如在教授各种不同类型的词缀时,大量罗列已学单词与词缀合成的新单词,让学生在实例中体会词缀的意义和各种词缀间的不同点,并归纳和描述单词的构成规则,甚至尝试给各种类型的词缀命名。这充分体现了教师为主导,学生为主体的教学理念。

学习词缀后不能仅停留在被动认知的层面上，还应该引导学生进行积极的发散学习。例如在教授 comfort 这个单词时，鼓励学生给它增加词缀构成新的单词，如：discomfort n. 不舒服；comfortable adj. 舒适的；comfortably adv. 舒适地；comfortless adj. 不舒服的；comforter n. 安慰者。学习一个单词的同时学了一组单词，真可谓事半功倍。

4. 多种形式及时反馈

在每种类型词缀的教学后，还需要根据该类词缀的特征设计多种反馈练习。例如：给学生一些由已学单词和该类词缀构成的新词，让学生猜测这些单词的意义。充分调动学生的记忆和思维，让它们将刚刚学到的词缀运用到单词识记中去。

或者将包含已学词缀的单词和它们的中文意义分两组排列，让学生将其连线找出单词的正确意义。这种方式相对直接拼写出新授单词或说出它们的意义难度要低一些，可以缓解学生的学习压力和焦虑感。让它们比较容易地体会到学习的成果，从而增加他们的学习积极性。

还可以将一些单词和词缀分别打印在卡片上，并打乱顺序分发给班上的部分学生，让它们在教室里自由走动找到合适的单词和词缀组合成新的单词。这样的活动既可以让学生复习和巩固已学词缀，也可以让他们体会到单词构成的奇妙之处。

在一堂课的最后可以组织学生进行单词记忆竞赛。将整个班级分成若干小组，看哪组同学说出的新学单词最多就得胜。通过这种打擂台的方式既能够对整堂课中所学的单词进行一次总体的回忆和巩固，也极大地激发了学生的积极性。

同时，教师也鼓励学生通过书籍、网络等各种途径，为每一个已学词缀找出尽可能多的单词实例，可以是已学的也可以是新单词，这个过程较之课堂上的被动学习，更能够激发学生自己的主动学习，也是对所学知识的巩固和扩充。

当然，教学方法多种多样，在具体的教学中，教师应该综合所教内容和学生情况等各方面因素，灵活使用各种教学方法，让学生掌握和运用词缀，以便帮助他们更简便地学习英语单词。

四、外围课程服务核心课程

虽然，这里进行的词缀教学是从属于外围课程群的教学，但外围课程衍生于核心课程。必须要坚持从核心课程中来，并回到核心课程去的理念，让外围课程教学最终服务于核心课程的教学，这样才能充分体现外围课程的意义。预备年级"单词巧记"这门外围课的教学为学生们的单词学习提供了一种新的视角，激发了学生们的学习兴趣，一定程度上减轻了孩子们的课业压力，并在相对轻松的学习氛围中增加了他们的词汇量。因此，也为整个初中阶段英语课程的教学乃至今后的英语学习贡献了一定的力量。

现代教学理念早已超越了提倡填鸭式教学的时代,现代教育者强调要发挥学生的主体作用,而教师则逐步演化成课堂中的引导者。故此,要更加强调"授之以渔"的理念。通过这门课程的学习能够引导学生将词缀记忆法运用于平时的英语学习中,并有意识地扩充词汇量。词缀记忆法是一种较普遍存在而又相对简易的单词记忆法,初中年级学生若能掌握好这种方法,在单词记忆中就可以举一反三、触类旁通,能够提高孩子们学习英语的效率,同时也可以增强他们学习英语的自信心,对英语学习和教学都有着非常积极的意义。

参考文献

[1] 张维友. 英语词汇学教程(第2版). 武汉:华中师范大学出版社,2004.
[2] 上海市教育委员会. 上海市中小学英语课程标准(试行稿). 上海:上海教育出版社,2004.
[3] 牛桂玲. 词缀构词法与单词的科学记忆. 河南职业技术师范学院学报,2002(3).
[4] Quick, Randolph et al. A Grammar of Contemporary English. London:Longman,1972.

提高英语预习效能的几种对策

陆黎芳

【摘要】 预习是英语课堂学习的准备。如果预习抓得好,学生就学得主动,课堂效率就高。针对学生普遍不爱或不会预习的现象提出行之有效的策略,逐步培养预习的良好习惯,让学习英语成为主动、自觉和快乐的事情。

【关键词】 预习;效能;以学定教;情意结合

在平时的初中英语教学过程中,教师就会发现许多学生在课堂上的学习中比较被动,一堂课学下来他们已疲惫不堪,但效果不佳。细究其原因,原来很多学生都没有进行课前预习;有的虽然预习了,但由于方法不得当,或者预习不到位,效果也不理想。由此看来,不进行课前预习或预习方法不正确,就会导致课堂学习的无目标性和过于疲劳的现状,使他们学习英语的兴趣和积极性受到挫伤,课堂的效率也很低,因此抓好英语的预习工作十分重要。而且,英语课程标准也要求学生能自己学会自主学习,当然,这需要我们教师有系统地引导学生去学会学习。

一、预习的概念和效能

首先来了解一下什么是预习。预是提前的意思,习是学习的意思;预习就是学前准备要用的资源,认识要学的东西,也就是说让学生事先自学将要讲授的功课。课前预习既是一种科学的学习方法,同时也是一种良好的学习习惯,所以它在教师的教学和学生的学习中是不可替代的。

(1)能够提高课堂听课效果。预习是课堂学习的必要准备过程,这个过程准备的好坏,直接关系到课堂学习的效果如何。通过预习,学生对下一次课要学习的内容已经有了一定的了解,哪些地方看懂了,哪些地方没看懂,已经做到了心中有数,他们在听课时会轻松地跟上老师的思路。这样就能变被动听课为主动听课,变盲目听课为带着问题听课,无疑在很大程度上增强了听课效果。在预习中已经看懂了的知识再经过老师的分析和讲解,印象会更深,没看懂的地方自然就成了听课的重点,在老师的帮助下,这个"拦路虎"会轻而易举地被搬掉。听课质量的提高又会让学生节省课后复习和做作业的时间,他们会有更多的时间再进行下一次课的预习,从而形成良性循环。

(2)能够培养自学能力。到了中学阶段,学生学习成绩不理想往往是因为自学能力差。如果学生学习的知识全靠老师讲解,离开老师这根拐棍儿就寸步难行,是不可能取得好成绩的。课前预习是培养自学能力的好机会,课前预习使学生减少了对老师的依赖,增强了独立性,学生的思维就会处于"高度快速反应"之中,接受、吸收、领会各种知识、技能全面而深刻,它的效果不言而喻。

(3) 能够提高学习兴趣。一个班级的学生除去一部分优等生以外,大量的是中差生。他们在听课时经常会感到非常吃力,这样长期下去,差距会越来越大,有的学生会发展到听课像听"天书",哪里还有什么兴趣可言。但经过课前的预习情况就大不一样,通过预习,有的地方学生自己已经弄懂了,从而产生一种自豪感。有的地方尽管一时还没弄懂,但是带着问题听课能够听到重点上去,能听出"门道",听课就会津津有味,学习的兴趣会随之产生。

(4) 能够培养良好的学习品质。在课前预习中,经过学生亲自探索,能体会到学习中的苦与乐,成功与失败,从而培养坚忍不拔的学习毅力和严谨细致的学习作风。

二、预习缺乏现象的概述

许多学生认为只要自己在课堂上全力以赴地去听讲就可以了,没有必要提前预习。所以学生普遍不太愿意去主动预习,这主要表现在:

(1) 预习目的不明确。虽然许多老师把预习当成回家作业布置,但是其中有大约一半多的教师只是说"你们将课后某些题或明天要教的知识看一下",怎么看,看到什么程度不得而知;而事实上对不同类型的课文学生该预习什么、怎样预习、为什么要预习,没有仔细琢磨,学生就没有明确的目的:自己怎样做,达到什么要求,所以效率不高,这样布置的预习作业的指导性就非常差。

(2) 没有课前预习的习惯。相当一部分学生老师不布置预习作业他就不预习,有的虽然也预习,但只是把课前预习当成是被动地完成老师布置的任务。学生的重视不够,也就无法养成良好自觉的预习习惯。

(3) 预习的模式单调。有一部分教师布置学生预习,每一次内容都千篇一律。既不涉及对文本的质疑问难,更谈不上通过一些有趣的形式来促进预习,教师是例行公事,学生是应付了事,流于形式,那么它的收效不大。

(4) 不讲究预习方法。许多教师布置的预习内容偏重基础性知识的掌握,对获取知识的过程不够重视,所采用的方法较单一。更严重的是学生在预习时很少能主动提出问题,而没有疑问的学生是没有创新意识的,他只是被动地接受知识的灌输。为此,在预习时教师要培养学生的问题意识。总之,学生课前预习的内容及方法还是处于浅层次的。

三、预习的几种方法

当学生知道了预习的重要性和目的性后,教师就可以教他们如何去做好无人监督的预习工作了,这里也包括在新课上或课余如何去检查,这也会促使学生自觉完成。根据教学内容的不同和需求布置不同的预习作业,教师有时也可以对同一类型的教学内容采用不同的预习要求,这也是为了不断提高学生学习的兴趣和培养运用英语语言的能力。

(1) 导读式预习法。导读式预习是指导和帮助学生正确理解课文和阅读的有效手段,在学生已具备了初步的语言能力之后,他们完全有能力借助工具书预习新知识。首先预习重点生词,要求正确读出单词,了解这些生词的意思以及它们的同义词、反义词等,为下一步的整体理解课文或文章打好基础。若不先集中识记一些重要的生词,学生就难以理解课文,更谈不上回答问题,这就降低了听课的效率。以 how to reduce the smog 为例,教师可要求学生先查词典预习一些生词,例如:reuse, influence, rubbish, destroy, fear, supply, improve, occur, disease, public, nature 等。其次要求学生课前预习课文,掌握文章的主旨大意,了解文章所谈论的话题,进而思考有关问题。然后让学生课前讨论有关课文的问题,轻松导入新课。这时教师要有意识地设计出有关课文内容的讨论问题。例如:针对如何减少雾霾可设计三个问题:① What influence on people's life can the smog cause? ② How should people deal with the smog? ③ What will you do to protect the environment? 接着组织学生进行讨论。课堂上的讨论形式上浪费了讲课时间,但实质上能起到热身反应(warming up)、激活学生的思维和为学习新课文铺路搭桥的作用。在对本课问题开展讨论时,有学生这么发言:"Since the winter last year, the smog has occurred a lot of times. It has done great harm to our daily life. Many traffic accidents happened just because of the heavy smog weather. More and more people have to go to see the doctor because of the serious disease caused by the smog."这时老师顺着学生的思维因势利导,继续引导学生深入讨论。老师问:"If you have seen something pollute the environment, what should you do, then?"这么一导,自然就进入新课。

(2) 整理式预习法。这种方法主要用于复习课,特别是一些阶段复习和期中、期末的总复习课。教师根据复习课的内容让学生在课余事先对已学知识进行初步的归纳,然后在课上指导学生进行全面的总结。既可以让学生归纳同一个内容,也可以分不同的组归纳不同的项目。例如让学生归纳动词的搭配、词组用法的异同、某些语法项目的用法、一些句型的不同表达法等等。由于是学生预先自己动手进行了归纳,再经过课堂上七嘴八舌的补充,对这方面的知识就会掌握得更全面、更牢固了。

(3) 朗读式预习法。一些成绩优异的学生喜欢预习时采用朗读的方式去了解分析文章,在预习前,他们明确预习的目标,预习时,随时做好笔记和标注,如果学生明白了预习内容的意义,就能找出其中的重点和难点,提出问题并思考答案;预习后,教师要对预习内容进行检查和反馈,总结预习的得失让学生快速阅读,掌握课文大意,回答两个问题：① How should people deal with the smog? ② What things can you do to improve the environment? 通过回答问题，学生就能把握文章大意。然后再细读课文，回答更进一步的问题。这些问题包括了课文的重、难点以及细节。回答完这些问题后，学生能够基本了解课文内容，教师无需过多解释。

（4）质疑式预习法。"质疑式"的预习是采用"以学生为中心"的教学模式，教师告知学生预习的任务后，学生在课前了解这些教学内容时肯定有不少问题，他们可以在笔记本上记录下来，这也给学习者提供更多使用语言的机会，而"提问式"的预习在这种教学模式中起着十分重要的作用。因为教师不仅可以通过学生提问和教师提问的方式使学生参与交流，还能促使学生不断熟练运用和调整自己的语言，使其更具有可理解性，更有利于自己语言的习得。"质疑式"教学也可以引导学生的注意力，对所学知识和内容产生兴趣。教师通过多种提问的方式鼓励每位学生参与课堂活动，积极思考每一个问题，并创造活跃的课堂气氛。在实施"质疑式"的教学过程中，还能帮助教师分析学生可能存在的问题，准确了解学生的困难所在，以利于更好地了解学生的学习情况和更好地进行有效的教学。

四、预习与效能的关系

教师引导学生愿意预习，喜欢预习之后，还必须使预习做到位，体现出预习的有效性来，也使学生真正体会到预习带来的学习乐趣，也进一步促进教师的优质教学。

1. 引导自学，培养兴趣

一般初中的学生都是根据老师给出的提纲独自预习，这本身实际上就是学生自学行为的一种体现。《现代汉语词典》把预习解释为："学生预先自学将要听讲的功课。"预习一般是独立地阅读和思考。在预习的过程中，学生学习的不仅仅是科学知识，更是用所学知识去获得新知识的过程，这实际上是学生在主动进行探索的过程，不经过自学实践，永远也提高不了自学能力，如果一个学生能坚持不懈地进行预习，自学能力就会得到提高。课前预习作为新课标教学中的一个重要环节，可使学生较好地改变自己的认知前提条件，对新知识的学习和掌握比较容易，增强了学习的自信心，提高学习兴趣，学习积极性也会随之调动起来。

2. 有的放矢，因材施教

每一节英语课都有其目标和教学要求，在布置预习作业前教师可把这一课的重点和要求告诉学生。另外，教师还应指导学生明确这一堂课需要掌握哪些单词、词组或短语、交际用语、句子、语法，具体的做法是先把课文大略看一篇，把课文中的单词、短语、难句等用铅笔画上，如果是动词，则要注意是否为规则变化或不规则变化，是名词的则要注意其单复数变化；知道了教学的重点和难点后，看一下哪些自己能够掌握；对于那些还不太牢固的知识，预习时应重点画出来，这些没学过的内容与所学过的内容有没有联系,如果有的话,它们之间有什么联系,当自己弄不明白的时候,在课堂上认真看和听老师如何解决这个问题,这就是课堂上听课的重点,如果还不明白,可以下课问老师来进一步把它弄明白。所以只有给学生有目的的预习分析,才能抓住课堂所要听的重点,才能不会浪费时间和精力,使学生做到课堂听讲有针对性、目标性。

3. 把握重点,提高效率

学生在预习新课时,会有不懂的内容,这属于正常现象。课本中看不懂的地方,往往就是教材的重点、难点,或是学生学习中的薄弱环节。弄懂这些不明白的地方,恰好是学生学习深入的关键所在。预习时可以把这些看不懂的地方记下来,上课时特别注意听老师是怎么解决这个问题的。这样,听课的目的非常明确,态度积极,注意力也容易集中,听课效果肯定会好。

4. 以学定教,情意结合

"好的开始是成功的一半",这句话强调不管做什么事,都要事先有充分的准备。在学习中,这种准备就是"预习"。它对培养我们勤于思考的习惯,提高分析问题、解决问题的能力有很大帮助。因此,作为老师,我们要从学生的可持续发展出发,努力培养学生的预习习惯,提高学生的自学能力,以适应时代发展的要求。"预习"这一环工作抓得好,就能有效地提高学生的自学能力。学生学习的积极性提高了,这正是我们教学中常说的以情促教,可以全面提高学生的学习素质。

事实证明:预习是上好课的重要条件,它对培养学生的各种学习能力、发展智力都有很大作用。每一个初中生从一开始就要养成英语课课前预习的良好习惯。如果学生的预习工作抓得好,就会学得主动,课堂效率就高,这样学生的学习就会达到事半功倍的良好效果,从而不断提高英语的教学质量。

参考文献

[1] 上海市中小学英语课程标准. 上海:上海教育出版社,2004.
[2] 林红. 初中生英语预习辅导研究. 中小学英语教学与研究,2006(1).

方法引路　关注问题
——初中英语情景教学实践体会

徐　艳

【摘要】 本文论述了在初中英语情景教学中几种行之有效的方法,如创设情景,导入新课;特定情景,单词巧记;巧借情景,温故知新;利用情景,点拨作文等。并指出情景教学中特别值得关注的几个问题,如应符合学生实际,让新旧知识衔接,激励众生参与等,对初中英语课堂教学模式的改革具有一定的创新意义。

【关键词】 情景教学;方法;问题

前苏联教育学家苏霍姆林斯基曾指出,儿童在学习上遇到的困难之一就是知识在他们那里常常成了不能活动的"货物",积累知识就好像是为了"贮备",而不能进入"周转"。心理学实践表明:识记的材料如果能被直接作为或成为活动的对象,识记的效果会更好。教师的教学艺术就在于充分挖掘教材的内涵,创造性地使用教材,也就是不断地创设情景,营造良好的英语氛围,寓教与景,寓教于乐。情景,会使学生产生身临其境的感受,受到情绪的感染,引起感情上的共鸣,达到之情意行交融的效果,从而加深对知识的理解,加强对知识的掌握,提高能力。

根据这一理论,教师在日常的英语教学中想方设法地利用现有的教学设备条件和课本教材,为学生创设适宜的语言环境和特定的教学情景,帮助学生在近乎真实的情景中通过参与、体验、实践、合作、探究等学习方法去感知语言、体验语言、学习语言。

一、情景教学的方法尝试

1. 创设情景,导入新课

俗话说,"良好的开端是成功的一半",对于初中英语课堂教学来说,好的导入显得尤为重要,因为能满足孩子们的好奇心,从而快速激发他们的学习兴趣,使其能非常专注地进入学习状态,为之后的听课、思考、讨论、强化等教学环节作好铺垫。

如在教授新世纪英语七年级第二学期 Unit 2 Lesson 1 Seeing the Doctor 这一单元新课时,教师让一位学生扮演护士,几位同学扮演病人,"病人"用真实的肢体语言,表演出"have a headache"、"have a stomachache"、"have a fever"、"have a sore throat"等症状,然后请其他学生用学过的语言描述他们所看到的场景。看着身边熟悉的同学的表演,同学们都感到非常新鲜与有趣,进而很乐意积极地观察与描述这一环节,自然而然地进入本课的场景,也迅速为后面的课文对话的学习环节做好了心理上和认识上的准备,效果好极了。

又如在新世纪英语八年级第一学期 Unit 4 Lesson 2 For or Against Keeping Pets 这一课中,教师在网上收集了很多猫狗等宠物的可爱图片,并配以简单的音乐,制作成有声有色有趣的视频给学生观看,再随机提出问题:"Do you keep pets at home? What's your pet? Can you say a few words about you and your pet?"这样的新课导入,贴近学生的实际生活,激发学生学习热情,为课堂学习创设了极好的条件。

2. 特定情景,单词巧记

词汇是英语学习的基础。词不离句,句不离词,听、说、读、写每一个环节都离不开词汇,词汇教学在日常的英语教学中起着不可或缺的作用。在具体情景中教单词、学单词,不但可以克服孤立记单词容易遗忘的缺陷,而且能培养学生灵活运用单词的能力。教师在词汇教学中,注重每一个新单词的处理,教授新单词都结合具体的例句,每一个例句就有一个特定的情景。这些情景有生活情景,有模拟情景,有表演情景,有想象情景,等等,灵活多变,使单词学习变得轻松有趣,还能记得准确牢固。

如在六年级第一学期 Unit 3 Lesson 2 Discussing What to Eat 这一课中,在有关 chip、hamburger、salad、sandwich、roll、potato chips 等食品词汇的学习中,教师首先给出图片,然后给出场景:We had a potluck party. In the party, we had……请同学根据图片词汇自由组合造句。同学们兴趣盎然,一个个积极热情地投入这个益智游戏般的活动,轻轻松松就掌握了这些词汇。

又如在六年级第二学期 Unit 2 Traffic and Traffic Rules 单元中,教师搜集了大量生活中的交通标识,以图片的形式一一呈现,同学们很好玩地一一指认这些标识,用英语单词或词组表达出来:"turn left"、"no parking"、"turn left"、"one way"、"zebra crossing"、"footbridge"、"elevated highway"……接下来请同学们以小组形式描述怎样从学校回到各自的家,用上刚刚学到的这些词汇。在七嘴八舌热热闹闹的描述中,词汇和句子就真正地结合起来了,学习和运用的效果很不错,效率也很高。

3. 巧借情景,温故知新

情景来源于生活。创设情景一定要从学生的生活实际出发,从学生感兴趣的话题出发,从而点燃学生的学习热情,促进新旧知识的相互融合,从而做到温故而知新。

如在八年级第二学期 Unit 2 Lesson 3 A Homepage for Dongfang International School 这一复习课中,因为学校在近年内会搬到新的校址去,教师给出了这样一个任务:

It is said that our school will be moved to a new place. The headmaster is collecting some suggestions for our new school. What would you like to have in our new school?

听到这样的问题,学生们马上热烈地开展了讨论。

有的说:"I'd like our school to have a language lab because we don't have one now."

有的说:"As we don't have a good cafeteria, I'd like our new school to have a better cafeteria so that the teachers and students can have a better lunch for their work and study."

有的说:"I hope we will have a shop in the new school, then students can buy something they need easily."

有的说:"We boys don't have good courts for ball games, so we'd like to have some courts for basketball and volleyball."

有的说:"I hope the classroom buildings of the new school will be equipped with air-conditioners."

……

直到下课铃声响起,学生们还意犹未尽,沉浸在对未来校园的美好展望中。不用教师组织复习,课文所学的词汇与句型学生都掌握了,会运用了,甚至还有创新(一位同学谈到要有一个 audio-visual room),关于校园这一单元的内容也深深地印刻在了同学们的脑海中。

4. 利用情景,点拨作文

在六七年级起始阶段,我们所学的课文大都以简单的情景对话的形式出现,在上过课文的基础上,可以要求学生复述课文情景,并把对话改写成短文,把原文用现在时态或过去时态改写,把原文中的第一人称改成第三人称,把学过的课文用5～10句话进行缩写。这样既帮助学生复习了课文,又锻炼了写作能力。

到中高年级阶段,就要更多地结合具体的情景指导学生进行作文。学校有丰富多彩的课外活动,如校运动会,校文化艺术节等,这些都和我们课文的主题如七年级第二学期 Unit 4 Entertainment and Sports 极为吻合,为情景的引入提供了契机。

比如在六年级和八年级的合唱比赛中,有的班级获得了年级第一;又如在八年级的男子800米跑步比赛,班级的男班长获得了第一名等。教师就及时抓住这些兴奋点,随机引导学生把这些活动用自己的语言描写下来。

写作之前,教师经常有目的地组织学生回忆某些场景,要求作好笔记,运用到自己的文章中去。之后,教师总是挑一些优秀作文朗读,让学生找出其中的亮点和特色,帮助学生互相学习,借鉴他人的成功之处,进行第二轮的改写。这样的训练,学生有兴致,态度很认真,效果自然就会不错。

5. 借助多媒体，服务教学

在语言教学中，有时粉笔和黑板的传统教育方式不能带给学生直观的视觉或听觉感受，多媒体技术教学通过视觉和听觉的双重冲击，带给学生声音文字和形象情景的直观感受，可以说，创设情景活动绝对少不了多媒体的技术支持。

如七年级第二学期 Unit 2 Lesson 2 A Healthy Diet 这一课，结合现在学生都在学校用午餐，食堂师傅把整箱整箱午餐送到各个班级门口这一特点，教师请同学们回忆中午吃饭的许多小插曲，或相互谈谈各自喜欢吃的食物，然后填写教师事先设计好的一张调查问卷，请同学互相调查各自的饮食情况。以下就是课件中的一张幻灯片。

Group Discussion   Yes/No
1. Do you eat more rice, noodles or bread than other food every day?
2. Do you eat plenty of fresh fruit every day?
3. Do you eat a lot of fresh vegetables every day?
4. Do you prefer seafood to meat?
5. Do you have only a little fat and sugar in your diet?
6. Do you drink water instead of cola?
7. Do you drink fruit juice?
8. Do you drink a glass of milk a day?
9. Do you eat little ice cream?
10. Do you seldom eat chips and chocolate?
                                    Score：_____

For each Yes answer, you get one point.
7～10 points：very healthy diet
4～6 points：not very healthy diet
1～3 points：unhealthy diet

随机提出问题：
What score have you got?
Whose eating habits are the healthiest?
Who eats too much junk food?
Who needs to go on a diet?

同学们积极热情地回答着。

教师深深感到，幻灯片的使用大大增加了信息量，节省了课堂时间，提高了教学效率，增强了教学效果。尤为重要的是，它使同学们英语学习的热情经久不衰。

二、情景教学特别关注的几个问题

1. 创设情景，应符合学生实际

因为学生个体水平的差异和客观条件的限制，有时教材或教参预设的活动方案不一定适合本班学生的实际水平，所以在创设情景活动的时候，教师一定要贴合本班学生的实际，要做大量的准备工作，首先要吃透教材，做适当的补充或修改。

如在八年级第一学期 Unit 3 Knowledge of Common Interest 这一课，书上 P80 Pair work 的任务要求是和朋友谈论参观一场展览会的计划，刚好世博会正在举行，同学们都非常感兴趣，教师就把任务改成了 Talking about your plan to the visit to the Shanghai World Expo。

在教学内容的顺序上也可根据实际需要相应调整，要设置合理的梯度，多预设台阶，更要贴近学生的实际生活，使学生感兴趣。

其次，教师需要把这些活动方案整合，深加工再处理，化复杂为简单，使这些材料有一定的延续性和完整性，再呈现出学生能够接受的文字材料。

如在八年级第二学期 Let's Go to the Movies 这一复习课，要使同学互相采访谈感兴趣的电影，教师作了大量的铺垫，预先布置看一部影片的任务，在课堂上也做了很多准备，给出关键信息情景对话谈论电影，听对话完成 True or False 任务，然后听对话完成表格，最后再请同学互相进行采访。

英语的学习毕竟不等同于母语的学习，任何新的阅读材料对学生都是全新的信息输入，要达到学生能够输出信息需要一个过程，需要一个个台阶的预设和铺垫。

2. 创设情景，让新旧知识衔接

教材知识结构是循序渐进的，要在复习旧知识的基础上引出新知识，以加强知识结构的纵横联系。在教授新课之前，对已学的旧知识进行复习，有利于巩固旧知识，接受新知识。在七年级英语第二学期 Unit 2 Health and Diet Lesson 1 Seeing the Doctor 和 Lesson 2 A Healthy Diet 两篇课文之间，教师可以这样处理：

两位同学扮演医生与病人，在情景对话的过程中复习了课文句型，然后提出问题：If we are sick, we must go to see the doctor. How can we keep healthy instead of seeing the doctor? S1: We must do more sports. S2: We need a good rest. S3: We need to eat healthy food. 这时，教师总结：It seems that you all know how to have a healthy body. Among all these factors, having a healthy diet is the most important. 这样温故知新的方式，便于学生快速进入新课的预设环节，也明显提高了其学习效率。

3. 多层情景，激励众生参与

教育是面向全体学生的。每个学生来自不同的家庭，智力发展有早有迟，个性也不一样。有的学生接受反应快些，有的学生基础相对较弱些。教师在创设情景活动的时候,力求关注全体学生,根据每个学生不同的学习程度,给他们相应的任务,再根据他们后续的发展提升要求和难度。以多种形式,如对话、辩论、复述、小调查、演讲、小组讨论等全方位地使全体学生参与到活动中来,每位同学都有任务。有的学生比较大胆积极,上课较多的举手发言,有的学生较为害羞,不太敢表达自己的想法。对这类学生,教师可在课堂上更多地给他们一个肯定的眼神和鼓励的微笑,引导他们积极地参与到活动中来。

三、结束语

教师在英语教学时一定要有全方位的意识,眼光要放远一点,不要仅仅局限于课堂这个狭小的空间,还可以多方位地开展英语小品、演讲、猜谜、英语歌曲大赛等课外活动,帮助学生了解世界和中西文化的差异,拓展视野,形成健康的人生观,为他们的终身学习和发展打下良好的基础。

参考文献

[1] 上海市中小学课程教材改革委员会办公室.上海市中小学英语课程标准.上海:上海教育出版社,2004.
[2] 比尔蒂,等.新课标百科丛书.上海:上海外语教育出版社,2010.
[3] 张瑞娟.初中英语课堂教学艺术.北京:中国林业出版社,2005.

谈初中物理教学中用物理语言解决实际问题能力的培养

陈 红

【摘要】 物理学语言范畴,是在物理学家们在探索和描述物理世界的真相的过程中,逐渐发展和形成的,简洁和准确地表现物理现象、过程和规律。物理科学语言源于自然语言,但和自然语言相比较更具严密的逻辑性和精确性。"物理"是初中生的启蒙学科,因此在物理课堂教学中培养学生学会讲物理语言、会分析物理语言,进而达到会用物理语言解决实际问题,这个能力培养的过程尤为重要。

【关键词】 物理语言;概念;规律;图像;公式

词典中对"语言"是这样定义的:"人类所特有的用来表达意思、交流思想的工具,是一种特殊的社会现象"。语言在人类交往和社会实践活动中形成的。语言同时还是思维的外壳和认识的载体,它基本上可分为自然语言和科学语言,物理语言属科学语言范畴,是在物理学家们在探索和描述物理世界的真相的过程中,逐渐发展和形成的,简洁和准确地表现物理现象,过程和规律。物理科学语言源于自然语言,但和自然语言相比较更具严密的逻辑性和精确性。"物理"是初中生的启蒙学科,因此在物理课堂教学中培养学生学会讲物理语言、会分析物理语言,进而达到会用物理语言解决实际问题,这个能力培养的过程尤为重要。

在初中阶段物理语言的形式以概念、规律语言、图像语言、公式语言、符号语言等形式呈现,下面就这几方面谈谈初中物理教学中用物理语言解决实际问题能力的培养。

一、概念、规律语言

概念、规律是物理学家们在探索和描述物理世界的真相的过程中,通过实验、推理、数学运算等手段总结出的,概念、规律语言具有极高的概括性、精确性。学生一定在了解概念、规律的内涵、出处、物理意义、应用条件、影响因素的基础上才可能准确地理解、灵活地应用。例如"惯性"这一概念,教师在给出定义(一切物体不论是静止的还是运动的都有保持原来运动状态不变的性质)后,一定要加以解读:① 适用条件:一切物体,既包括运动的物体同时也包括静止物体;② 内涵:是物体的一种属性;③ 大小只与物体的质量有关。理解以上各要点后,在解决问题的时候才可以避免诸如惯性力的作用、受到惯性、物体运动越快惯性越大等错误的出现。

二、图像语言

图像语言在物理语言中属携带信息量最大的语言,在分析此类问题时,也是对学生观察能力、分析能力、逻辑思维能力、表达能力的一个综合考验。目前,在初中阶段各种测试中,以不同形式出现的图像语言题型成为同学们容易错的热点题目。

例如运动学中的图像问题:

(2011 年中考)甲、乙两部总重相同的电梯在钢索的牵引下竖直向上运动,它们的 s-t 图像如图 1、图 2 所示,则 ( )

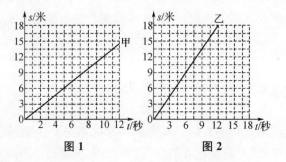

A. 甲的速度小于乙的速度　　　　B. 4 秒内甲、乙通过的路程相等
C. 甲、乙受到钢索的拉力相等　　D. 甲受到的合力小于乙受到的合力

本题涵盖了:① s-t 图像中过原点倾斜直线表示匀速直线运动;② s/t 越大物体运动越快,即速度越大;③ $s=vt$ 计算公式的应用;④ 二力平衡;⑤ 平衡状态下合力为零。五条物理知识内容,足以可见图像语言携带信息量之大。

再如中考热点题目情景分析题:

分析此类题目首先要找出所要研究的核心问题,在题干部分找出体现问题的那句或那段语言文字,要注意题干部分给出的条件与图像相结合,想清楚条件中哪些是不变的,哪些条件发生了变化,导致结果发生怎样的改变,综合起来结果就是:不变的条件通常作为前提,变化的条件作为过程,出现变化的现象(或现象背后的物理规律)即为结果。

具体案例如下:

案例(2012 年中考)　为了研究小球在对接斜面上运动时所能到达的最大高度,使小球从小王 AB 斜面上高为 h 处由静止滚下,小球滚上 BC 斜面后,能到达的最大高度为 h_1,如图 3 所示;逐步减小 BC 斜面的倾角($\alpha_1 > \alpha_2 > \alpha_3$),小球能到达的最大高度分别为 h_2、h_3,如图 4、图 5 所示。然后,他换用材料相同、质量不同的小球再次实验,如图 6 所示。请仔细观察实验现象,归纳得出初步结论。

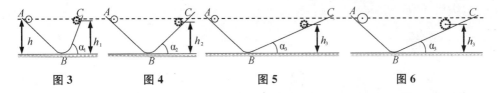

图3　　　　　　图4　　　　　　图5　　　　　　图6

① 分析比较图3、图4和图5中小球在BC斜面上能到达的最大高度及相关条件可得：小球从同一高度由静止滚下时，_____。

② 分析比较图5和图6中小球在BC斜面上能到达的最大高度及相关条件可得：小球从同一高度由静止滚下时，_____。

分析：本题要研究的核心问题是题干部分的一句话"研究小球在对接斜面上运动时所能到达的最大高度"，第①小问结合情境图3和图4、图5可获知：不变的物理量是小球，即同一小球；发生变化的条件是BC斜面的倾角（$α_1 > α_2 > α_3$），且从图上可知所能到达的最大高度$h_1 > h_2 > h_3$，遵循不变的条件通常作为前提、变化的条件作为过程、出现变化的现象（或现象背后的物理规律）即为结果的分析总结方法得到①的结论是：同一小球，当对接斜面的倾角越小时，能到达的最大高度越低。

第②小问结合情境图5和图6可获知：不变的物理量是小球材料，倾斜角相同，发生变化的条件是小球的质量不同，图中所显示的结果是小球在对接斜面上运动时所能到达的最大高度相同，不变的条件通常作为前提、变化的条件作为过程，即结论为：小球材料相同、对接斜面的倾斜角相同时，小球的质量不同，小球能到达的最大高度相同，表明小球能到达的最大高度与小球的质量无关。

三、符号语言

物理学中有大量的符号表示不同的物理量、单位或不同的物理仪表、仪器等，要求学生要准确记忆并能够辨析，才能明确大量符号背后的物理语言。

例如物理量符号所代表的物理语言：

S—路程；v—速度；t—时间；F—力；G—重力；m—质量；V—体积；f—摩擦力；p—压强；W—功；P—功率；$ρ$—密度；Q—热量；c—比热容；I—电流；U—电压；R—电阻；Q—电荷量。

物理量单位符号所代表的物理语言：

N—力国际主单位牛顿；Pa—压强单位帕斯卡；J—功的单位焦耳；A—电流单位安培；kg—质量单位千克；V—电压单位伏特；m—长度单位米；c—电荷量单位库伦；s—时间单位秒；$℃$—温度单位摄氏度；w—功率单位瓦等等。

物理仪表、仪器符号所代表的物理语言：

Ⓐ:电流表　　　　　　　　　　⌷:滑动变阻器

Ⓥ:电压表　　　　　　　　　　▭:定值电阻

Ⓜ:电动机

四、公式语言

  初中物理计算公式,主要有力学和电学、热学、光学几类,物理学家们在探索和描述物理世界的真相的过程中,通过实验、推理、数学运算等手段总结出的,学生利用公式解决问题的过程中,要了解计算公式中各物理量的意义、公式出处、物理意义、应用条件等才可能正确理解、灵活的应用。

力学计算公式有:

1. 匀速直线运动的速度公式

求速度:$v=s/t$　　　　求路程:$s=vt$　　　　求时间:$t=s/v$

2. 物体的物重与质量的关系

$G=mg(g=9.8\ N/kg)$

3. 密度的定义式

求物质的密度:$\rho=m/V$　　　　　　求物质的质量:$m=\rho V$

求物质的体积:$V=m/\rho$

4. 压强的计算

定义式:$p=F/S$(物质处于任何状态下都能适用)

液体压强:$p=\rho gh$(h 为深度)

5. 浮力的计算

称量法:$F_浮=G-F$　　　　　　　公式法:$F_浮=G_排=\rho_排 V_排 g$

漂浮法:$F_浮=G_物(V_排<V_物)$　　悬浮法:$F_浮=G_物(V_排=V_物)$

6. 杠杆平衡条件

$F_1L_1=F_2L_2$

7. 功的定义式

$W=Fs$

8. 功率定义式

$P=W/t$

对于匀速直线运动情况来说:$P=Fv$(F 为动力)

热学计算公式有:

1. 吸热

$Q_吸=Cm(t-t_0)=Cm\Delta t$

2. 放热

$Q_放=Cm(t_0-t)=Cm\Delta t$

电学计算公式有:

1. 电流强度

$I = Q_{电量}/t$

2. 电阻

$R = \rho L/S$

3. 欧姆定律

$I = U/R$

4. 串联电路

(1) $I = I_1 = I_2$ (2) $U = U_1 + U_2$

(3) $R = R_1 + R_2$ (4) $U_1/U_2 = R_1/R_2$（分压公式）

(5) $P_1/P_2 = R_1/R_2$

5. 并联电路

(1) $I = I_1 + I_2$ (2) $U = U_1 = U_2$

(3) $1/R = 1/R_1 + 1/R_2 [\ R = R_1 R_2/(R_1 + R_2)\ ]$

(4) $I_1/I_2 = R_2/R_1$（分流公式）

(5) $P_1/P_2 = R_2/R_1$

6. 电功

$W = UIt = Pt = UQ$（普适公式）

7. 电功率

$P = W/t = UI$（普适公式）

例如在利用欧姆定律公式解决问题时,首先要了解定律本身研究的是电路中的电流与电压和电阻之间的关系,所以其表达式一定是 $I=U/R$,且可以理解为当导体一定时,通过导体电流与导体两端电压成正比,当导体两点电压一定时,通过导体的电流与导体的电阻成反比。而 $I=U/R$ 的变形公式 $R=U/I$ 或 $U=RI$ 在物理意义上就不可以理解为 R 与 U 成正比,与 I 成反比,因为电阻是导体本身的一种物理性质,与 U、I 无关。也不可以认为 U 与 I 成正比,因为电压才是形成电流的原因,电流为零时电压依然可以存在。理解这些内涵后才会正确利用欧姆定律公式解决实际问题。

除了从上述四方面的物理语言引导、规范学生外,教师的课堂教学语言要符合物理语言的要求,要尽可能多用物理语言,随意口语化的表达会将影响表述的严密性,也不利于学生物理语言习惯的形成。同时要鼓励学生多应用物理语言讲述与表达,并及时纠正学生不恰当的表述。总之使用物理语言表达习惯的养成与正确应用不是一蹴而就的,需要我们对学生长期的培养、训练,相信坚持不懈,定有收获。

参考文献

[1] 初中物理教科书及教参.

[2] 樊永斌. 谈物理语言的准确性. 中学物理,2003(9).

浅谈历史学科初中生语言表达能力培养的策略

顾华军

【摘要】 历史学科因其特定性,决定了历史学科在培养和提高学生语言文字表达能力方面的特别优势。历史课程目标中也提出了要加强学生语言文字表达能力的要求。因此在历史教学中,教师要加强学生语言表达能力的训练,为学生创设锻炼语言表达能力的情境,从而不断提高学生的语言表达能力。

【关键词】 课程目标;朗诵;历史小故事;课堂论辩;课本剧;专题调研

多数人会自然而然地认为中学生语言文字表达能力的培养和提高是语文课的专利,所以容易忽视学生在语文课以外的其他学科中学生的语言表达能力的提升。其实不然,中学生语言表达能力不是也不应该是靠语文一门学科来培养和提高,应该依赖各个学科教师的共同努力和重视。而在这众多学科中,历史学科又因其特定性,决定了历史学科在培养和提高学生语言表达能力方面的特别优势。事实上,我们的历史课程目标中也提出了"借助史料进行观察、思考……解释和评价历史人物作用与影响、历史事件特征、作用与影响、优秀文明成果的主要贡献、影响"的要求;提出了"学习以口头、书面、信息技术等方式,运用'读史心得'、'调查报告'、'小论文'、'专题网页'、'主题演讲与辩论'等形式,在小组、班级等场合表达和交流学习成果的方法"的要求。但是在具体教学中,我们常常会发现学生的语言表达能力普遍不尽如人意,无论在开展历史学习讨论的各种活动中,还是在练习测验中,很多学生不能用准确的语言恰当地表述出自己的观点,要么是东拼西凑、条理不清、逻辑性差,要么就是词不达意、不知所云。

那么,如何在历史教学中培养学生的语言表达能力呢?围绕历史课程目标,感觉可以从以下几方面做起:

一、学朗读,培养口语能力

其实我们的历史教材本身的文字、内容都是十分的简练、精确的,所以可以通过引导学生认真阅读教材内容,来培养学生在口述或文字表达历史知识时能够做到言简意赅。比如二期课改教材的每个单元的引言部分,用精炼的文字对本单元的历史线索与内容进行高度概括,让学生朗读,可以让学生既掌握历史知识,又能锻炼如何能用最精炼的文字把若干重要知识点提炼出来的语言表达能力。又比如让学生朗读谭嗣同在戊戌变法时对梁启超说的"不有行者,无以图将来,不有死者,无以召后起";对日本使馆来人说的"各国变法,无不从流血而成,今日中国未闻有因变法而流血者,此国之所以不昌也。有之,请自嗣同始";在狱中他写的"望门投止思张俭,忍死须臾待杜根。我自横刀向天笑,去留肝胆两昆仑";在行刑前他大声说的"有心杀贼,无力回天,死得其所,快哉!快哉!"在学生朗读中分明看到了:一个热衷于改革、关心同志、临危不惧、视死如归、不惜用生命来唤醒中国人的良知的热血男儿!再比如在讲唐诗宋词的时候,适时地让学生读课文中的诗词句:"飞流直下三千尺,疑是银河落九天"、"朱门酒肉臭,路有冻死骨"、"多情自古伤离别,更那堪、冷落清秋节。今宵酒醒何处,杨柳岸、晓风残月!"、"大江东去,浪淘尽、千古风流人物。故垒西边,人道是、三国周郎赤壁。乱石穿空,惊涛拍岸,卷起千堆雪。江山如画,一时多少豪杰。"等等。这些诗词一方面让学生感受到了或生动优美或豪迈奔放或写实真挚的诗词意境,另一方面体会到古代诗词的语言精练和艺术技巧尽善尽美,这对学生增强语感和提高语言表达能力也有相当的作用。因此,在历史教学时,选择课文中一些有教育意义或与课文内容紧密相关的段落让学生朗读或独自朗读,强调学生的朗读要处于特定的历史环境中,采用丰富的语调、饱满的情感,这样不仅可以让学生更好地掌握历史知识,增强语感,激发情趣,同时也能培养学生的口语表达能力。

二、勤练习,培养表达能力

历史是发生在过去的事,是沉淀下来的人类活动,它客观真实存在。因此,历史的表达不允许想当然,不允许随意夸张,无论是历史人物、历史事件的描绘,还是历史过程的阐述,乃至于对历史的评价都要求用词严谨、语言准确。所以在日常教学中,就要严格要求学生的遣词造句,准确地使用历史学科语言,而不能自编自造,不能随心所欲、漫无边际。例如讲到世界近代史中的资本主义、资产阶级、资本家、帝国主义这些词的时候,学生不是很理解,常常用不好。这时候就要让学生理解资本主义是政治制度,而帝国主义是进入垄断阶段的资本主义;资本家是单个人,资产阶级是群体,是由众多资本家构成;这样,学生就不会再说英国经过了资本主义革命,确立资产阶级制度诸如此类的话了。由此可见,教师必须在日常教学中严格要求与练习,让学生树立起学科意识,养成良好的语言表达习惯。

历史教学的内容又非常丰富,上下几千年,纵横海内外,头绪繁多而复杂,然而一堂课的教学时间是有限的,这就要求历史语言表达具有一定的精炼性。恩格斯曾经说过:"言简意赅的句子,一经了解就能牢牢记住,变成口号,而这是冗长的论述绝对做不到的。"培养简洁明了的历史语言表达能力,可先从课本入手。如《两宋新格局》这一课就课文内容而言涉及政治、经济多方面的细节,但是在总结整篇课文新格局时最终可以表述为:"重文轻武"是政治新格局,"经济重心南移"是经济新格局,言简意赅,干净利落。这样的表述很轻易就让学生掌握了知识要点。在历史教学中要多练习学生如何用精炼的语句提炼知识点,这样便于自己掌握知识要点。

  历史是由许许多多的历史个别知识组成的整体。这种整体并不是无序的,而是有普遍联系的,而这种联系又构成了历史发展的规律。所以历史发展本身的这种规律性决定着历史语言文字的表达要有逻辑性。比如任何一个历史事件纵向都有起因、经过、结果,都有兴起、消亡;横向上多个历史事件之间存在着必然的历史联系,以世界市场形成为例,是从新航路开辟——世界市场雏形出现开始,然后经历了殖民扩张——拓展世界市场,而后有经历了第一次工业革命——世界市场初步形成,直至第二次工业革命——世界市场最终形成。所以历史教师讲课时要加强逻辑思维训练,从而提高语言表达能力。

三、讲故事,培养叙述能力

  语言表达能力是指用词准确,语意明白,结构妥帖,语句简洁,文理贯通,语言平易,合乎规范,能把客观概念表述得清晰、准确、连贯、得体、没有语病。在这方面,学生喜闻乐见的艺术形式——讲故事,有着得天独厚的优势,所以在历史教学中,不妨多采用这种方式。具体实践中可以采用以下几种方法:一是每节课前安排 3~5 分钟左右的时间指定学生讲故事,主题可以是历史上今天发生的故事,因为安排的时间很短,所以学生要在课前查阅资料,甄选材料,组织材料,然后在课堂上完整流畅地表达出来,这对于学生概括能力、语言表达能力提高是相当有益处的。二是可以结合教学内容让学生讲述历史人物和历史事件。比如讲贞观之治内容时,我课前布置学生收集唐太宗有关故事,正式上课时请学生结合书本及自己搜集的故事分析为什么唐太宗能奠定唐朝这个盛世的原因?这时候学生从自己事先准备的故事中甄选出跟问题相关的故事进行讲述并加以点评,如有的学生讲述"玄武门之变"的故事,有的讲述"房谋杜断"的成语故事,有的讲述"魏征直谏"的故事,有的讲述"唐太宗严加管教太子"的故事,还有的讲述"文成公主入藏"的故事……这些小故事的甄选、讲述既锻炼了学生语言表达能力,又回答了问题,完成了历史教学任务,可谓两全其美。三是可以开展纪念活动相关的历史故事讲述活动。这个一方面加强对学生的思想政治教育,发挥历史课的德育功能,另一方面有利于加深学生对历史的理解,同时提升组织材料能力和表达能力。比如纪念中国共产党成立 xx 周年时,组织学生讲述红色经典故事;比如纪念长征胜利 xx 周年时,组织学生讲述长征路上感人小故事等等。总之,历史小故事的讲述活动既使学生材料收集的能力得到了锻炼,又丰富了历史知识,同时也锻炼了学生的语言表达能力。

四、搞论辩，培养思辨能力

英国历史教学法专家汤普森说："学校的历史学习，不是把焦点集中在历史本身发生了什么上，而是要集中在我们如何具有对历史的认识。"可见，培养学生的历史思辨能力堪称是历史教学的灵魂。而众多教学方法中，论辩无疑是提高这种思辨力的好方法。所以在历史课上我们不妨根据历史教学内容，针对一些重大而学生又难以理解的问题，开展论辩，提高他们的思维能力和口头辩解能力。例如，在讲"西安事变"这一重大历史事件时，我们围绕"西安事变发生后，如果你是时人，你觉得蒋介石是应该杀还是不杀"这一问题展开了论辩。在论辩中其实大多数学生分析了当时国内国际形势，觉得应该和平解决；但也有学生说他觉得应该直接把蒋介石杀了，因为没有了蒋介石，就不会有后来的内战，老百姓就不会饱受战争之苦；还有学生说中国共产党应该找个替身打入国民党，把真蒋介石杀了，然后替身以蒋介石的名义进行国共合作（毕竟蒋介石在国民党有相当的影响力）……在评价学生的观点时，我没有因为历史的选择说谁对谁错，谁胜谁负，而是肯定了他们的大胆参与，同时对他们在论辩中的反应速度、语言表达流畅程度、观点的说服力予以点评。当然课堂论辩中学生不可能像真正的辩论赛选手那样旁征博引、口若悬河，也不可能考虑问题完全周全，甚至有点偏离了主题，所以老师要加以引导，并且在平时注意培养学生搜集、占有新材料，采用新途径和新方法，发现新问题和新视角的能力，善于多角度地思考问题的能力。只有平时注重了训练和积累，才可以为真正精彩的辩论赛打下良好的基础。

五、编剧本，培养创造性思维

历史课本剧就是把历史课本中的一些故事情节通过学生角色扮演的方式展现出来，以达到让学生加深理解的作用。编演课本剧是一种创造性活动。改编是一种创造，因为把历史课文内容改编成剧本，就要把课文中很多叙述性语言转化为对话，并且用词要准确，句子要完整。改编后进入表演阶段，个人的创造性发挥达到巅峰，围绕剧情的推进和人物性格的表现，动作、表情、对话都达到高度的个性化。在教学中合理应用这种方式，一方面可以演读，以读促写，从而提高学生的阅读理解能力、合作能力、审美等能力和创造性思维；另一方面让学生在不同角色的扮演中，跨越时空到历史的长河中去考察、去体验、去感悟，从而正确地分析历史客体，揭示历史本质。如讲述《两宋新格局》这一课中涉及"杯酒释兵权"这个典故，它对于理解两宋之所以出现"重文轻武"政治格局这一新气象有着相当重要的作用，所以课前让学生搜集资料，自己编写课本剧，并在课堂上展示。在编写过程中，学生查阅了大量资料，锁定课本剧的主要角色为赵匡胤、赵普、石守信和王审琦等人，然后根据历史课文内容和相关材料编写了3幕戏，着重是赵匡胤与赵普的对话，赵匡胤与石守信和王审琦等人的对话，同时设计了旁白点评。在具体表演中,学生注意模拟不同人物的语气、神态和动作,旁白注意在其中穿针引线,并适时的点评。这个课本剧收到了很好的效果。其实历史课本中,有各种各样的人物,这些人物都有自己独特的特点。学生们根据改编的课本剧,来充当里面的角色,并通过自己对人物的理解,把这个角色活生生的表演出来,从而充分理解这个人物的性格特点及时代特征。当然历史知识全面而系统,并不是所有的知识都具有故事性和可表演性,课本剧一定要进行选择,要选形象、生动、可演性可看性强、易于编排、紧扣课文中心的内容作为课本剧的素材,这样才能体现出为教学服务的真正价值。

六、整资料,培养史证能力

在历史教学中,创设一种类似科学研究的情景和途径,让学生通过自己收集、分析和处理信息来实际感受和体验知识的产生过程这种活动,是对学生综合能力的一种训练,对学生的能力提出了更高的要求。教师可选定某个历史问题交给学生去调研,然后形成汇报材料在课堂上展示给所有的学生,当然在相关过程中老师给予必要的指导和帮助。比如在讲授南京大屠杀一目内容时,在生动讲述南京保卫战及南京陷落后日军的侵略暴行后,出示近年来日本右翼分子美化侵略、否认屠杀暴行的谬论,事实果真如此吗?我们有没有证据可以加以辩驳?引出问题后请学生回去寻找证据进行辩驳。在学生寻找相关证据的时候适当辅导学生:所谓证据的分类,即包括物证和人证两大类,其中物证包括当时拍摄的照片、当时人写的日记和书信、当时拍摄的音像、当时进行大屠杀的遗迹和遗址或者遗物,人证包括在南京大屠杀中幸存的见证者、见证过南京大屠杀的外国友人、参加过侵华战争的日本老兵等等……有了方向以后学生很快通过自己的方式找到了一系列证据,并在下一堂课上分门别类地进行举证:有的展示了当时亲历者罗瑾、吴璇当年冒死保存下来的日军残杀中国平民的照片;有的展示当时参与侵略的日本老兵东史郎写的日记摘录;有的则说起参观过日军南京大屠杀遇难同胞纪念馆的情况;也有的展示了哈尔滨的侵华日军第731部队陈列馆的相关资料……从学生们各自展示的证据中,大家不难得出这样的结论:日本侵略者的暴行,铁证如山,不容否认!所以近年来日本右翼分子的美化和否认南京大屠杀,是对我们中华民族的又一伤害,我们要坚决抵制!历史是不容抹杀的!历史是不容篡改的!与此同时学生们也更加清醒地认识到日本帝国主义的野蛮性,树立爱国主义情操和民族责任感,一种以天下为己任的民族责任感油然而生。事实上通过整理资料形成调研和汇报的教学方法,让学生在寻找证据、总结汇报中学会了判断史料的真伪和价值、辨别原始史料和转手史料,掌握史论结合、论从史出的方法,从而提高了历史分析能力,形成了严谨的思辨意识和思维品质,养成了实事求是的科学精神和科学态度。

增强学生语言表达能力的方法随时都可以在教学中进行,也会有其他更好的方法。语言表达能力是学生重要的能力,不仅能够促进历史课的学习,而且对各门功课的学习都有益处,是学生综合素质的表现,因此,在历史教学中,教师应切实加强对学生这一能力的锻炼与培养。

参考文献

[1] 上海市中学历史课程标准.课程目标,2007.
[2] 陆文龙.讲述历史故事 提高表达能力//中小学素质教育探索丛书·中学生口语表达能力培养.上海:华东理工大学出版社,2001.
[3] 杨译.历史课本剧在初中历史教学中的应用[D].长春:东北师范大学,2012.

培养中学生数学语言学习能力的尝试

朱秀峰

【摘要】 本文分析了中学生数学语言能力应用的一些现状:三种数学语言形成之间的转化存在一定的问题,特别是从文字语言转换成符号语言,符号语言转换成图形语言存在一定的困难,用数学语言进行问题表述的能力不甚理想。本文以等腰三角形的"三线合一"的教学为例,从四个方面提出"培养中学生数学语言转换能力"的策略与方法,加强概念教学的力度,积累学生数学语言词汇;加强数学语言的交流,促进学生对数学语言的理解和掌握;加强数学语言转换训练,提高学生的数学语言转换能力。

【关键词】 数学语言;语言积累;数学阅读;数学语言转换能力

数学语言是一种高度抽象的符号系统,可分为普通语言(包括日常口头用语与书面的文字表述)、符号语言和图像语言,而三种语言的转换则是数学教学中的难点。数学语言作为一种表达科学思想的通用语言,有其特殊性,表现为精巧、简明、便捷,作为数学思维的最佳载体,它不仅为数学本身,也为其他学科的数学应用提供了简捷的表达方式。

《上海市中学数学课程标准》明确指出:在教学中要确立学生在学习中的主体地位,关注学生学习的过程,通过创设学习情境、开发实践环节和拓宽学习渠道,帮助学生在学习过程中体验、感悟、建构并丰富学习经验,实现只是传承、能力发展、积极情感形成的统一。重视培养学生乐于动手、勤于实践、勇于创新的意识、习惯和能力。同时《课程标准》又指出中学生应达到的数学语言能力的目标是:能通过观察、阅读和思考领会数学语言所表示的数学概念、原理;能正确使用数学符号,将现实材料模型化;善于用分析、综合、比较、归纳、演绎等逻辑思维与推理的方法描述数学问题和证明数学问题,并且语言简约、条理清楚。因此培养中学生数学语言学习能力的尝试是一个非常值得深思和探讨的课题[1]。

一、培养学生学习数学语言能力的必要性

在教学过程中,学生用语言准确表述出概念,这个过程看似简单,其实是他们自主建构数学语言的过程,因此当学生最初接触到一些数学概念、数学符号时,应充分考虑学生的知识结构和心理特征,采取合理恰当的方式让学生经历概念、公式、性质定理的

形成过程。在教学中,有计划地让学生经历这样的过程,将会潜移默化地帮助他们真正理解数学语言、掌握数学语言,这对建构学生的数学语言基础、积累数学语言非常重要。以往课堂上教师讲概念,学生记概念;教师讲例题,学生模仿学习。乏味的教学方法,严重地挫伤了学生学习数学的积极性。很多学生始终认为数学就是算,就是公式,在学习的过程中也很被动,只是一味麻木地应用老师讲的方法和题型,一旦改变,便束手无策,究其原因主要是学生仅仅掌握了知识的陈述性形式,而未能将它们转化成解决问题的程序性知识,因此不能灵活应用他们已掌握的概念、公理、定理和公式进行正确解题。事实上,这里面有一个如何实现把用自然语言描述的数学概念、公理、定理等规则与用符号、公式、图像、图形等数学语言相互转换的问题,即数学教学中文字语言与符号语言、图像语言之间的转换。由此可见在教学中培养学生使用数学语言表达数学事实的能力,培养他们良好的数学语言能力能有助于克服数学解题困难。所以,在初中数学教学中有必要对学生进行探究数学语言学习能力的培养。

二、培养学生学习数学语言能力的方法

以《等腰三角形"三线合一"的性质》教学为例:

1. 主动探究,积累数学语言

学生在老师的引导下操作:如图1,将等腰三角形 ABC 对折,使两腰 AB 与 AC 重合,再观察等腰三角形:底边分成的两部分、底边与折痕所成的角以及顶角被分成的两部分,有什么发现?

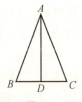

图1

学生经过讨论可归纳出学生归纳出:

(1) $BC=CD$,即 AD 为底边上的中线;

(2) $\angle ADB=\angle ADC=90°$,即 AD 为底边上的高;

(3) $\angle BAD=\angle CAD$,AD 即为顶角平分线。

说明折痕既是底边上的中线,也是底边上的高,还是顶角平分线。

最终发现等腰三角形的三线合一的结论:等腰三角形的底边上的中线、底边上的高、顶角平分线这三条线互相重合,简称等腰三角形的"三线合一"。

在这个过程中,学生通过操作、观察得到等腰三角形的三线合一,并用文字语言准确表述出了结论,这就是学生自主建构数学语言的过程,有利于他们真正理解数学语言、掌握数学语言。而且这个过程是在教师的启发和引导下,学生积极主动地参与教学过程,在课堂上最大限度地使学生动口、动手、动脑,极大的调动学生学习的积极性和主动性,促进学生主动参与、主动探索、主动思考,使学生能更深刻地体验到学习、探究、创造的乐趣。

2. 引导阅读,感悟数学语言

阅读课本是一种学生掌握数学语言的重要途径之一。通过阅读,不仅可加深对数

学语言的理解,而且有利于学生建构完善的知识体系,培养他们的创新意识。数学语言具有高度的抽象性,因此,数学阅读需要较强的逻辑思维能力。学会有关的数学术语和符号,还要依靠理解数学原理和数学逻辑。只有正确依据数学原理分析逻辑关系,才能真正理解数学课本。同时,数学有它自身的高度精确性。因此数学阅读,要认真仔细。作为教师,不仅应改变数学阅读的传统观念,还应注意指导学生进行有效的阅读。

学生通过操作、观察、归纳得到了等腰三角形的"三线合一",通过阅读,让学生自己归纳出在等腰三角形中,如果知道三个条件中的一个,也可以知道另外两个。从而引导学生把等腰三角形的三线合一的性质分解为三个命题:

(1) 等腰三角形的底边上的高平分底边,平分顶角。

(2) 等腰三角形底边上的中线垂直底边,平分顶角。

(3) 等腰三角形顶角的平分线垂直底边,平分顶角。

3. 交流学习,转换数学语言

学生在学习过程中,对三种数学语言即文字语言、符号语言和图表语言之间的转化存在一定问题,特别是从文字语言转换成符号语言,符号语言转换成图形语言存在一定的困难,用数学语言进行问题表述的能力也是不甚理想。而在数学学习中进行这种语言形态间的互译,不仅有利于对数学知识的理解和记忆,还可以熟悉数学语言本身,并为合理、简洁、准确地用其表达数学思维过程铺平道路。

在教学过程中,不是以传统的老师问学生答的方式进行文字语言与符号语言的转化练习,而是鼓励让学生与学生之间进行交流学习,你问我答,激发学生的主动学习,从而提高提问的有效性,活跃课堂气氛。

最终在老师的指导下学生结合图形用简洁、准确的数学几何符号语言归纳出等腰三角形的"三线合一"的性质:

(1) 在 $\triangle ABC$ 中, $\because AB=AC, AD \perp BC, \therefore BD=CD$ 且 $\angle BAD=\angle CAD$。

(2) 在 $\triangle ABC$ 中, $\because AB=AC, BD=CD, \therefore AD \perp BC$ 且 $\angle BAD=\angle CAD$。

(3) 在 $\triangle ABC$ 中, $\because AB=AC, \angle BAD=\angle CAD, \therefore AD \perp BC$ 且 $BD=CD$。

4. 逆向思维,强化数学语言

让学生结合图形说出三个命题的逆命题,用语言表达,则是

(1) 如果三角形中任一角的角平分线和它所对边的高重合,那么这个三角形是等腰三角形。

(2) 如果三角形中任一边的中线和这条边上的高重合,那么这个三角形是等腰三角形。

(3) 如果三角形中任一角的角平分线和它所对边的中线重合,那么这个三角形是等腰三角形。

通过逆命题的语言表述,培养学生使用数学语言表达数学事实的能力,力求做到用词准确,叙述精炼,前后连贯,逻辑性强,再要求学生按照语言描述,画出图形,用符号语言表述命题,强化数学语言间的转换。逆命题用符号语言可表述如下:

(1) 在$\triangle ABC$中,$\because AD \perp BC$ 且 $\angle BAD = \angle CAD$,$\therefore AB = AC$。

(2) 在$\triangle ABC$中,$\because BD = CD$ 且 $AD \perp BC$,$\therefore AB = AC$。

(3) 在$\triangle ABC$中,$\because BD = CD$ 且 $\angle BAD = \angle CAD$,$\therefore AB = AC$。

通过以上几个过程,我们数学教师在数学教学中对学生注重数学语言的培养和训练,使学生既能够正确理解数学的文字语言、符号语言、图形语言并能相互转换,又能够条理清晰、准确流畅地表述解题过程,还能从纯文字语言中捕捉信息,将文字语言、数学符号语言,图形语言进行互换。

三、培养学生学习数学语言能力的教学反思

在实际教学中,对于数学语言的表述,有的学生说得准确、简练、条理清楚;有的学生却显得语无伦次,无法正确地表达自己的观点。所以,在教学中我不仅训练学生的语言表达能力,也注重了在训练学生的思维能力,抓住一切机会让学生"说"。在培养的过程中,不能急于求成,要适当地给学生恰如其分的评价,鼓励学生大胆尝试。创造学生"说"的机会,扩大学生"说"的范围,但要引导学生语言表达的准确性、简洁性、条理性、久而久之,学生就会变得敢说,能说,会说。

所以说数学教学中数学语言能力的培养,不仅训练了学生把陈述性知识转换为程序性知识,而且训练学生改变用一种方法思考的思维定势,增强了学生思维的变通性。如果在平时教学过程中从上述几个方面去培养,应该对克服学生数学解题困难有着极大的帮助,也对发展学生的数学思维,最终达到培养学生数学学习兴趣、提高学生数学素养的目的起到关键性的作用。

参考文献

[1] 上海市教育委员会.上海市中小学数学课程标准(试行稿).上海:上海教育出版社,2004.

中学数学语言思维培养初探

张玉熙

【摘要】 在数学课堂教学中,要充分发挥数学语言,生动流畅、合理清晰、合情有趣、简练精确,使学生在愉快学习中学习数学知识。而在教学实践中,设置数学情景是这一个模式的前提,它起着思维定向、激发动机的作用,教师应在文字语言、符号语言、图形语言引导和培养学生的观察能力以及数学的分析能力的过程中,提出数学问题,培养学生创造性语言思维能力,引导学生大胆猜测和探索的能力。

【关键词】 数学情景;语言思维;探索能力

数学语言可分为抽象性数学语言和直观性数学语言,包括数学概念、术语、符号、式子、图形等。数学语言又可归结为文字语言、符号语言、图形语言三类。各种形态的数学语言各有其优越性,如概念定义严密,揭示本质属性;术语引入科学、自然,体系完整规范;符号指意简明,书写方便,且集中表达数学内容;式子将关系融于形式之中,有助运算,便于思考;图形表现直观,有助记忆,有助思维,有益于问题解决。

"道而弗牵,强而弗抑,开而弗达"选自《学记》,其含义是高明的教师的教学,在于善于用言语引导:要引导学生,但决不牵着学生的鼻子;要严格要求学生,但决不使学生感到压抑;要在问题开始时启发学生思考,决不把最终结果端给学生,这就需要教师在课堂教学中充分发挥数学语言,生动流畅、合理清晰、合情有趣、简练精确,使学生在愉快学习中学习数学知识。在教学实践中,设置数学情景是这一个模式的前提,它起着思维定向、激发动机的作用,教师重在用语言引导和培养学生的观察能力,以及数学的分析能力,而在课堂上提出数学问题则是关键之关键,这是培养学生创造性语言思维能力的核心和难点,重在引导学生培养大胆猜测和探索的能力,数学情景的问题教学研究,可以看作是语言教学法的一种形式,语言教学模式可以在以下几个方面有所探索:

一、加强文字语言在课堂教学中的运用,培养学生的学习兴趣

要在数学课堂教学中培养学生的语言思维能力,老师首先要有良好的语言思维品质,在教学中正确发挥语言思维的广阔性、深刻性、灵活性、批判性。数学教师的教学风格也生动地体现出教师的语言思维特点和语言思维品质,教学风格多由教师的教学

语言表现出来,思维与语言互相融洽、互相推进、通顺、清晰、精练、活泼的语言,不但能准确地传递信息,加强学生对知识的理解与掌握,而且有助于创设优良得教学环境,使师生双方处于轻松、愉快的美好状态下共同完成教学任务。教学风格还与教师的语言特长有关,但不论什么特长,教师的语言思维品质必须优良,只有具备了优良的语言思维品质,教师的语言思维特长才能发挥得淋漓尽致,才能更好地为教学服务。

利用数学家的童年趣事、典故等激发学生的语言学习兴趣。在教学"不在同一直线上的三点确定一个圆"时,先讲述了著名的小欧拉智改羊圈的故事,再设计这样的问题:小李同学在大扫除时,不慎打破了一块圆形的镜子,只拣到一小块的残片,他想重新配制一块与原来一样的镜子,你能帮他解决吗?通过今天的学习,你一定也会像小欧拉那样的聪明,解决生活中的问题。这样以讲故事的形式设计,使本来枯燥乏味的数学知识变得有生趣,不仅贴近学生的生活、符合学生的好胜心理,而且也给学生留有一些遐想和期盼,使他们将数学知识和实际生活联系更紧密,让数学教学充满生活气息和时代色彩。这样找到生活与数学的结合点,让他们体会数学带来的成功和快乐,就能激发学生的语言创新意识,提高学习的效率。

在课堂教学中,教师可将一些常规性题目改为开放题。例如:初中几何中,有这样一题:"证明:顺次连接四边形各边中点所得四边形是平行四边形。"这是一个常规性题目。我们可以利用电脑演示一个形状不断变化的四边形,让学生观察它们的四条边中点顺次连接后组成一个什么样的特殊四边形,在学生完成猜想和证明过程后,进而可变成如下:"要使顺次连接四边中点所得四边形是菱形,那么对原来的四边形应有哪些要求?如果要使所得的四边形是正方形,还需有什么新的要求?"这些常规题通过一些语言的前后次序变化,便有了"开放题"的形式,例题的功能也可更充分地发挥。像这样具有发散性和发展性的"开放题"引入数学课堂,可以培养学生的语言思维灵活性与创造性,同时也给予了学生主动探究、自主学习的空间。以"提出问题—引导探究—开展讨论—形成新知—应用反思"为基本流程的教学,体现了多种语言学习方式的结合。

二、加强文字语言、符号语言互译的教学,培养学生对符号语言的解译能力

符号语言是数学语言的一种,具有简洁、严谨、通用等特点,符号语言教学也是数学教学的一项基本内容,数学符号语言主要作用之一就是用高度简约化的形式语言来表达具体的数学文字语言内容,所以在学习一个新的数学符号时候,老师要给数学符号赋予具体的内容。同一个数学思维过程用文字表达则生动,用符号表达则简练,用图形表达则直观形象,但是不少学生不善于对数学语言的多种形式进行转化,尤其是对抽象的数学符号语言常常回避,造成死板、思维僵化的结果,因此数学语言形态间的互译,不仅有利于数学知识的理解和记忆,还可使学生熟悉数学语言本身,能够合理简洁、准确地用数学符号语言表达数学思维,提高学生的数学素质。

例如,在学习等腰三角形的性质时,这节课是对等腰三角形性质的探讨,采用实验归纳与逻辑推理两种语言同时要求的处理方式。学生通过操作实验,不仅发现和明确了结论,而且获得了进行逻辑推理的经验支持和思考基础。对于等腰三角形的"三线合一"这一性质,是从对"等腰三角形两个底角相等"的说理过程进行反思以后得到的,教科书上的语言分析过于简单,我在备课时想,如果把它一起讲,有的学生可能不是很理解,而这一性质相当重要,学生如果不理解透彻了,以后就很难会把它演变成数学符号语言来进行证明。首先用语言把它分成三个方面来进行讲解:① 等腰三角形的顶角平分线与底边上的中线互相重合;② 等腰三角形的顶角平分线与底边上的高互相重合;③ 等腰三角形底边上的中线与底边上的高互相重合。同时,在上课时,结合等腰三角形的图形让学生自己用语言进行逻辑推理证明,让学生对所学知识的认识有一个过程,使学生能更好地掌握这一知识点。接着,让学生根据图形,用符号语言表达这三条性质,① 如图 1:在 $\triangle ABC$ 中,如果 $AB=AC$,$\angle 1=\angle 2$,那么 $BD=DC$;② 如图 1:在 $\triangle ABC$ 中,如果 $AB=AC$,$\angle 1=\angle 2$,那么 $AD \perp BC$;③ 如图 3:在 $\triangle ABC$ 中,如果 $AB=AC$,$BD=DC$,那么 $AD \perp BC$。最

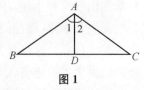

图 1

后让学生自己把这三个知识用文字语言归纳为:等腰三角形的顶角平分线、底边上的中线、底边上的高互相重合(简称为"等腰三角形的三线合一")。再让学生用符号语言进行归纳为:如图 1,在 $\triangle ABC$ 中,$AB=AC$,① $\angle 1=\angle 2$,② $BD=DC$,③ $AD \perp BC$ 三个条件中,满足其中一个就能得出其他两个。然后,根据这条性质出了一些练习,当堂进行测试,学生都能做对,这个知识点通过这样一分解,学生上课时都能理解和应用。

三、加强文字语言、图形语言互译的教学,培养学生对图形语言的解译能力

在数学中,图形语言也像文字语言那样具有记录作用,而且比文字语言更形象,有利于形象记忆,更有利于探索解题途径,还可以交流思想。正如笛卡儿曾说过的:"没有任何东西比几何图形更容易印入脑际了,因此,用这种方式来表达事物是非常有益的。"所以,在数学课堂教学中,可以充分发挥图形语言的作用,让学生在抽象的数学学习过程中获得美的享受,从而提高学生数学学习的兴趣,激发学生探索数学的积极性,通过对图形多角度、全方位的观察与思考,以培养学生的观察、分析和认知能力,提高数学的有效性。

生活中大量的图形有的是几何图形本身,有的是依据数学中的重要理论产生的,也有的是几何图形组合,它们具有很强的审美价值,在教学中宜充分利用图形的线条美、色彩美,给学生最大的感知,充分体会图形给生活带来的美感。在教学中尽量把生活实际中美的图形联系到课堂教学中,使他们产生共鸣,维持长久的创新兴趣,从而使

他们产生创新欲望。在学习黄金分割时,举实例来分析,例如建筑、摄影、舞台艺术,都可以用到黄金分割,并请不同身材的几位同学做了实验,计算上下身之比,看上去修长而挺拔的都接近 0.618,对此同学们兴趣盎然,又纷纷举出了生活中的不少例子,并设想出在何种情况下需要用到黄金分割,他们对黄金分割的理解就加深了。

几何图形数学综合题令很多同学望而生畏,有些同学可能一看到长题或复杂图形就放弃,其实我们教师只要在平时教学中加强训练,引导学生合理解读几何图形,将难度分解,一个复杂问题退到最简单的基本图形情况,构建解决问题的简单情境,由此获得启发,进而找到解决问题的正确途径。

几何证明中许多题目都是由基本图形组成的,特别在相似三角形这一内容中,许多图形都有 A 字形。例如让全班学生动手操作:将一把等腰直角三角尺放在腰长为 2 的等腰直角△ABC 上,并使它的 45 度角的顶点(D)(见图 2)在斜边 BC 上滑动(点 D 不与 B、C 重合),使三角尺的一边始终经过直角三角尺顶点 A,另一边与 AC 相交与点 E。探究:

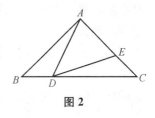

图 2

① 问图中有哪些三角形相似,并加以证明。② 设 $BD=x, AE=y$,求 y 关于 x 的函数关系式,并写出自变量 x 的取值范围。③ 当点 D 在线段 BC 上滑动时,△ADE 是否可能成为等腰三角形?如果有可能,求 BD 的长。

全班学生都在自己的练习本上操作,画出几何图形,结合图形标明已知条件,并加以证明。在这个图形中包含了基本图形 A 字形的应用,让学生产生熟悉感,充分发挥学生的积极性,提高他们的学习兴趣,也带动了全班的学习热情。

在上面这题的基础上,若把已知条件改成,"将一把含有 30 度的直角三角尺放在腰长为2,顶角为 120 度的等腰三角形 ABC 上,并使它的 30 度顶点(D)(见图 3)在底边 BC 上滑动(点 D 不与点 B、C 重合),使三角尺的一边始终经过三角形顶点 A,另一边与 AC 相交与点 E。"那么上题中的结论能否存在?请说明理由。

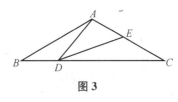

图 3

还可以让学生画出图形,经过这题的练习,学生可以发现条件虽然发生变化,但是图形的形状基本不变,它的基本图形还是 A 字形,学生有了清晰的了解,并且能进行证明,学生对几何综合题的证明也会很感兴趣。

复杂的题目,都由一些基本题组成的,教师要把学生的主要精力引导到对基本题的听懂、记住、用活上,听懂,即把握例题的主要因素及联系,能用自己的语言准确清晰复述。记住,即要求学生在理解的基础上,用巧妙的方法记忆基本内容;用活,就是能将基本题用于不同的问题情境或采取不同方式运用。

数学语言作为一种表达科学思想的通用语言和数学思维的最佳载体,包含着多方面的内容;其中较为突出的是文字语言、符号语言及图形语言,其特点是准确、严密、简明。由于数学语言是一种高度抽象的人工符号系统,因此,它常成为数学教学的难点。一些学生之所以害怕数学,一方面在于数学语言难懂难学,另一方面是教师对数学语言的教学不够重视,缺少训练,以致不能准确、熟练地驾驭数学语言。

  课堂学习是实施素质教育的重要途径,教师要关注数学教学的动向,学习最新的教学理念。在教学中,教师要激发学生的语言学习兴趣,调动学生的学习积极性,使全体学生参与到学习活动中,即使学生的语言表达不合理也不规范,教师也都应该持鼓励和赞许的态度,同时指出错误所在,教师再用合理和规范的语言进行总结和归纳。只有鼓励学生大胆用语言说出自己的想法,才能在平时的课堂教学中不断规范和提高学生的综合语言思维能力。

  课堂教学离不开教师的生动语言。在全面推进新课程的实施,提高学生素质,培养学生综合运用能力、创新语言思维能力的今天,提高教学质量和效率是落实这一主旨的切入口。路漫漫其修远兮,吾将上下而求索。

参考文献

[1] 上海市教育委员会. 上海市中小学数学课程标准. 上海:上海教育出版社,2004.
[2] 卞贤俊. 名师成长与教学创新. 上海:上海远东出版社,2008.
[3] 李秋明,张雄. 聚焦数学课堂,升华特色理念. 上海:上海三联书店,2011.

中学音乐教学手段之合唱

徐 敏 蔡 超

【摘要】 以学生为审美主体,让学生积极参与音乐活动,演唱歌曲是学生最易于接受和乐于参与的表现形式。古人说:"丝不如竹,竹不如肉",这是其他艺术形式无法比拟的。通过声音与曲式的不同色彩,使歌唱语言跌宕起伏,沁人肺腑。合唱是在语言与旋律有机融合过程中、艺术科学的完成咬字发音的、使之与动听的音乐相结合,塑造出深刻丰富的音乐形象。合唱是带有语言的音乐,是使语言音乐化,富有歌唱性。这样的集体音乐活动,可以使学生在音乐课中充分发挥音乐的审美功能。

【关键词】 合唱;审美;情感

为了提高学校教育科研水平,进一步促进教师学生全面发展。桃李园实验学校开设了"建设课程群,创建特色学校"的国家课题,构建"发展学生语言能力"的课程体系。以推进科研、校本研修、课程改革有机结合的方式,推进课堂教学改革的创新发展,完善教学模式,促进学校工作的全面协调发展。

音乐课"以学生发展为本",从语言学科的课程群的建设着眼,培养学生的创新精神、合作意识和实践能力,提升学生语言素养。注重"从知识与技能、过程与方法、情感态度与价值观三个方面"拓展教学内涵。这与平时开展的音乐欣赏、音乐表演、艺术创作的教学理念基本一致。坚持以学生为审美主体,让学生积极参与音乐活动。演唱歌曲是学生最易于接受和乐于参与的表现形式,特别像合唱这样的集体音乐活动,的确是一条有效提高学生音乐素养的途径。合唱是带有语言的音乐,是使语言音乐化,富有歌唱性。咬字发音的语言传递,最容易引起共鸣,正如古人所说:"丝不如竹,竹不如肉",这是其他艺术形式无法比拟的。通过声音与曲式的不同色彩,使歌唱语言跌宕起伏,沁人肺腑。合唱是在语言与旋律有机融合过程中、艺术科学的完成咬字发音的、使之与动听的音乐相结合,塑造出深刻丰富的音乐形象。

一、欣赏歌曲,丰富艺术感受

审美离不开体验,学生获得个体的审美体验是音乐教学的重要特点,有时就是"只可意会,不可言传"的顿悟特征。作为音乐教师,就要使学生通过音乐欣赏而了解音乐,体验音乐中的美。在音乐欣赏过程中,我大致引导学生通过听、唱、想、说来培养他们的欣赏能力。

1. "听"是欣赏歌曲的关键

音乐艺术的一切活动都必须依赖于听觉,因此"听"是欣赏教学的关键。教师如何引导学生全身心地投入到聆听音乐中去,在聆听中感知、认识、理解音乐作品的内涵呢?在欣赏前,我有意识地给学生提一些简单的带启发性的问题。

如八年级教材中的歌曲《土风舞》,听之前就出示准备好的问题,如:歌曲的情绪如何?曲子的速度如何?力度是怎样的?你听后有什么感觉?让学生有目的地聆听。结果,听一遍后学生纷纷举手回答:歌曲的情绪欢快、愉悦;速度较快;力度较强;听后感到劳动人民在丰收时唱歌跳舞,欢庆喜悦的心情。通过提些简单的问题,使同学全神贯注地听,思维想象也因此积极主动,充分发挥了学生审美功能的直觉力和知觉力。

2. "唱"是表现歌曲的基础

音乐欣赏以听为主,而合唱以唱为基础。合唱是一门非常严谨的艺术,要求音色统一、声部和谐、音量均衡。它必须经过严格而科学的教学训练,才能取得良好的艺术效果。有别于其他语言发声,有几点需要特别注意:

(1) 帮助学生建立正确的、科学的发声概念

合唱训练是以高位置的科学发声方法为基础的。让学生将白声和有气息控制的高位置的声音进行比较、分析、鉴别,以提高学生对声音的辨别能力。特别是唱高音时,要求学生用假声带真声的方法来歌唱,切忌大喊大叫,因为这样不但会损坏声带,而且会破坏合唱的和谐性。

(2) 气息的训练

在训练时,针对学生普遍存在的气息浅、吸气抬肩、不会气息保持等错误呼吸方法,适合采用他们能够理解并完全可以做到的方法进行练习。比如"像闻花"一样做深呼吸练习;用半打哈欠的方法来启发学生打开喉咙,放松下巴等等。

(3) 要加强音准和节奏训练,打好合唱训练的基础

合唱是集体性的声音艺术,统一的节奏、准确的音高是唱好合唱的基础。训练时要求学生进行听辨和模唱练习,这样由听到唱,从简到繁,在此基础上,进行多声部合唱的训练。让他们在和声效果中,得到音准概念,从而掌握音准。在学唱歌曲时要注意加强节奏感的培养。只有这样,在音准和节奏上,才能做到高低两声部的和谐统一。

(4) 咬字和吐字训练

加强咬字和吐字的训练,注意音量、音色、吐字的统一,增强合唱效果。正确的咬字和吐字是歌唱技巧中的一个重要基本功。熟练的咬字、吐字技巧,不仅是为了准确清晰地传达字的音,重要的是通过正确的咬字、吐字与歌唱发音有机地结合起来,以达到生动形象地表达歌曲的思想感情,使歌声富有感染力,从而使合唱获得最佳的演唱效果。

如八年级教材中的《鼓浪屿之波》，在演唱前，先准备一些合适的发声练习。针对学生普遍存在的气息浅、吸气抬肩、不会气息保持等错误呼吸方法，采用"像闻花"一样做深呼吸练习；用半打哈欠的方法来启发学生打开喉咙，放松下巴等方法进行准备练习。引导学生欣赏作品时，一起唱音乐的主题，使学生不光对主题的出现和歌曲节奏非常敏感，而且非常容易对作品进行分段，能进一步的入情、入境的去体验作品，完善演唱，并且能使学生更好地展开联想和想象。

3. "想"与"说"是欣赏作品的深入

语言是人类最重要的交际工具，它同思想有着密不可分的联系，是思维的工具，体现着思想目的，是人区别其他动物的本质特征之一。人类语言是在长期与大自然斗争的劳动中产生的，为进一步深刻表达思想感情、沟通彼此的情愫，即出现了长短不一的语言。尽管音乐是非语义性的艺术，是抽象性的艺术。但语言是歌唱的基础。人在歌唱时发出的声音，好比是一件乐器，但它却比其他乐器有种特殊的功能，就是配合歌声同时发出传情达意的诗词歌赋，这便是合唱的语言艺术。尽管它不可能像文学作品那样用文字描写具体的故事情节和刻画人物的内心活动，更不能描绘复杂的现象或者抽象的概念，但可依靠学生的主观联想和想象来实现。

例如：八年级第六课歌曲《月夜》，启发式地让学生思考作曲家通过音乐描绘了什么，学生通过想象便回答说：月光倾洒在一望无际的大海上平静的船只在航行；月光下，寂静的森林，水仙子在湖边舞蹈。通过讨论，同学们知道音乐并不是特定的，但也有其内在的规律和逻辑可寻；这首《月夜》情绪上是平静、柔和的，一些温馨柔和的画面及景色都可以作为音乐的背景。这样，通过作品表现情境的创设，让学生自己来想象音乐、理解音乐。了解音乐内在的规律，表达出对音乐的感受，从而促进学生的思维，加强学生对音乐的感受能力。

实践证明，通过以上听、唱、想、说几个步骤，学生在音乐课中了解了古今中外，风格各异的经典之作，欣赏水平及对合唱的兴趣大大提高，从而也培养了一定的审美能力和提高了音乐素质。语言浸透着音乐，音乐也融化着语言，二者越是完美结合，合唱艺术的表现魅力就越强。

二、演唱歌曲，提升艺术情感及创新精神

1. "情感"是升华歌曲内涵的关键

在合唱表演中，只有当人的嗓音与作品的情感表现之要求相吻合时，才能准确、真实、生动地再现作品的情感内涵，才能发出符合作品情感所要求的声音。不同的情感体验赋予声音不同的色彩，唯有情动于衷发而为声、充满感情的演唱，才是最为感人的演唱。列宁说过"如果人们没有人类的情感，那么过去、现在、将来都永远不能寻找到人类的真理"。情感是艺术的灵魂，是艺术的高度升华，是统领事物发展的精髓和内部

主张,更是艺术生命存在的根本。

  如八年级下册第四课中歌曲《让世界充满爱》三部曲,这是一首为1986年国际和平年而创作,歌曲有三个部分,在节奏、旋律上具有很强的对比,时而平缓舒展,时而生机勃发。通过听、唱、想后,同学纷纷能举手回答出,音乐的情绪,结合歌词,说出音乐想要表达的情感。但是学生怎么才能在合唱时表现出歌曲的内在情感呢?这个时候需要,教师有效的引导,提示学生注意演唱的表情,声音的位置,把感情沉浸于合唱艺术之中。在一些较弱的音乐段落,要求学生注意音色、节奏、声部的和谐,学会有控制地发自内心的歌唱。以情带声促使学生发出优美的声音去更完美地表现人类情感,努力将绚丽的语言艺术表现力充分发挥在合唱艺术中。

  2. 以学生为主体,"创新"合唱活动

  创新教育是时代的需要,在音乐课中,每课都安排了适当的创作活动。以学生的生活经验为线索来组织教学活动,学生的自主空间被大大地拓展了。生活是艺术的源泉,学生会通过观察生活、感受生活、体验来自生活的情感和乐趣。在《音乐课程标准》的总目标中也提到:在多种形式的音乐学习环境中,进行即兴性、综合性的探究创新与拓展活动,发展创新思维。

  合唱是一种心理创作,它要求歌唱者把自己融入曲中,把心中所想艺术的转化为眼中所见,口中所唱。人的声音是内在感情激发的结果,内在感情是外界客观事物刺激的反映,人心敢于物而动,声音动与心而发。大诗人白居易曾说:"感人心者,莫先于情"。歌曲从产生、演唱到欣赏都是因情而发,是词曲作者动心、歌者唱心、听者感心的艺术加工过程。匈牙利作曲家、音乐教育家柯达依也曾指出:"艺术的精髓并不是技术而是心灵,一旦心灵可以毫无障碍的自由表达,便能创造出完美的音乐效果。"一个成功的合唱团,除了要有扎实的基本功,更关键地在于艺术表现是否深刻感人,能否透彻地理解音乐内涵,通过精湛的歌唱技术和美妙的声音不仅把观众带到作品的意境中去,还要发挥出对于作品的独特表现,即个性。这样才是达到了艺术的最高境界,充分体现了歌唱艺术即二度创作。

  如八年级下册的第四课的通俗歌曲《酒干倘卖无》,这是一首首由罗大佑、候德健作词,苏芮演唱的经典老歌,曾经在祖国大陆大街小巷传唱,时至今日,这首歌曲仍然备受当代青年喜爱。歌曲中的主人公哑叔,靠着卖空酒瓶,原本就微薄的收入,将垃圾桶里的弃婴阿美抚养成人。一开始听到酒干倘卖无,同学们是觉得有点好笑的,可当同学们听到这首歌曲背后的故事后,都深深地被哑叔的善良所打动,想到了自己,自己今后该怎么回报父母的养育之恩。带着这样的情感,同学们有感情的演唱了歌曲。如果同学们不知道这首歌曲背后的故事,不知道哑叔用唢呐吹出的"酒干倘卖无"有多凄凉,哑叔培养阿美成为一名歌手付出了多少辛酸。如果不挖掘歌曲的内涵,我想同学们是无法有感情地表现好这首歌曲的。

不仅学唱《酒干倘卖无》,在音乐课中,也极力丰富学生的音乐活动,鼓励同学们进行创编表演。尽管这是一首年代久远的老歌了,但学生有着无数的联想与创造力,有的同学重新创编了"酒干倘卖无"的节奏。有的同学甚至加入了自己喜欢的RAP风格进行表演,让歌曲瞬间变成了一首摇滚歌曲,也没了催人泪下的感觉了。还有些同学通过原有的音乐旋律,创编了简单的舞蹈动作,用舞蹈语汇表达作品的情感和意境……

同学们的表演虽然有些稚嫩,但是通过表演,同学们的表演及创造才能被大大地挖掘了,既增强了表演学生的自信心,又非常有效地提高了课堂学习的气氛,通过简单的音乐创作挖掘学生感受美,鉴赏美,创造美的能力,同时也通过表演加深了同学们对音乐的进一步理解。

合唱学习的最终目的是要学会运用声音技巧去完成歌曲的再创作,清代音乐家王德晖在《顾误录》中指出"口中有曲,心中无曲者,纵令字正音和,终未能登峰造极",歌唱中声音固然重要,但歌唱的感人不在于对声音的炫技,而是按歌曲的发展,准确表达情感变化,注重技术性与艺术性的统一,用充满情感色彩的声音来表达感情,达到以声传情,以情感人的目的。

三、演唱歌曲,完善学生的综合素养

1. 德育与美育的有效融合

合唱是一种集体的活动,由许多人共同完成一首歌曲的演绎,合唱效果的好坏不单单取决于某个人的个人演唱水平,而需要集体的相互配合协作来共同完成,是一个极其复杂而又艰辛的过程。《中国教育改革和发展纲要》指出:"教师应当把德育贯穿和渗透到教育和教学的全过程中,并以自己的楷模作用促进学生的全面发展。"音乐教育含有丰富的德育内容。音乐教育中的德育是以爱国主义教育为中心展开的。音乐教育应通过生动的音乐形象,在进行审美教育的同时,动之以情,晓之以理,寓德育于美育之中,不断发展学生德育上的自我教育能力。

"你可知 Macao 不是我真姓,我离开你太久了母亲,但是他们掠去的只是我的肉体,你依然保有我内心的灵魂……"当《七子之歌》这段熟悉的旋律在教室中回响时,同学们都心潮起伏。于是我在教完这首歌后又要求大家回去查找一下闻一多先生写这首词的背景。当全班都了解了在词中闻先生以拟人的手法将我国当时被列强掠去的七处失地比作远离母亲的孩子哭诉他们受尽民族欺凌,渴望回到母亲怀抱的强烈情感时,我便适当地又对同学们提起了梁启超的《少年中国说》,"少年智则国智,少年强则国强",通过音乐激发了学生的爱国主义热情。

通过合唱教学,让学生了解优秀的民族音乐作品,培养了学生健康的情趣,高尚的情操,增强了民族自豪感。在音乐新教材中,编者编入了如京剧《智取威虎山》,歌曲《故乡是北京》,京歌《唱脸谱》等,这些不同时期、不同背景下创作的音乐作品是教师实现《上海市中小学音乐课程标准》中的课程目标,重视民族文化和人文精神,具有爱国情感及文化艺术包容态度,养成健康向上的审美情操的最好作品之一。因此,我在教学过程中,特别注重这些作品所引申的教育意义。

2. 通过合唱,提升学生健康的心理素质

在音乐学习过程中要注重对心理素质的训练,往往外界因素对演唱者造成很大压力,以致产生歌唱是心理紧张,使歌唱的生理活动失调,使歌唱者演唱水平在众人面前得不到充分发挥。可见歌唱心理素质的培养与锻炼是十分必要的。然而在各种对良好歌唱心态及心理素质的培养与锻炼中,以情带声的演唱无疑在其中发挥着积极作用。由于歌唱是一种在激动的情绪中进行艺术创作的高级精神活动,所以当歌唱者以真挚的情感发声歌唱时,所有与演唱无关的顾虑、紧张,都会因其陶醉于艺术情感的境界中而被抛于脑后。从而摆脱由于心理紧张所带来的生理紧张,在兴奋的精神状态中得心应手地运用自己的声音,以美好的歌唱感动听众,实现自己的愿望。

四、总结

合唱是学生用以抒发和交流思想感情的最自然、最直接、最亲切的一种集体艺术表现形式,其艺术魅力取决于情感表现的深度,用动人的声音表现动人的情感,两者的融合就是声情并茂。声情并茂是古今中外声乐表演艺术的真谛,歌唱者必须将自己的情感倾注于歌唱之中,即要具备演唱技巧,又要具有对歌曲情感的处理与表达能力,注重技术与艺术的一致性,两者相辅相成。以声传情,以情感人是合唱艺术的核心。我认为教师的教学就应该运用多种方法引导学生全身心地投入到音乐活动中去,要求学生在音乐活动中充分发挥音乐的审美功能——音乐审美直觉力、音乐审美知觉力和音乐审美判断力;从而进一步培养学生的各种能力和高尚的精神世界。

综上所述,合唱作为一种审美活动,是用音乐本身的力量,使欣赏者置身于音响天地中,从而有效地培养学生感受美,鉴赏美,创造美的能力,由此促进学生情感智力、审美能力和内在精神的全面发展。作为音乐课中重要的组成部分的音乐欣赏,就是通过作品的欣赏可以培养学生的艺术审美能力,提高学生的音乐文化底蕴,同时通过老师的引导又可以充分发挥学生丰富的艺术想象力,拓展思维能力,从而提升人文情怀和人生境界。这是音乐教学的旨归。

参考文献

[1] 上海音乐学院声乐系. 声乐译丛(第一辑). 1980.
[2] N. K. 那查连科. 歌唱艺术. 北京:人民音乐出版社,1981.
[3] 许讲真. 歌唱语言艺术. 大连:大连出版社,1992.
[4] 许讲真. 歌唱艺术讲座. 北京:人民音乐出版社,2002.

初中学生化学语言能力的培养

陈美玉　朱增艳

【摘要】 化学语言能力不仅是获得化学知识的必要条件,也是发展学生智力的重要手段。言简意赅的化学语言是一种能力,也是化学思维过程的一种反映。初中学生学习化学的过程中,普遍存在着化学思维不清晰、化学语言表述不当的问题。这一尴尬的现状给我们的初中化学教学敲响了警钟,教学中我们要给予充分的重视。若学生化学语言能力欠佳,则知识内容的复习与巩固,就难以有较好的效果。本文从初中学生化学语言表达能力的现状、影响初中生化学语言表达能力的因素、初中生化学语言能力的培养策略三个方面进行了探讨,旨在能够探索出一条行之有效地初中学生化学语言能力的培养之路。

【关键词】 初中学生;化学语言;表达能力;化学方程式;化学用语;能力培养;化学实验;引导学生;化学教师;创新课堂;心理特征

在日常教学中,在化学考试中,我们往往会发现这样一种现象,学生学的还可以,基础知识也比较扎实,但在运用所学知识分析化学问题、描述一些实验现象时,语言表达却是弱弱的,不知所云,有的甚至是语无伦次。学生语言表达能力的高低,已经影响到教学质量,影响到试卷的高质量完成。培养化学语言的表达能力已刻不容缓,培养应从初中抓起。

初中学生由于年龄、心理特征等原因,表达能力普遍不高。有的是性格原因,有的是缺少锻炼,有的是眼高手低,有的是想法和表达不能统一。情况不同,面对学生时就要区别对待,而语言表达能力,直接关系到化学学科的学习和综合素质的提高,因此,在初中化学新课程的教学中,我们必须重视对学生语言表达能力的培养,这也是素质教育对我们初中化学教学的要求。

一、初中学生化学语言表达能力的现状

初中生处于心理发育的成熟过渡期,抽象逻辑思维处于快速发展阶段,这为初中生语言表达能力的训练提高提供了良好的心理和思维基础。但面对我们现在教的学生,化学语言表达能力之不理想,让人无论如何也高兴不起来。

(1) 语言表达本应该是教学中一个很重要的任务,它应该渗透到各科教学里,潜

移默化到学生的身体里。但很多学校和教师却并不把它当一回事,于是,语言表达成了教学的附庸、课堂的点缀,甚至眼光从未顾及并正视过它。在我们桃李园实验学校,更是如此,它成了教学中可有可无的内容。走进课堂,满黑板的都是知识。时间也是满满的,老师满满地教,学生满满地学呀做呀被老师盯呀。至于语言表达的训练,很多老师忽略而过,或者只是提一提,说一说,根本不组织收集资料,不开展活动。即使课堂教学中师生问答这种交际行为也很少被教师有意识地关注和利用。我们看到的常是缺少民主、平等和关爱的师生问答,或是问答不能进行下去时教师的一人独白,几乎没有对话交流的机会和氛围。

(2) 学生语言表达的欲望弱化。学生的学习任务繁重,在校的学习时间紧迫,加之学校和教师的不重视,学生认识不到语言表达能力的重要性,渐渐失去了交流表达的欲望,最终导致学生越来越不想说,越来越不敢说,越来越不会说。课堂上大家低着头,默默地听着、记着。当老师课堂提问时也是羞羞答答、扭扭捏捏、不能启齿。即使说出来,也词不达意、句子不完整,自己的思考与想法不能清楚明白地表达出来。有的不要说遣词造句能力有问题,就连普通话都不能说标准、说清楚。表达重复啰唆、条理混乱、内容不具体、中心不明确、没有必要的过渡和照应等等,不一而足。

近几年化学考试中,教师评卷分析时均发现考生失分较多的试题是实验题,实验题得分率低于 0.44,是全卷失分较多的试题。主要原因是文字表达不具体明确、化学专用术语错误、化学用语表述不规范等。化学语言表达不规范等因素正在成为当前考生失分的重要因素。

二、影响初中生化学语言表达能力的因素

影响初中生化学语言表达能力的因素很多,最主要的有学生心理认识、教育体制、教师教学理念等三方面。

(一) 学生心理变化和思想认识的误区

(1) 学生心理变化对化学语言表达能力的影响。初中生在生理上处于青春期前期,渐渐失去了儿童期的童趣和率真,自尊心日益增强,感情日趋内隐,在心理得不到及时疏导的情况下,逐渐处于闭锁状态。处于此时期的初中生敏感多变,自我意识加强,注重自我形象。怕自我形象得不到肯定,怕自己露丑露怯,不愿、不敢在人前轻易发表见解。另外,化学在初中是一门全新的学科,尤其是化学实验,学生感觉新奇的同时,更有一丝丝的慌乱和更多的不安。特别是要求学生们自己独立去完成一个实验,并作出实验报告时,学生的那种恐慌心理更是增加了他们思维的零乱性和疏漏性,化学语言表达更是难以正确完成。

(2) 学生的思想认识误区。通过对我们桃李园实验学校近 200 名学生的抽样调查显示,学生对化学语言表达有两大思想障碍:一是不重视。认为"说话不用练,无师

自通。""有什么说什么,还练什么?""考化学,只考做试卷,不像英语,还有听力,没必要练"等,对化学语言表达训练采取无所谓的态度。二是怕说错,认为"不说为妙,少说为佳,说走了嘴,自讨苦吃"等等。这种态度和这些思想障碍,都影响着学生积极踊跃回答问题,自觉主动进行化学语言表达的训练。另外,网络和多媒体的普及,也让更多的学生将所谓多余的时间和精力都投入其中,和多媒体交流,和游戏交流,就是不和人交流,不开口说话,不轻易将自己的想法写出来,长此以往,化学表达能力自然无从谈起,最后造成有心无口,有口难说。

(二)应试教育体制的影响

在现行的教育体制下,学生要想在中考中脱颖而出,考上所谓的市重点和区重点,就必须多做题、重复做重点题。特别是化学,因为学生刚刚接触,入门都需要时间,培养起化学兴趣,熟练掌握化学基础知识更不可能一蹴而就。为了应试中考,学生大把的时间自然而然放到听课、练习,甚至是补课上。一张考卷定终身,中考考什么,老师重视什么,学生不管情愿与否,必须学什么。衡量人才的唯一尺度,评价教学的有效手段,最终还是学生考上了什么样的学校、考了多少分。由于片面追求升学率,致使学校和教师囿于狭隘的功利意识,将注意力和教学时间全都集中在应试的教与学上,至于化学语言的表达和培养,只能暂且放到脑后了。

(三)教师教学理念受应试的影响而产生局限

部分教师包括我在内,对培养学生化学语言表达能力的意识不强。作为化学教师,更多的时候,我很愿意把时间和精力赋予知识的传授,也就是我所理解的所谓传道授业解惑上,没有意识到化学语言表达能力也是化学能力的一个重要组成部分。有时在认识上虽然也意识到了一点点,而在教学实践中受应试教育的影响,又有意无意地忽略掉了。在教学中弱化了学生化学语言的表达能力,重知识传授、重实验演示、重习题讲评和训练、重纠错订正。课堂上则采用满堂灌、一言堂,很少给学生说的机会。

三、初中生化学语言能力的培养策略

(一)提高学生心理素质,消除学生心理障碍

学生在课堂上、试卷中实验现象的描述中的心理障碍源于自身的心理活动,是学生自信心不足和认识不到位的表现,它是学生自己给自己的表达成功设下的一道障碍,是自己造成的失败。学生心理素质的优劣和认识的深浅直接关系到其化学语言表达能力的强弱,教师可以引导学生明白自己的心理障碍和认识误区在哪里,调适好良好的心理素质,增强其化学语言表达的自信心和抗挫能力。另外,根据初中生说话能力的特征区别对待。如化学基础不扎实的学生,在知识的积累掌握上要多加强;语言反应迟钝的学生,指导他们进行有针对性的简答及实验现象描述训练;性格内向、胆小害羞、紧张怯场的学生,要求他们有意识地进行自我暗示,自我鼓励,缓解自己紧张的

心理,松弛焦虑的情绪,多与人交往,克服自卑羞怯的心理,创造条件多表达自己的想法、观点,增强自信心。具体做法如下:

(1)课堂提问,培养口头表达能力。教师在课堂上,要根据教学内容,不失时机地提出启发性问题,让学生回答,以训练学生的口头表达能力。在提问过程中,教师要因材施教,使每个学生都有实践练习和发展的机会。

(2)通过作业和实验报告,让学生熟练运用自然语言和化学语言,准确的表达自己的思想、看法或描述化学事实。教师要有针对性的引导学生把化学用语同自然语言融合在一起,形成自己的语言,并用文字有条理的书写出来,以训练学生的书面表达能力。

(3)通过实验操作培养学生的实验表达能力。实验是化学课的亮点和特色,实验操作则是化学学科特有的动作语言,这就要求教师给学生创造实验的机会,特别是启发性、探究性实验。我经常把部分演示实验改为学生实验,把某些验证性实验改为探索性实验,以发展学生的实验操作表达能力。

(4)提倡撰写小论文,培养学生综合表达的能力。教师有目的地指导学生,自拟或给出题目,令学生自行设计动手完成实验,对实验结果进行处理,用科学的方法得出结论,然后写出小论文,并进行必要的展出和宣读。这样既可以培养学生的书面表达能力,又可以培养学生的口头表达能力,也可以培养学生操作表达能力。更重要的是,这样的活动能促使学生将这些能力要素有机地结合起来,形成综合的化学表达能力与创新能力,同时,提高自信心。

(二)转变教学理念,创新课堂模式,落实新课标要求

现有的教学理念就是,一切为了应试,为了应试的一切。尽管素质教育的口号已喊了十多年,尽管政府和全社会一再呼吁要真正落实素质教育,尽管各类教育专家一而再再而三地强调,教育要一切为了学生,为了学生的一切,但事实上最终仍以学生考试成绩作为评价教师和学生的唯一有效手段。中考化学,就看你卷子上能考出多少分,其他的评价都是扯淡。不考的自然不教,即使老师愿意教,学生也不会去学,家长、社会甚至学校,不会理解更谈不上支持了。片面应试教育的误导,迫使大多数教师自然弱化了对学生化学语言能力的培养,只要学生会做题,鼓励学生做学霸。新课标科学合理的理念和要求,在面对严酷的应试现实时,竟显得是那样的弱势和无奈。静下心来想一想,学校和教师不能急功近利而放弃教育理念,应该从学生的现实需要和终身发展的大局出发,创新课堂,把课堂真正还给学生,让学生真正成为课堂的主人。老师把问题设置好,用经验引导学生的智慧,用智慧挖掘学生的潜力。让学生说话,让学生交流,让学生探究,让学生争论,让每一个学生在化学课堂上都有自己规范又独特的化学语言。

(三)明确化学语言表达的基本要求,有的放矢,加强能力培养

化学语言,也是化学教师教学思想的直接体现,是化学教师向学生传授化学知识,

提升学生化学学科素养的重要工具。在化学学习中,许多学生往往是懂得道理却表达不清楚,做实验题和简答题时,语无伦次,没有条理。因此,教知识的同时也教会学生运用化学语言,就成了化学教师的任务之一。

1. 学生化学语言表达能力应达到的标准

(1)严谨性。严谨性就是要有逻辑性、科学性。化学概念、原理、规律本身就是十分严谨而科学的,老师在讲述时,要准确阐明概念的内涵和外延,原理的内容和适用范围,规律的条件和结论,使学生通过学习,恰如其分地理解掌握。

(2)清晰性。用化学语言表达化学事实时要注意清晰,也就是要确切而不是模棱两可,同时要准确无误,不要似是而非,不能让别人看后产生误解。

(3)简明性。用化学语言表达化学事实,要特别注意详略得当,简洁明了。凡重复的或多余的叙述应力求避免,而必须交代的事项则一定要阐述清楚,不可省略。

(4)通俗性。化学语言的通俗性是指要符合化学的一般习惯,符合化学的习惯用语和符号。

(5)诱导性。通过化学语言,将某一知识点设置成恰当的有梯度的问题情境,步步设问,层层启迪,在解决问题的过程中,将学生对知识的理解引向深入,引导学生理出一条清晰的思路,让学生对化学语言产生感情,自觉不自觉地喜欢并成为一种在化学课堂上运用化学语言的习惯。

2. 培养学生化学语言表达能力的途径

(1)指导学生认真地阅读化学课本。化学语言具有高度抽象性,因此化学阅读需要较强的逻辑思维能力。学会有关的化学术语和化学符号,正确依据化学原理分析逻辑关系,才能达到对书本的真正理解。同时化学有它的精确性,每个化学概念、符号、专用术语都有其精确的含义,它们在化学学习中有着重要的作用,以致离开它们就难以作出正确的化学表达。要想真正学好化学,必须重视化学课本的阅读,因为化学课本是准确使用化学术语和用字的典范。在阅读时要求学生认真细致,特别要注意课文中用到的有关词语,仔细想一想为什么要用这样的词语,换成其他词语行不行。久而久之,就能灵活地、准确地使用化学用语、化学术语,使化学表达能力大大提高。

(2)充分发挥教师的示范主导作用,形成班级正能量。课堂之外,教师要吃透教材,课堂上,则要语言幽默,创新课堂,使用化学语言准确无误,表达清晰流畅。鼓励学生在课堂上多交流、多发言。只要有学生能站起来说,不管对与错,老师都要肯定他的勇敢,取其可取之处进行"夸张"甚至"夸大"式地表扬,尽量把较简单的问题留给基础较差的同学,帮助他们建立自信。教会学生学会聆听和欣赏他人的表达。

(3)给学生"交流"的时间与空间。学生的表述能力首先表现在会"说话",这就得给学生说话的空间和时间。所以,化学课堂必须创新,一堂40分钟的课,至少要留20分钟的时间给学生,让他们讨论、交流、探究、质疑。首先让学生跟着老师说,跟着老师陈述化学的概念和原理,跟着老师读化学方程式,跟着老师阐述化学式、化学方程式的意义。然后教那些因为不会说话而怯于说话的学生一些说话的方法。比如,在回答老师提问的"为什么"时,要有针对性,要有重点。对一些有争论性的问题,要简明扼要,要用"我认为"、"我觉得"、"我的想法是"等来开头。如果学生在语言的表达过程中出现这样或那样的错误时,老师一方面要纠正错误,另一方面要引导、启发,同时肯定正确的部分加以鼓励。如果课的理论性较强,可以在上新课之前请同学根据上节课的教学内容进行提问,由学生回答。这样既复习了旧知识,又锻炼了学生的表达能力。如果课的内容与日常生活联系紧密,则请同学搜集资料并在课前交流,进行合作式的学习。如果有些课需要延伸至课后,则组织学生进行开放式的合作学习。

培养学生的化学语言表达能力,不仅仅是学习化学的需要,也是学生适应未来社会发展的需要。化学语言表达能力的结构是由口头、书面和操作表达三个环节构成。这三个环节彼此相连,相互渗透。提高初中学生的化学语言表达能力是一项系统工程,应该贯穿在整个化学教学的全过程,同时还应该注意与其他各学科之间的横向联系,使整个工程系统化、完善化。

参考文献

[1] 徐崇芬. 浅谈学生口语交际的实效性. 作文教学研究,2005(3).
[2] 罗建兵. 口语能力训练中教师的作用. 安顺师范高等专科学校学报,2003(3).
[3] 李永红. 化学课程变化的主旋律——探究. 中学化学教学参考,2002.
[4] 郑长龙. 初中化学新课程教学法. 长春:东北师范大学出版社,2004.
[5] 陈大伟. 教师怎样解决课堂教学问题. 北京:中国文史出版社,2007.
[6] 张万兴. 课堂教学艺术完全手册. 北京:中央民族大学出版社,2002.

模拟历史演讲,培养语言能力

杭海明

【摘要】 历史涉及的是过去发生的事情,与当下的生活有一定的距离。学生对此往往产生距离感,历史课堂教学,拉近与学生的距离,激发学生的兴趣成了一个首要问题。情境教学为此提供了有效的方法。就是根据情境教学理论、历史学科特点和学生学习历史的认知规律,在历史教学过程中,针对具体教学的目的和内容,综合运用多种教学方法和手段积极创设特定的教学情境,以促使学生大脑的综合活动,激发学生的学习兴趣和情感,建立愉悦的表象,优化认知过程,掌握历史知识,建构正确的观点和能力的教学过程。

【关键词】 历史情境;演讲

情境教学采用多种教学手段,营造特定的历史氛围,将学生置于其中感知历史,增强了教学的效果。教学情境作为课堂教学中富有感情色彩的场景和氛围,可使用的方式很多。历史演讲是其中一个重要的组成部分。演讲是一门既古老又新型的科学。它的历史渊源可追溯到古希腊、古罗马时期。那么,怎样才能发挥好历史教学中的情境效应,激活课堂,营造出生动活泼的教学氛围呢?

一、搜集史料,研究演讲情境

情境教学法的关键是复现或创设历史情境,将人文情境与科学情境有机地结合,并融感性与理性、具体与抽象、强调想象与迁移、审美与思变、简化的和实在的、理智与逻辑为一体。其特点是具有真实性、知识性、应用性、情感性。只有这两种情境和谐自然地并存于课堂教学中,才可以使课堂教学生态趋于平衡。历史演讲在时间的长河当中具有极其重要的作用,其文字具有独特的魅力,是历史的音符、时代的记录、艺术的绝唱、文化的结晶,包含着深刻的哲理,闪烁着智慧的火花。演说家包括哲学家、政治改革家、革命者、军事家和文学家等,为了达到一定的目的而宣传、解释、论说、鼓动等等,发挥着极强的社会作用。优秀的演讲者通过语音能力和技巧、热情、理智与智慧,以足够的权威性,阐明自己的主张、见解与态度。这些语言文字就可将人们带入到特定的历史氛围,感受历史。

如讲述珍珠港事件时最有力的证据就是,罗斯福总统的演讲。"昨天,1941年12月7日——它将永远成为国耻日——美利坚合众国遭到了日本帝国海空军预谋的突然袭击。美国当时同该国处于和平状态,而且应日本的请求,仍在同它的政府和天皇进行对话,以期维持太平洋的和平。……昨天日本对夏威夷群岛的进攻使美国海陆军部队遭受重创。我沉痛地告诉各位,很多美国人丧失了生命。此外,据报告美国船只在旧金山和火奴鲁鲁的公海上亦遭到鱼雷袭击。昨天日本政府也发动了对马来地区的进攻。昨夜日本军队进攻了香港。昨夜日本军队进攻关岛。昨夜日本军队进攻菲律宾群岛。昨夜日本军队进攻威克岛。今晨日本军队进攻了中途岛。……作为陆海军总司令,我已指示采取一切措施进行防御。我们整个国家都将永远记住这次日本对我进攻的性质。我们信赖我们的武装力量,依靠我国人民的无比坚强的决心,我们必将取得胜利。愿上帝保佑我们。我要求国会宣布,自1941年12月7日星期日日本对我国无端进行卑鄙的进攻,美国同日本帝国之间已处于战争状态。"通过列举了大量的事实,充分说明了日本的侵略是蓄谋已久的行为,有力地揭露了日本军国主义侵略者卑鄙无耻和野心勃勃的丑恶嘴脸。简短有力,最大限度地让学生感受演讲的力挽狂澜、振奋人心魅力。掌握距离他们极其遥远而难以记忆的历史知识,不仅可以使课上得生动活泼、形象直观,使学生对所学的历史经久不忘,也可以把较复杂的问题简明化、抽象的问题形象化,使学生易于理解,而且还可以使学生参与其情境去探索新事物,提出新观点。激励学生在学习历史时根据需要,尝试创设实物情境,鼓励学生收集整理更多的著名历史演讲稿,在形象直观的情境中培养感悟能力。

二、再现历史情境,提炼历史故事

现代科学技术的迅速发展,为教育改革提供了条件。运用投影、录音、录像、电脑的演示,将演讲的历史背景、现场、甚至历史结果展现在学生的眼前。它以生动形象的语言集中展现某一历史情境,使学生对历史事件和历史人物有一种"如临其境"、"如见其人"、"如闻其声"的真切感受,在大脑中留下具体逼真的痕迹,然后通过痕迹的联结,引导学生想象,再现过去了的历史印象,进而展开由表象到概念,由感性到理性的思维活动。

在讲述二次世界大战初期德国的步步紧逼与永无休止的扩张时就使用了纪录片《闪电战》,再配以英国首相丘吉尔《我们将战斗在海滩》的原声演讲(可将中文译稿内容配合展示),"这次战役尽管我们失利,但我们决不投降,决不屈服,我们将战斗到底,我们将在法国战斗,我们将在海洋上战斗,我们将充满信心在空中战斗!我们将不惜任何代价保卫本土,我们将在海滩上战斗!在敌人登陆地点作战!在田野和街头作战!在山区作战!我们任何时候都不会投降。即使我们这个岛屿或这个岛屿的大部分被敌人占领,并陷于饥饿之中……德国将向我国或法国发动新的攻势,已成为既定的事实。法兰西和比利时境内的战争,已成为千古憾事。法军的势力被削弱,比利时的军队被歼灭,……我们可能还会遭受更严重的损失……从今后,我们要做好充分准备,准备承受更严重的困难……决不能认为已经定局!我们必须重建远征军,我们必须重建远征军,我们必须加强国防,必须减少国内的防卫兵力,增加海外的打击力量。在这次大战中,法兰西和不列颠将联合一起,决不屈服,决不投降!"演讲中使用了大量的反复与排比,突出、强调了气势如虹的语境。将那个战火纷飞的年代,面对反法西斯的强暴,英法等国坚强与不屈、抵死抗争,活灵活现地展现在了课堂上,使学生们知道面对强权必须抗争,在绝境之中也会出现希望的曙光。

借助多媒体,可以把本不能再现的历史现象真实地或"近似地"展现在学生面前,通过声、光、形、色、音等多种信息作用于学生,加深了学生对所学历史知识的印象,提高了学生记忆历史知识的质量。课堂气氛不再是凝固的,而是活跃的、快乐的,学生也由原来的被动接受变为主动探讨,独立性增强,学生之间开始互动。在这种环境中,扩大和改变了学生的视觉和听觉途径,提高了视听效果。在情感的熏染中,在情境的氛围中,感知历史,陶冶性情,激发情趣,活跃思维。

三、模拟演讲场景,走进历史现场

听演讲、看演讲,学生都只能是一个旁观者。而当学生成为演讲者时,将这些讲稿由自己讲述时,成为了历史的参与者。在《做个充满激情的教师——教师成功之道》一书中,美国作家 Robert L·Fried 认为:"改变学校游戏的其他方法:学生是参与者,而不是旁观者""改变现状的方法不是放弃我们的责任,一切改由学生们说了算,而是帮助他们参与到每门功课、每个学习单元、每堂课中来,不要只做旁观者。"可以将一些抽象的历史知识、深奥的道理以具体的形象作深入浅出的说明。

1933年3月4日富兰克林·罗斯福就任美国总统之时,美国正在遭受经济危机的沉重打击。他在就职演说中呼吁美国人摆脱恐惧心理,迅速行动起来应付危机,并要求国会授予他广泛的行政权力。"值此我就职之际,同胞们肯定期望我以我国当前情势所要求的坦率和果断来发表演说。现在确实尤其有必要坦白而果敢地谈一谈真情实况,全部的真情实况。我们没有必要去躲闪,不去老老实实地面对我国今天的情况。我们的国家过去经得起考验,今后还会经得起考验,复兴起来,繁荣下去。因此,首先,允许我申明我的坚定信念:我们唯一值得恐惧的就是恐惧本身——会使我们由后退转而前进所需的努力陷于瘫痪的那种无名的、没有道理的、毫无根据的害怕。在我们国家生活中每一个黑暗的时刻,直言不讳、坚强有力的领导都曾经得到人民的谅解和支持,从而保证了胜利。我坚信,在当前的危机时期,你们也会再一次对领导表示支持。"在演说中他认为应该复兴的不仅是美国的经济,而且还有美国的民族精神和信仰。

其中所传达的乐观、坚定、百折不挠的力量,只有在学生自我的演绎中才可以深刻地体会与领悟,使学生和历史人物一道思维、对话、行动,犹如身临其境。学生自然而然地产生情感体验,激发学习兴趣,激活学生思维。通过自己的思维,形成深刻的认识,提高具体问题具体分析的能力,而教师此时无需更多的言语,只要静静聆听即可,此时"无声胜有声"。

四、整理演讲思路,感悟语言魅力

教师作为教学活动的组织者、引导者,其直接的作用就在于促成学生的主动学习并使其有所收获。因此要在情境教学中创设合理的情境,充分利用素材中的人、事、情,因地制宜,灵活运用。围绕演讲,提出一些与之有关的问题,引起学生思考,是激发学生学习兴趣和求知欲的有效方法和手段。如提问"为什么要进行这一演讲?演讲的目的是什么?是否达到了演讲者的目的?"等等。创设问题情境,把学生引入一种与问题有关的情境的过程。创设层层启发推进的问题情境,激发学生的认知兴趣,开启学生的创造性思维。这个过程也就是"感受——领悟——深思"的过程。把需要解决的课题,有意识地、巧妙地寓于各种各样符合学生实际的知识基础之中,在他们心理上造成一种悬念,从而使学生的注意、记忆和思维协调活动起来最佳学习状态。鼓励同学们尽量地去探索未知领域,提出创新的观点。因此,通过创设问题情境,让学生在发现问题、解决问题的过程中,培养对历史的兴趣,发展学生的创新能力。另外,历史情境教学需要多方面的环境因素,融入多学科知识,这必将培养学生融会贯通的思维能力,发展自己多元的学习能力和社会能力,为将来适应社会的发展奠定了基础。

五、反思

1. 符合学生水平,确定有效策略

情境教学是以展示具体历史情境为特征的一种教学,情境创设的成功与否,直接关系到该教学方法的成败。历史情境的创设,既要与课本内容相统一,又要与学生的认识水平相适应。教师在设计情境时,以教材内容为基础,教学目标为依据,突出教材的重点和难点;要在符合学生认识水平的前提下,巧妙地把需要解决的问题解决在恰当的情境之中。

利用实物或现代化教学技术复现了历史情境以后,如果教师和学生不能借助于想象进入历史情境,不按照历史情境的过程进行模拟的历史教学活动,那么,充其量也只不过是讲授法的教学手段,而非情境教学法。必须使用有效的策略,向课堂要质量;注重教方法、整体建构。不只是单纯的知识传授,而是培养学生的自学能力和科学的学习方法。把时间还给学生,让学生充分发展自己的爱好特长,真正实施素质教育。

2. 客观、理性、辩证使用演讲情境教学

从历史唯物主义的观点出发,一切以时间、地点、条件的变化为根据,正确认识历史事件和历史人物。学会把历史事件放在历史中去客观、全面地评价与分析。语言文字是中立的,但使用者是有立场的。优秀的演讲者可以发人深省、力挽狂澜,也可以巧舌如簧、蛊惑人心。

如十字军东征的发起者,教皇乌尔班二世,他于1095年在法国克莱芒举行的宗教会议上宣布十字军东征开始时,就是使用的这篇演讲稿,"让我们投入一场神圣的战争——一场为主而重获圣地的伟大的十字军东征吧!让一切争辩和倾轧休止,踏上赴圣地的征途吧!从那个邪恶的种族手中夺回圣地吧!那个地方(耶路撒冷),如同《圣经》所言,是上帝赐予以色列后嗣的,遍地流着奶和蜜,黄金宝石随手可拾。耶路撒冷是大地的中心,其肥沃和丰富超过世界上的一切土地,是另一个充满欢娱快乐的天堂……让那些从前十分凶狠地因私事和别人争夺的人,现在为了上帝去同异教徒战斗吧!——这是一场值得参加,终将胜利的战斗。不要因为爱家庭而拒绝前往,因为你们应爱上帝胜于爱家庭;不要因为恋故乡而拒绝前往,因为全世界都是基督徒的故土;不要因为有财产而拒绝前往,因为更大的财富在等待着你们。……本着主赐予我的权柄,我郑重宣布:凡参加东征的人,他们死后的灵魂将直接升入天堂,不必在炼狱中经受煎熬;无力偿还债务的农民和城市的贫民,可免付欠债利息,出征超过一年的可免纳赋税。凡动身前往的人,假如在途中,不论在陆地或海上,或在反异教徒的战争中失去生命的,他们的罪愆将在那一瞬间获得赦免,并得到天国永不朽灭的荣耀。向着东方出发吧!不要犹豫,不要彷徨,为荣耀我主,去吧!把十字架染红,作为你们的徽号,你们就是'十字军',主会保佑你们战无不胜!……而我们现在将引领你走向带来永不朽灭的荣耀的战争。"正因为这样一篇具有极强煽动性的演讲,无数人踏上了征程,成千上万倒在了血泊之中,掠夺、杀戮由此拉开了序幕,持续了百年之久。使用这样的演讲资料时必须向学生点明,一切历史现象都是历史地形成的,各个国家、民族、个人都有自身的历史条件、特定的属性。必须在一定的历史时间与环境下看待历史现象、历史人物。

再如丘吉尔利用演讲鼓舞了人民的士气,战胜了德国,成了二战的英雄。但也曾于1946年3月5日,应邀访问美国期间,在密苏里州富尔敦城的威斯敏斯特学院发表了题为《和平砥柱》的演讲。他说:"从波罗的海边的什切青到亚得里亚海边的的里雅斯特,已经拉下了横贯欧洲大陆的铁幕。这张铁幕后面坐落着所有中欧、东欧古老国家的首都——华沙、柏林、布拉格、维也纳、布达佩斯、贝尔格莱德、布加勒斯特和索菲亚。这些著名的都市和周围的人口全都位于苏联势力范围之内,全都以这种或那种方式,不仅落入苏联影响之下,而且越来越强烈地为莫斯科所控制……几乎在每一处都是警察政府占了上风。到目前为止,除了捷克斯洛伐克以外,根本没有真正的民主。"还指出,在铁幕外面,"到处构成对基督教文明的日益严重的挑衅和危险"。丘吉尔呼吁英美联合起来,建立"特殊关系",推动西方民主国家"团结一致"。题目是和平,但这一演讲带来的却是敌对,俗称《铁幕演说》。在此次演讲之后,揭开了冷战的序幕,使二战之后的世界形成了两级对峙的局势。

由于历史观点是人们主观思维活动的产物,是人们对客观对象的主观认识。必然会受到阶级、时代、环境和个人素质等方面的限制,从而导致与客观事实有所偏差。人的主观看法是由社会根源和认识根源决定的,具体来说,就是社会偏见、态度倾向、阶级立场、方法论等几个方面。既是主观看法,就有可能产生错误,甚至还会可能混淆事实,颠倒黑白。历史观点都是在特定的历史环境中产生的,不可避免地带有历史痕迹。因此,应该学会将历史观点放在特定历史条件下进行分析和评价,还原到特定的历史情境中进行评论。

总之,历史情境的创设方法多种多样,都可以模拟与真实历史情境相似的历史情境,谋求形似、神似、功能相似、结构相似等。教学中让学生得其"情"而进,观其"景"而入。在模拟的历史情境之中,让学生带着兴趣去参与,带着情感去体验,带着疑问去思考。因此"情境教学——情境教育"是对素质教育的一种有效的探索。教学是一门艺术,对艺术的探索是永无止境的。经过不断的尝试和革新,将会给历史教学注入持久的活力。

参考文献

[1] 施和金,朱昌颐.历史教育学新编.南京:南京师范大学出版社,1998.
[2] 黄小波.教育观念的转变与教师自身素质的提高.历史教学问题,2006(6).
[3] 沈芬丽.情景教学法在高中历史课堂中的运用.历史教学研究通讯,1999(2).
[4] 张燕.浅谈历史课堂中的情景教学.历史教学问题,2007(3).
[5] 陈中南,等.世界名人演讲赏析.合肥:安徽人民出版社,1990.
[6] Robert, L. Fried.做个充满激情的教师——教师成功之道.北京:中国轻工业出版社,2009.

感受诗意之美
——中国古典园林欣赏

褚建伟

【摘要】 中国古典园林与中国山水画、诗词及中国传统艺术同出一辙。古代文人雅士把自然美景、名山大川,用写意的手法浓缩移植到有限庭院空间,把在大自然中得到的生活感受及熏陶寄情于诗情画意之间,追求超凡脱俗。清代钱泳曾说过:"造园如作诗文,必使曲折有法,前后呼应……"中国园林不仅体现了古代士大夫们对自然山水美景的憧憬,而且还把它提升到具有诗情画意的境界之中。

【关键词】 古诗文;园林意境;感受欣赏

中国古典园林对于初中学生来说并不陌生,大多数学生都去过各式古典园林,虽然其形式各不相同,却在不同中有着一个共同点:游览者无论站在园林中的哪个点上,眼前总是一幅完美的图画。学生对中国古典园林通过人工手段营造的"自然之美"不难体会,但真正能从中感受到诗情画意的"人文之美"却不多,因此,在美术欣赏课上,让学生了解一些基本的园林布局、造景,感受园林的自然美、空间美、建筑美的同时,希望更能引发学生对中国古典园林诗情画意的"人文美"的感悟,领略园林"入画"、"入诗"的意味,用心体会风景背后精致、唯美的文化品位。为此,我通过以下三个方面来强调古典园林的诗意之美。

一、从题咏匾额中体会诗意

中国是一个诗的国度,中国古典园林处处洋溢着诗意之美,这主要体现在很多园林景点命名来源于诗词歌赋,使得自然景观增加了不少文化内涵。要让学生体会到这一点,只需引导学生细心体会园林中的题咏匾额便可有所感悟。好的题咏,如景点的题名、建筑上的楹联,不但能点缀堂榭、装饰门墙、丰富景观,还表达了造园者或园主人的情趣品位。用心体会题咏匾额所点化的意境之美,恐怕是欣赏园林之美最好的途径。

为此,我列举了苏州留园和拙政园的几个例子。苏州留园中有很多景点就是以诗词命名的。比如,一处坐落在绿树掩映之中的院门匾额上题有"绿荫轩"三字,根据资料记载是取自于明朝高启葵的诗"艳发朱光里,丛依绿荫边",取这句诗词中"绿荫"二字作为匾额，与其笼罩在绿荫之下的景致极为相称。留园中的"明瑟楼"和"涵碧山房"都是临水而建的，为了体现其临水的精彩，"明瑟楼"的名称，据记载取自"目对鱼鸟，水木明瑟"的诗句。"涵碧山房"，取于宋朝朱熹的诗"一水方涵碧，千林已变红"。留园中还有一处特别院落，院名上题有"还读我书处"的字样，十分耐人寻味，据记载这一句取自陶潜的《读山海经》："既耕亦已种，时还读我书"，想象闲来无事时，找到这处宁静安谧的小院，泡上一杯清茶，读一本自己心爱的书，轻风拂面，耳闻鸟雀低鸣，该是怎样的一种田园雅兴。此景此诗跟苏州拙政园的一座临水小亭有异曲同工之妙。这座小亭取名为"与谁同坐轩"，苏轼《点绛唇·杭州》词中有这样一句："与谁同坐，明月清风我。"知道这句诗词的人，无不想象诗句中所描绘出的清净幽深的意境……与此相类似的诗词匾额在中国古典园林中可谓不胜枚举。

以上这些例子我都一一介绍给学生，让学生从题咏匾额中体会诗的意境，同时配以图片音乐渲染气氛，让学生有一种身临其境之感，从不同的角度增加了园林欣赏的美学内涵。

二、从植物中感受诗意情怀

要说中国古典园林中栽种的品种丰富的植物，很多学生大概都不以为然，植物当中哪来的诗意？其实不然，要不，怎么会把梅、兰、竹、菊称为"四君子"？松强劲刚健，竹挺拔有节，梅凌寒而放，菊淡泊高洁，它们的姿态、习性让人联想到高尚、纯洁、坚韧等精神品质，因此松、竹、梅、菊也就成了园林布局中常见的植物载体。清代的郑板桥爱竹是出了名的，喜欢竹子挺拔有节的姿态，他在诗句中这样写道："举世爱栽花，老夫只爱竹。"道出了其追求高雅的境界。园中种植梅花，每到冬天，梅花盛开，若有若无的梅香阵阵袭来，也能使人浮想联翩："有梅无雪不精神，有雪无梅俗了人。日暮诗成天又雪，与梅并作十分香。"怎能不让人赞叹梅的精神和品操？海棠花，为棠棣之华，看似稀松平常，却也是构园者的独具匠心，苏州拙政园内有一个种植有海棠花的园子，叫"海棠春坞"，其不仅有象征兄弟和睦之意，还不禁让人想到描写海棠的名句："枝间新绿一重重，小蕾深藏数点红。爱惜芳心莫轻吐，且教桃李闹春风。"这个小院的格调，不正是此诗句的映照吗？此外，荷花的出淤泥而不染，也使其成为古代文人墨客竞相赞美的对象，用来比拟在污浊的社会环境中人们应该具备的高尚品德与情操。圆明园有一处"濂溪乐处"景点，水池中遍植荷花，乾隆皇帝特题名曰："前后左右皆君子"。莲荷、松、竹、梅等植物常常出现在园林中，不仅以它们的物质形象装点了环境，而且还以它们所具有的人文内涵陶冶人们的情操。

三、用心体会美景中的诗意

著名的园林建筑学家陈从周教授说过，没有文化就不能造园，不会作诗又岂能建园,可谓一语中的。

如果你在苏州园林中游赏,就一定会发现,图画美无处不在,打开一扇窗户、走过一个拐角,就必有几枝竹子、几棵芭蕉点缀其间,或叠以山石、种以花木,以避免单调直白,营造曲径通幽。当然,单单引导学生欣赏到这些细节之美还远远不够。体会整体的意境之美才是我们中国古典园林欣赏课的要点。在古典园林中,碧水翠竹、亭台楼阁、假山花木无不寄托着园主人的某种精神追求,并通过将园林景致与诗文互相渗透、营造诗的意境的手法,使人们在游览时能够触景生情,产生共鸣。因此,要想充分地领略园林之美,还要从整体的意境着眼,让学生体会这种诗的意境。

比如,苏州拙政园中有一池碧水,水中满种荷花,池边建一小阁,名曰"留听阁",一到荷花盛开季节,满池荷花与小阁相互映衬,景致绝美,"大有接天莲叶无穷碧,映日荷花别样红"的韵味。一到秋天,虽然花残叶枯,也又有另外一番韵致,特别是风雨萧瑟之时,坐在"留听阁"内,静听雨打残荷之声,自然会想起李商隐"留得残荷听雨声"的诗句,真可谓意境深远。园内西南角有一处建有假山石丛,山石周边植以松树环绕,再配以小桥流水,微风吹过,树影摇曳,若正逢皓月当空,漫步于此,静听潺潺流水,好一番"明月松间照,清泉石上流"的意境。

园林的意境正是通过上述这些手段,才有了丰富的内涵——当然中国园林不仅是融合了诗意,它还是融合了绘画、书法、音乐等方方面面,它是一种高度完善的古典艺术形态,不仅表达了一种生活格调,还浓缩了极具东方哲学意味的中国传统艺术精神。要让学生真正了解这些并不容易,我们需要的是循序渐进,慢慢品味。不仅在中国古典园林欣赏课中如此,其他与之相关的美术课,如中国画,在讲课过程中也要渗透中国的人文美学,让中国诗意之美体现在美术教学的方方面面。只有多方面渗透,才有可能让学生真正领略中国古代园林之美,感受其深刻的内涵。

在耐力跑运动教学中培养青少年健全人格

孙 凤

【摘要】 对青少年"健全人格"的培养是关系到对现在和未来人才资源保护的大问题,这也是学校体育教育的重要任务,与现阶段"两纲"教育相一致。而耐力跑运动项目看似最为枯燥的运动,在培养学生健全人格方面有它独特的一面。本文将从多个方面加以论述。

【关键词】 语言;健全人格;耐力跑;青少年

一、"健全人格"和"耐力跑"的内涵

自20世纪50年代后期以来,一些心理学家根据他们的临床经验,运用心理测验、会诊等方法对被认为具有健康水平的人进行研究,提出了许多"健全人格"模式。根据国内外的研究,笔者认为:"健全人格"是指由人的内在心理引导的尊重生活、热爱自我及自然环境,其个人的意识、才智及能力都得到健康、全面的和谐发展,进而形成积极向上的心理品质和个人特征。

在中学教材中把较长距离或较长时间的跑步的练习叫做耐力跑。耐力跑练习能改善机体有氧代谢的能力,提高心血管系统和呼吸系统的机能,增进身体健康。中学体育课耐力跑教材的教学,目的在于提高学生跑的能力,提高心肺功能,并且培养毅力和坚强的意志。

二、耐力跑运动教学对培养青少年"健全人格"中非智力因素的作用

1. 对培养学生独立的个性特征的作用

独立性是进行创造活动必不可少的个性品质。它表现为自立、自信、自强,具有怀疑和批判的精神;敢于向权威挑战;有创新意识;具有较强的独立性和自主性;能够独立自主地提出问题和设想,并设法多角度、多方法地找寻解决问题的途径和办法。

耐力跑运动在培养学生独立的个性方面有积极的作用。在教学中,学生独立完成教师布置的任务,在这一过程中,每个学生都是独特的个体,显示着不同的行为。例如教师布置教学任务,进行走跑交替10分钟的练习,在这一练习中,有学生选择两人一组,也有三人以上的小组,还有独自进行练习的学生;而在跑的过程中,有学生先走再跑,也有学生先跑,直到累了再走,更有从头跑到尾的学生。简单的练习过程中,学生

发挥创想，积极思考，结果形成了个体的差异，也培养了鲜明的独立个性。

2. 对激发和培养学生的进取精神的作用

耐力跑运动在培养学生的进取动机和竞争精神方面有特殊的作用。这种作用表现在两个方面：

一方面是强化竞争意识。体育运动最大的特点就是竞争性强。而竞争的本质就是超越他人和超越自我，这种竞争性从一开始就已深深植入体育运动参加者的主体意识之中。而耐力跑也有着这种鲜明的特质。

另一方面是培养竞争的精神。在进行耐力跑运动的游戏、练习、测试中这种竞争性积极地表现出来。在各种练习中获得胜利，往往要受到来自各个方面的挑战，其中有对手的、环境的、自身的心理和生理上的等等。在克服这些内外因素的影响，争取达成目标的过程中有利于培养体育运动参加者不畏困难、勇于进取的精神。利用这些特点，我们教师可因势利导地有目的、有意识地培养学生的进取动机和精神。

3. 对培养学生意志品质的作用

在耐力跑教学或竞赛中，当跑的"极点"到来时，身体机能就会有所反应，进行无氧工作状态，身体就会感到不适。在这种情况下，是否能克服极点，战胜自我，达到一个运动水平新阶段，需要我们坚强的意志品质。同时由于在跑的过程中承受多种因素的影响，常常会出现各种复杂的局面。如竞争中的领先局面、落后局面、相持不下局面、领先转为落后局面和落后转为领先局面以及混乱局面、冲突局面等。在各种局面不断变化的情况下，人的情绪和行为也在不断地变化。这就要求我们学生为达到目的必须善于控制自己的情绪，调节自己的行为，及时分析情况，果断采取对策，做出抉择，并付诸行动。这对培养学生的意志的果断性和自制性有重要意义。

4. 对培养学生承受失败和挫折的作用

在耐力跑的练习或者比赛中，为了掌握跑的动作技术，或者为达到一定的运动水平，都要经受反复枯燥的练习，对身体进行一次次的磨炼，有时会有进步，有时会失败、受挫。只有那些不畏困难、不怕失败、善于分析和找出失败原因、充满自信的人，才会成功地达到目的。这也考验了我们学生心理的承受力。如有一位学生平时的耐力水平比较高，在800米考核中，由于身体出现状况，没有达到优秀的成绩，考核后情绪很低落，这个时候作为教师要充分考虑到学生的情况，引导学生正确认识失败和成功的关系，帮助学生及时调整情绪，保持良好的心态。

5. 对培养学生团结协作的集体精神的作用

耐力跑运动项目看似单独完成，但是我们可以利用集体的力量来提高学生的耐力水平。例如我们的课间跑运动，就是伴着有强烈节奏感的音乐、排着整齐的队行进行的集体耐力跑项目。集体项目对队员团结协作的精神要求很高。如在耐力跑的中间阶段，教师采用小组的定向跑练习，分成若干组，以每小组最后一位成员到达来记录成绩,来判定胜负。在这一练习中,我们发现原来不愿意跑,或者独立性较强的队员会相互帮助、互相鼓励、相互配合,直至最后完成任务。在这种集体的活动中,我们学生知道团结协作的精神是队伍取胜的必要条件。一个人可以在运动中感悟到团结协作的重要性,从而会以关联的思维方式看待事物,使其创造性人格更具魅力。

三、耐力跑教学方法在培养学生"健全人格"方面的运用

1. 营造培养"健全人格"的体育教育氛围

培养学生的"健全人格",首先要建立一种平等的师生关系,教师对学生首先要有一个榜样的作用,通过自己的人格魅力去影响学生、感染学生。耐力跑是一个相对内在性较强的项目,比较枯燥单一,教师应鼓励学生积极参加,而不是"强迫执行"。

其次,运用"快乐教学",在教学中对学生不求全责备,不拔苗助长,而是通过多种多样的教学手段使全体学生积极地投入教学比赛当中,如采用丰富多样的游戏手段等,使学生在愉悦当中得到锻炼和提高。对一些不愿意参加体育课的学生和身体素质较差的学生,更要采取精神激励手段,使学生充分发挥自己的主观能动作用。通过精神激励使学生明确奋斗目标,了解自己在社会中的地位、作用和责任以及对于自己的角色要求,振奋精神,刻苦学习,以良好的人格品质面对人生的挑战。

2. 着眼"人格教育",创新教学方法与手段

社会的高度发展也为学校体育的内容和目标进行了重新定位。体育与健康的关系也为人格教育提供了新的内容,休闲体育、旅游体育、健康的内涵等都会使学生在理想与现实、过去与现在、善与美的体验当中培养兴趣、满足需要、陶冶情操、形成信念,最终促进"健全人格"的发展。耐力跑运动一改以往的练习模式,更应符合现代人需要。例如进行有氧健身操的练习,在欢快音乐的伴奏下,进行20分钟以上的练习,同样提高我们身体的心肺功能,这种练习更能让学生接受,身心愉悦,更符合现代的锻炼模式。

对教学方法进行创新。例如在耐力跑的练习中,我们可以创设情境,"走亲访友":将学生分成若干小组,在规定时间内走访每一位成员的家庭,哪个小组用时最短则胜出。这种符合现实的教学手段,不但有趣,而且能培养学生的团结精神,在集体的练习中个体的意志品质也能更加凸显。

采用多元化的教学手段。现代科技的发展,让我们可以很方便地利用多媒体进行教学,即使在下雨天,我们也可以直观地进行教学:观看运动比赛、欣赏体育电影等等。在为王军霞5000米夺冠时的出色表现感叹时,在为竞走运动员在终点前被罚下而叹息时,激励自己,树立自信。这些方法、手段对学生进行独立个性的培养和挫折教育都有很大的帮助。

3. 培养"健全人格",充分发挥学生在学校体育教学中的主体性

传统的耐力跑教学模式之所以受到质疑,主要原因在于它忽视了学生在体育教学中的主体作用,教师习惯于我讲你听、我做你看、我导你做,使学生被动地接受,极大降低了上课的效果。在教学的过程中,要民主地、平等地善待学生,培养学生的主体意识,发挥学生的主体作用。

具体来说,学校和体育教师在体育教学过程中要提出一些允许思考与发展的要求,不是急于发表自己的导向性意见,更不要不懂装懂或设法回避。耐力跑中教师可以给出一些不限定因素,让一些不愿意跑的学生自己选择,例如男生偏好外向型运动如足球、篮球等,教师可以和学生约定我们进行"国家足球(篮球)队体能考核"。两个星期后进行体能考核,合格后可以继续;如不合格则要考虑他的"国家队队员资格"。这种给学生更多时间和空间的教学真正实现体育过程中从他律到自律的转化,培养学生的好奇性、挑战性、独立性等人格倾向。

树立"健康第一"的思想。我们的体育教学不但是对身体的磨炼,也是对思想心理品质的磨砺。耐力跑运动的教学在我们中学体育教学中占有一定的比重,是不可忽视的重要环节,它是相对其他运动项目来说比较简单、锻炼手段较方便的运动,是我们终身体育锻炼的简单方法。因此通过积极开展耐力跑运动,培养学生独立的个性和创造力,树立学生的健康体育观念,完善学生的身心健康,这是我们每一位体育教师的首要责任。

参考文献

[1] 朱恩俊. 开发创造力中的非智力因素. 江苏大学学报,2002(2).
[2] 樊建. 对大学生非智力因素培养及相关问题的探讨. 财经科学,2002增刊.
[3] 谷崎. 在体育教学中如何提高学生的心理健康水平. 中国学校体育,1997(4).
[4] 沈德立. 非智力因素与人才培训. 北京:北京教育科学出版社,1991.
[5] 黄渭铭. 当前高校体育教学改革中几个热点问题的研究. 福建高校体育,1997(4).
[6] 毛振明. 体育教学改革新视野. 北京:北京体育大学出版社,2003.
[7] 韩丹. 健康素质、体育和健康. 体育与科学,2003(4).
[8] 黄汉升,季克异. 中国体育教师教育改革的理论与实践. 北京:高等教育出版社,2004.
[9] 唐君玲,李政. 论我国学校体育教学的发展趋势. 首都体育学院学报,2005(3).
[10] 张兆才. 中国近代体育思想产生的时代特征. 体育科学,2005(5).
[11] 王永吉. 在体育与健康课中实施创新教育的探讨. 体育成人教育学刊,2005(2).

汉字教学与语文学习

龚玉婷

【摘要】 汉字是世界上最古老的文字之一,它作为一种书面语言交际符号不仅书写了中华民族的历史,更记载了中华民族 5000 多年辉煌灿烂的文化。汉语是我们的母语,学习好汉字对每个中国人来说意义重大。中学教育中的汉字教学需要每一个人的重视。本文分别从汉字的特征、汉字的文化内涵、汉字课堂教学等方面进行探讨,希望能引起学生对于汉字的学习热情。

【关键词】 中学语文;汉字;文化内涵;思维

随着"汉语听写大会"卷起的热潮,"汉字"引起了人们的高度关注。

汉字,是记录汉语的文字系统。中国汉文字学家任学礼说过:"汉字是生命的符号,是中华民族生命繁衍的文化符号,更是中华文化的根及活化石,是中华民族对世界文化的伟大贡献之一。"香港语文协会会长安子介先生也对汉字给予了高度的评价,称"汉字是中国的第五大发明"。

可是,在日常的教学与运用中,被誉为中国瑰宝的汉字却面临着不少困难。如今社会处于网络高速发展时期,加上汉语教学的弱化,越来越多的青少年误用、"糟蹋"汉字的现象并不鲜见,很多学生即使认识某些汉字也是知其然不知其所以然。另外还存在同音字分不清、拼音不会写、声调不会标、书写潦草不规范、没有笔画笔顺的概念等等问题,不一而足。比如书写"凹""凸",只是顺着笔画在描画;受网络影响,出现了一批"自主研发"的词语等,这些都在告诉我们:纯洁汉字越来越紧迫了。那么在我们的日常教学中,又该如何融入汉字教学,强化汉字教学呢?

一、认识汉字特征,感受汉字之美

鲁迅说:"汉字有三美:音美以感耳,形美以感目,义美以感心。"音美:字正腔圆,一字一音,四声平仄,起伏相间,抑扬顿挫,铿锵有力。短音促而平,长音舒而缓,轻重缓急,各有变化。形美:汉字虽为方块之形,但形体活泼灵动;虽为点画组合,但组合错落有致。晋代卫夫人论书法时说:"点画如高峰坠石,磕磕然实如崩也;横画如千里阵云,隐隐然其实有形;竖画如万岁枯藤,撇画如陆断犀象,捺画如崩浪雷奔,斜勾如百钧弩发;横折如劲弩筋节;每为一字,各像其形,斯造妙矣,书道毕矣。"作为我国四大国粹之一,书法将汉字的形美发挥得淋漓尽致,历代书法名家有晋朝的王羲之父子、唐朝的颜真卿、宋朝的苏轼、元朝的赵孟頫、清朝的郑板桥等等。如今,不但亚洲国家,甚至西方国家都开始对书法"情根深种"。义美:汉字的意义丰富,我们可以通过想象、联想等赋予汉字内涵,使她更具意义。如看到"阳"会使人想到温暖,希望;看到"笑"会让人会心一笑,看到"哭"就想到一张哭脸……

  按照汉字构字法,可以将其分为"六书":象形、指事、会意、形声、转注、假借。"六书"中,与教学相关度较高的是"象形、会意、形声"三种。在教学中,教师可以根据不同类型的字,分门别类地交给学生不同的记识方法。比如,形声字,教师先明确形声字是由两部分组成的——形旁表义,声旁表音。"柏""樱""榆"都与"木"有关,并且它们都是左形右声的字。可以说汉字中 80% 以上是形声字。会意字是两个字组合起来,从而衍生出新的含义。"信"由"人"字和"言"字合成,表示人说的话有信用,即"人言为信"。教师在教授的过程中要多鼓励学生、调动学生的积极性,让学生主动去探索汉字的秘密,努力去发现汉字的构字规律,并通过举一反三的方式,在学习中逐步找到学习方法,触类旁通。

二、积累汉字词汇,开拓文化内涵

  "语言文字不是单纯的符号系统,而是一个民族认识世界、阐释世界的意义体系和价值体系。"通过课堂,让学生了解汉字丰富多彩的内在文化含义,在无形中开拓学生的思维,积淀底蕴,增加学生理解文章、感悟生活的深度、广度,更能从汉字中认识社会的发展,体验中华民族传统美德的教育。

  如"家","宀"下是一个"豕"字,"宀"如同一个房屋,"豕"在古代是猪的意思,所以家字在古代意为有猪便是家。因为猪的繁殖能力很强,易于饲养,同时古代生产力比较落后,以畜牧业为主,即需要人力,可见家的意思便是希望人丁兴旺,丰衣足食。又如"乌鸦",明明是鸟类的一员,为何要在"鸟"字外又创造一个与其只有一点只差的"乌"字呢?叫"鸟鸦"不可以吗?不去掉中间的点,去掉上面的撇不行吗?原来"鸟"字中间的一点就相当于它的眼睛,乌鸦老了眼睛就会失明,需要小乌鸦来"赡养",所有这也是"乌鸦反哺"的故事的来源。同时,乌鸦这一行为又与我们中华民族传统的"孝"相一致。

  对于汉字中的数字,教学中也可以开掘其文化内涵,对比中西方文化的差异,分析汉语和英语数字不同的文化内涵。比如在《愚公移山》一课中,提到愚公"年且九十",不是八十,不是一百。那时中国历来对"九"字的看重。九是天尊之数,在古代皇帝天子就称为"九五之尊"。"九"在一般个位数字的表达中是最大的,所以"九"寓意无限、长久,又与"久"谐音,意为天长地久。而西方人对 13 这个数字非常在意。13 对于信仰基督文化的西方人来说是一个不吉利的数字。传说耶稣受害前和弟子们共进了一次晚餐,当时参加晚餐的有 13 人,而晚餐的日期恰好是 13 日,"13"给耶稣带来苦难和不幸。从此,"13"成为不幸的象征,成为背叛和出卖的同义词。对于这样的文字学习,学生也是比较感兴趣的,上课时的参与度提高了,学习效果也就上去了。其实细细品味汉字,我们会发现每一个字中都蕴含着古人不同的思维,汉字中蕴含的深意是需要每一个人去深思去感悟的。

同时,随着社会的飞速发展,汉字也在不断创新。在与外来文化的撞击中以及在汉字自身内部的优胜劣汰中,汉字又被赋予了新的生命,产生了很多的新词汇,如层出不穷的网络语言"歇菜""雷人""囧"等。这些新词符合学生猎奇的心理,传播很快,教师应该慎重对待。

三、丰富教学方法,激发学生热情

1. 课内教学与课外实践相结合

兴趣是激发学生自主学习的内在动力。杜威也曾经说过:"除非一个对象或一个观念里面有了兴趣,否则便没有鼓励人去做的原动力。"而语言文字的知识几乎都是静态的,若仅以分析字形为手段,或仅向学生讲授汉字造字法,对初中阶段的学生来说学习起来便是枯燥乏味,恐怕还没上几节课,学习兴趣就全无了。反之,若将汉字字音的音韵美、汉字字形的结构美、汉字字义的意境美都通过生动鲜活的例子直观地展示在学生面前,让学生产生兴趣,这样学生便会自主、自动、自由地参与教学活动。而要激发学习兴趣,必定要提高教学内容的趣味性,让学生愿意参与进来,有学习的欲望。

比如,教师可以在课前拟订几个适合学生的研究课题,在课堂上指导学生开展小组研究。如在讲解汉字造字法的时候,不单单是理论性地教授造字法的内涵,也可以通过利用现代化手段搜集 PPT 展示或是利用传统教具黑板进行书写汉字实例,让学生有直观清晰的感受,从而在实例中揭示汉字造字的规律。学生自身的感悟会比灌输知识来得更深刻。学生也可以以小组为单位,选择不同课题,在教师的指导下进行研究。如关于汉字的起源、汉字的演变过程、当今社会下广告汉字的使用情况等课题,小组间各自分工,各自行动,整理交流。通过各种活动,让学生认识到汉字作为中国文化载体的重要性。

2. 形象思维与抽象思维相结合

汉字来源于汉民族的形象思维。心理学家也认为,人最初的思维活动都是从具体的形象思维开始的。语言学家也说,汉字起源于图画。图画是对自然界的直观模仿,是对形象的直接反映。可以说,每一个汉字都是"一幅图画"。利用这一点教师可以在汉字教学中开展形象性思维与抽象性思维的训练。

比如学习文言文中的词语,如果在语文教学中不顾汉字的特点而以机械性的记忆方式来识记,可能短期内会有不错的即时收获,但是从长远看,却是事倍功半、得不偿失的。长此以往,只会造成死记硬背的不良后果。教师在日常教学中可以抓住汉字以形表意的特点,从字词的本义和引申义着手,让学生知晓该词的本义,如《欧阳文忠公文集》中的"集",写作 ,意为一只短尾鸟栖在一棵树上,《说文解字》解释为"群鸟栖止在树上",引申为"停留""止"等。这样,从字形到字义都能形象地停留在学生的脑海里。当然这样还是远远不够的,在学习中还要揭示本义与引申义之间的联系,让学生由形象性思维转向抽象性思维,使学生既能扎实掌握,又能尽可能避免痛苦的机械性记忆。如果同时能激发学生的学习兴趣,则不失为一件乐事。

如"间"字,在初中语文课本的文言中出现了很多次。《扁鹊见蔡桓公》中的"扁鹊见蔡桓公,立有间";《口技》中的"中间力拉崩倒之声";《曹刿论战》中的"肉食者谋之,又何间焉"等。如果用机械式记忆方法,很简单,分别解释为"一会儿"、"夹杂"和"参与"。简单记忆,并不难。但是,初中文言学习还会遇到"间"的其他词义的学习,如果全部采用机械性记忆,长久后难免会产生张冠李戴的情况。学生也很难将学到的知识进行更好的迁移并使迁移成为一种学习能力。长此以往,枯燥的记忆和知识调用的出错就会影响学生学习的积极性,产生懈怠感。而从汉字特点出发教学,揭示本义与引申义之间的联系,那么,学习不但会变得更轻松有趣,还会让学生易于记住词义并做好迁移工作。"间",原写作"間",会意字,本义"门缝",根据这一本义可以引申出"空间距离小",再进一步引申出"时间短","扁鹊见蔡桓公,立有间"中的"间"即使用此义。又可从"空间距离小"进一步引申,正因为小,所以手容易被夹,"夹杂"的词义就出现了;再则手之所以容易被夹,是因为手伸入门缝,"参与"这一词义就引申出来了。这样,学生可以很容易地看到三者之间的逻辑联系,并且这三个词义也不再是单独的三个词义了,而是具有联系的三个词义。学习也可以不必死记硬背,只需要一些"有意义学习",记忆不在话下,学生也学得有兴趣。

3. 充分利用教学资源

汉字教学,字不离词、词不离句。教学是一个连续的过程,对于文字的理解也不能是孤立的。在教学时,教师还可以为学生创设各种情境,结合具体的语言文本阅读,充分利用可利用的教学资源,如电脑、投影、图片、声影等,通过听读、推敲、辨析等方法来学习,并提高趣味性,而不是单纯地让学生死记硬背。

如学习朱自清的散文《背影》,教师可以播放朗读,让学生在听读中感悟蕴藏在字里行间的深沉父爱。或者可以选看一些优秀的影视作品,体会其中的经典对白,比如中国经典名著《红楼梦》、西方的《阿甘正传》,其间语言文字精炼浓缩,值得细细品味。通过这样的教学方式,让学生从中体会语言的妙处,体会语言的魅力,在潜移默化中学会更好地运用文字。

总之,作为中国文化之根,汉字集中体现了中华民族的无穷智慧,如何让她在发展中绽放出光彩是每一个中国人、更是每一个教师的重要使命。我们要严肃对待汉字教学中遇到的一切问题,在初中阶段的教学中加强汉字教学的力度,让学生充分掌握中国汉字的学习方法,加深对汉字的感悟,领略汉字的独特魅力,逐步激发对祖国美好语言的热爱之情。

参考文献

[1] 于漪. 于漪文集. 济南:山东教育出版社,2001.

[2] 邵瑞珍. 教育心理学. 上海:上海教育出版社,1997.

[3] 许慎. 说文解字. 长沙:岳麓书社,2006.

[4] 朱丽叶. 初中汉字教学策略研究. 现代教育教研,2010(9).

[5] 裘锡圭. 文字学概要. 北京:商务印书馆,2008.